高等职业院校“十三五”校企合作开发系列教材

生态饭店运行与管理实务

陈志峰　主编

中国林业出版社

内 容 简 介

《生态饭店运行与管理实务》是一门理论性、专业性、应用性均较强的课程，所涉及教学内容广泛，目前很多教材都不能满足教学的需要。山西林业职业技术学院在多年的教学实践过程中，不断和相关合作企业探讨，结合学生的实际及社会的需求，编写了这本适合高等职业院校学生的教材。

图书在版编目(CIP)数据

生态饭店运行与管理实务/陈志峰主编. —北京：中国林业出版社，2017. 12
高等职业院校"十三五"校企合作开发教材
ISBN 978-7-5038-9311-7

Ⅰ. ①生… Ⅱ. ①陈… Ⅲ. ①旅游市场－市场营销学－高等职业教育－教材 Ⅳ. ①F19. 2

中国版本图书馆 CIP 数据核字(2017)第 251427 号

国家林业局生态文明教材及林业高校教材建设项目

中国林业出版社·教育出版分社
策　划：高红岩　张东晓　杨长峰　　　责任编辑：高红岩　曹鑫茹
电　话：(010)83143560　　　传　　真：(010)83143516
E-mail：jiaocaipublic@163. com

出版发行：中国林业出版社(100009　北京市西城区德内大街刘海胡同 7 号)
电话：(010)83143500
http：//lycb. forestry. gov. cn
经　　销：新华书店
印　　刷：三河市祥达印刷包装有限公司
版　　次：2017 年 12 月第 1 版
印　　次：2017 年 12 月第 1 次印刷
开　　本：787mm×1092mm　1/16
印　　张：16
字　　数：384 千字
定　　价：38. 00 元

校企合作开发系列教材

编写指导委员会

本书编写人员

主　编：陈志峰

编　者：（按姓氏笔画排序）

王军军　王　珏　陈志峰　单公梅

赵维娜　廉梅霞　薛宝珍　冀慧萍

序

随着我国经济社会的不断发展和生态文明建设的持续推进，对林业教育、尤其是林业职业教育提出了新的、更高的要求。不断明晰林业职业教育的任务，切实采取措施，提升自身的教育质量和水平，成为每一所林业职业院校的历史担当。

山西林业职业技术学院作为山西省唯一的林业类高等职业院校，肩负着培养高素质林业技术技能人才的重任。办学64年以来，学院全面贯彻党的教育方针，坚持以立德树人为根本，以服务发展为宗旨，以促进就业为导向，通过“强内重外”建设生产性实训基地，积极探索产教融合、校企协同育人的办学道路，实施“工学结合”人才培养模式，以“项目导向、任务驱动”作为教学模式改革的着眼点，构建了以培养专业技术应用能力为主线的人才培养方案，使学校培养目标与社会行业需求对接，增强了高素质技术技能人才培养的针对性和适应性，凸显了鲜明的办学特色。

在教材建设方面，学院大力开发校企合作教材，在校企双方全方位深度合作的基础上，学院专业教师和企业技术人员共同修订人才培养方案、制订课程标准，共同确定教材开发计划，进行教材内容的选定和编写，并对教材进行评价和完善。这种校企共同开发的教材在适应职业岗位变化、提高学生职业能力方面都有着重要的作用。

本次出版的《林业地理信息技术》《林业工程监理实务》《园林工程测量》《现代园林制图》《园林绿地景观规划设计》《旅行社运行操作实务》《生态饭店运行与管理实务》《旅游景区动物观赏》《森林旅游景区服务与管理》《旅游市场营销》均是林业技术、园林工程、森林生态旅游专业的专业核心课程教材。其主要特点：一是教材与职业岗位需求实现及时有效地对接，实用性更强。二是教材兼顾高职院校日常教学和企业员工培训两方面的需求，使用面更广。三是教材采用“项目导向、任务驱动”的编写体例，更有利于高职专业教学的实施。四是教材项目、任务由教师和企业技术人员共同设置，更有利于学生职业能力的培养。

相信，本系列教材的出版，会对林业高等职业教育教学质量提升产生积极的作用。当然，限于编者水平，本系列教材的缺点和不足在所难免，恳请批评指正。

编委会

2016年6月

前言

生态饭店(Garden Hotel)，又称生态园、花园酒店。生态饭店是运用园林和装饰的表现手法，将餐饮环境与山水园林相结合，通过表达自然、艺术、文化等一系列主题，满足就餐者对于自然的向往以及对于各种地方或历史文化的探究心理，且具有一定建筑结构特点的特殊餐饮环境。

“生态饭店运行与管理实务”是一门理论性、专业性、应用性均较强的课程，所涉及教学内容广，目前很多教材都不能满足教学的需要。山西林业职业技术学院在多年的教学实践过程中，不断和相关合作企业探讨，结合学生的实际及社会的需求，编写了适合本院学生的校企合作教材。

本教材依据生态饭店工作过程，将内容分为3个大的情景：前厅服务技能、餐饮服务技能、客房服务技能。每个学习情景又分有多个学习子情境。各部分均备有较多的案例、习题、思考题及小结。

本教材具有如下特点：

1. 强基固本，重在技能

本教材每一个项目都强调基本理论，在此基础上强化学生的技能操作，真正做到理实一体化。

2. 内容全面，重点突出

本教材内容全面概括了生态饭店前厅部、餐饮部、客房部各岗位的基本内容，重点训练学生的操作技能。

3. 因材施教，针对性强

本教材主要针对高等职业院校森林生态旅游专业的学生，根据学生的实际情况，调整内容的难度和实用性，针对性较强。

本教材由山西林业职业技术学院陈志峰任主编并对本书进行定稿和统稿，冀慧萍、单公梅(山西大酒店销售总监)、薛宝珍(山西海悦大酒店总经理)、王军军、赵维娜、廉梅霞、王珏参加了教材编写。具体编写分工如下：陈志峰撰写模块1、2、3、4、5、6。冀慧萍、廉梅霞撰写模块7、8。王军军、王珏、赵维娜撰写模块9、10、11。单公梅、薛宝珍提供了珍贵的案例及行业操作规范和标准。

在本教材的建设过程中，得到了合作企业的大力支持。此外，尚有许多老师及同学对本书提出了宝贵的、建设性的意见与建议并参与了本教材编写的许多工作，在此谨表示感谢。

由于编者水平有限、见解不多，不妥甚至错误之处在所难免，敬请读者批评指正。

陈志峰

2016年12月

目录

序
前　言

第一篇　前厅服务与管理

模块 1　前厅部认知　3

项目 1　前厅部特点 ………… 3
项目 2　前厅部人员素质要求 ………… 11

模块 2　对客服务　21

项目 3　客房预订 ………… 21
项目 4　前台接待 ………… 30
项目 5　前台问讯服务 ………… 35
项目 6　礼宾服务 ………… 41
项目 7　电话总机服务 ………… 50

模块 3　软件操作实务　56

项目 8　前厅部软件操作 ………… 56

第二篇　餐饮服务与管理

模块 4　走进餐饮部　77

项目 9　餐饮部概述 ………… 77
项目 10　餐饮部组织机构与员工素质要求 ………… 89
项目 11　餐饮部各部门及工作人员的主要职责 ………… 98
项目 12　餐饮业的发展趋势 ………… 104

模块 5 餐饮服务所需的基本技能 109

项目 13 托盘服务…… 109
项目 14 口布折花…… 115
项目 15 中西餐摆台…… 122
项目 16 斟 酒…… 132
项目 17 上菜与分菜…… 135
项目 18 其他服务技能…… 143

模块 6 中餐服务 147

项目 19 中餐厅概述 …… 147
项目 20 中餐零点服务…… 150
项目 21 团体餐服务…… 155
项目 22 中餐宴会服务…… 158

模块 7 西餐服务 174

项目 23 西餐概述…… 174
项目 24 西餐早餐服务…… 181
项目 25 西餐正餐服务…… 185
项目 26 西餐宴会服务…… 192
项目 27 团体包餐服务…… 195
项目 28 自助餐服务…… 200
项目 29 冷餐会服务…… 203
项目 30 鸡尾酒会服务…… 205

模块 8 软件操作实务 214

项目 31 餐饮部软件操作…… 214

第三篇 客房服务与管理

模块 9 客房部认知 225

项目 32 客房部的作用、功能任务及业务特点 …… 225

模块 10 客房部技能训练 229

项目 33 中式铺床…… 229
项目 34 开夜床服务…… 232

模块 11 软件操作实务 234

项目 35 客房部软件操作…… 234

参考文献 241

第一篇

前厅服务与管理

模块1 前厅部认知

项目1 前厅部特点

☞ **知识目标** 了解饭店前厅部的概念，熟悉前厅部的布局，掌握前厅部的基本组织机构及作用。

☞ **技能目标** 掌握前厅部功能及布局的基本设置。

基本理论

1.1 前厅部的业务特点

1.1.1 前厅部定义

前厅部位于酒店大堂，也称为大堂部、前台或总服务台，是负责出租客房，组织接待工作，调度经营业务，协调各部门对客服务并为宾客提供系列服务的综合性部门。

1.1.2 前厅部的地位和作用

（1）前厅部是饭店业务活动的中心

饭店主要是为客人提供食宿的场所，客房是饭店最主要的产品。前厅部要通过积极开展客房的预订业务，为抵店的客人办理入住登记手续及安排住房，来宣传和推销饭店的产品；同时，前厅部还要及时地将客源、客情、客人需求及投诉等各种信息传递给其他部门，共同协调全饭店的对客服务工作，以确保服务工作的效率和质量。因此，前厅部在饭店的经营活动中是承上启下、联系内外、疏通左右的枢纽，可以说是整个饭店的神经中枢。

（2）前厅部工作贯穿于客人与酒店交易往来的全过程，是客人与饭店联系的纽带

前厅部自始至终都是为客人服务的中心，前厅部人员为客人提供的服务从客人抵店前的预订入住直至客人离店结账、建立客史档案，贯穿于客人与饭店交易往来的全过程。

(3)前厅部是饭店管理机构的代表

前厅部是饭店的中枢，在客人的心目中它是饭店管理机构的代表。饭店形象是公众对于饭店的总体评价，是饭店的表现与特征在公众心目中的反映。饭店形象对现代饭店的生存和发展有着直接的影响。一个好的形象是饭店巨大的精神财富。前厅部的主要服务机构通常都设在客人来往最为频繁的大堂。任何客人一进店，就会对大堂的环境艺术、装饰布置、设备设施和前厅部员工仪容仪表、服务质量、工作效率等，产生深刻的“第一印象”。而这种第一印象在客人对饭店的认知中会产生非常重要的作用，它产生于瞬间，但却会长时间保留在人们的记忆表象中。客人离店时，经由大堂，前厅服务人员在为客人办理结算手续、送别客人时的工作表现等都会给客人留下“最后印象”，优质的服务将使客人对饭店产生依恋之情。客人在饭店整个居留期间，前厅要提供各种有关的服务，客人遇到困难要找前厅寻求帮助，客人感到不满时也要找前厅投诉。在客人的心目中，前厅便是饭店的全部。而且，在大堂汇集的大量人流中，除住店客人外，还有许多前来就餐、开会、购物、参观游览、会客交谈、检查指导等各种各样的客人。他们往往停留在大堂，对饭店的环境、设施、服务品头论足。因此说，前厅管理水平和服务水准，往往直接反映整个饭店的管理水平、服务质量和服务风格，前厅是饭店工作的“橱窗”，代表着饭店的对外形象。

(4)前厅部是饭店组织客源、创造经济收入的关键部门

为宾客提供食宿是饭店的基本功能，客房是饭店出售的最大、最主要的商品。通常在饭店的营业收入中，客房销售额要高于其他各项。据统计，目前国际上客房收入一般占饭店总营业收入的50%左右，而在我国还高于这个比例。前厅部的有效运转是提高客房出租率，增加客房销售收入，从而提高饭店经济效益的关键之一。

(5)前厅部是饭店管理的参谋和助手

作为饭店业务活动的中心，前厅部直接面对市场，面对客人，是饭店中最敏感的部门。前厅部能收集到有关市场变化、客人需求和整个饭店对客服务、经营管理的各种信息，并对这些信息进行认真的整理和分析，每日或定期向饭店提供真实反映饭店经营管理情况的数据报表和工作报告，并向饭店管理机构提供咨询意见，作为制订和调整饭店计划和经营策略的参考依据。

1.1.3 前厅部的工作任务

(1)销售客房

销售客房是前厅部的首要任务。客房是酒店出售的最主要的产品，客房收入是酒店收入的主要来源。前厅部员工必须有效销售客房和组织客源，提高客房出租率，以实现客房产品的价值，增加酒店的经济收入。前厅部销售客房的数量和达成的平均房价水平，是衡量前厅部管理水平及运转效果的重要依据，也是衡量前厅员工工作业绩的一项重要指标。

(2)提供信息

前厅部是与客人接触最多的地方，又是客人的第一接触点。因此，这里是收集客人信息的主要来源。前厅部每天都要回答客人关心的问题。

(3)协调对客服务

前厅部与其他部门的协调是否有效，关系是否顺畅，直接关系到前厅部的工作质量和酒店在宾客心目中的形象。

(4)控制客房状态

这项工作任务主要由前台担当，要求在任何时候都能正确显示和掌握每个房间的状态，为销售客房和为宾客安排房间提供可靠的依据。

(5)提供相关的前厅服务

包括到机场、码头、车站接送客人，为客人提供行李运送和寄存服务，提供问讯服务，邮件服务，电话总机服务，贵重物品保管，商务中心服务以及委托代办等服务项目。

(6)处理客人账目

为了方便宾客，促进消费，绝大多数酒店向宾客提供一次性结账服务。

(7)建立客人历史档案

客史档案是酒店对住店一次以上的宾客建立的档案资料，主要记录住店宾客的个人基本情况与酒店所需的信息资料，这些资料是酒店向宾客提供针对性服务、建立良好宾客关系、研究市场营销的重要依据。

1.1.4 前厅部的业务特点

①接触面广，要求24小时运转，全面直接对客服务。

②接待服务广泛，业务复杂，专业技术性强，人员素质要求高。

③信息量大、变化快，要求高效运转。

④服务方式灵活多样，妥善处理关系。

⑤展示酒店形象，具有较强的政策性。

1.2 前厅部组织机构设置与岗位职责

1.2.1 前厅部组织机构设置的方法

目前，在我国因酒店规模不同，前厅部组织机构设置有很大差别，一般有以下两种方法：①前厅部独立设置；②前厅部隶属于其他部门。

1.2.2 前厅部组织机构

1.2.2.1 大型酒店前厅部的组织机构

在大型酒店的前厅部通常设有部门经理、主管、领班、服务员4个层次的岗位，如图1-1所示。

1.2.2.2 中型酒店前厅部的组织机构

与大型酒店相比，中型酒店前厅部下设的工种减少，层次减少，由部门经理、领班、服务员三个层次构成，如图1-2所示。

1.2.2.3 小型酒店总服务台的组织机构

总服务台设总台服务员，负责订房、问讯、接待、收款等多项接待工作。另外，还设有电话总机话务员、大厅服务员两个工种，如图1-3所示。

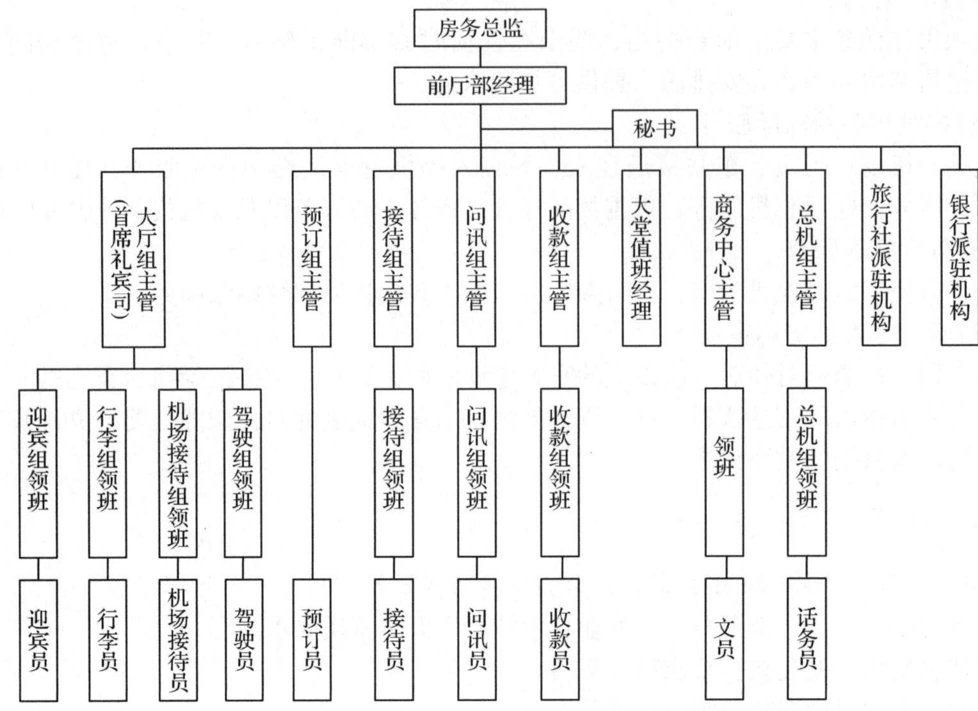

图 1-1　大型酒店前厅部组织机构

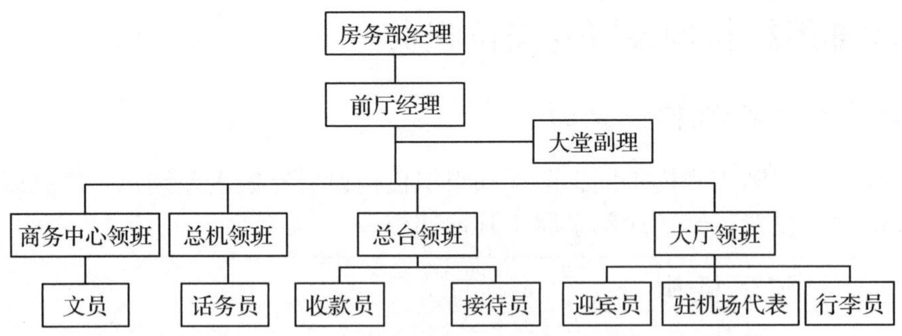

图 1-2　中型酒店前厅部组织机构

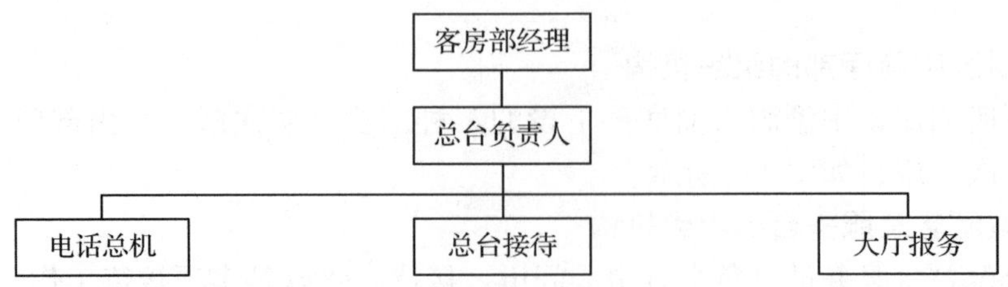

图 1-3　小型酒店前厅部组织机构

1.3 前厅部的环境与主要设备

1.3.1 前厅的布局

酒店正门：应备有供宾客上下车的空间和回车道及雨棚。在大堂进出口处铺设地毯或踏脚垫，以减少将尘土及污水带进大厅。正门处应有装饰过厅，内外设双道门，以保持前厅空调温度稳定，节约能源，并可保持大堂的清洁。正门过厅内设置雨伞架，供宾客使用。正门前的台阶旁应设立专供轮椅上下的坡道，以方便有残疾的宾客出入酒店。

大堂：是进入酒店正门后，通往客房、餐厅之间的大块公共区域，由宾客通道、服务区、休息区和公共卫生间等主要区域组成。

1.3.2 前厅的气氛与工作环境

(1)前厅的空间

①酒店的正门要气派，具有吸引力，有迎接客人的气氛。

②前厅空间整体布局合理，装饰华丽，能形成酒店的主格调。

③大堂宽敞、舒适、华丽，其建筑面积与整个酒店的接待能力相适应。

④总台是体现前厅空间的关键部位，柜台外观要与整个大堂的建筑密切相关。

⑤设置于大堂的部门标牌应显而易见。

⑥地面面层美观，最好为大理石或优质木地板。

(2)光线

光线柔和。

(3)色彩

暖色调，主色调。

(4)温度、湿度、通风

22~24℃，40%~60%。

(5)噪声控制

噪声应控制在65分贝以内。

(6)绿化

适当布置有生气的绿色植物。

1.3.3 前厅部的主要设备及用品

①柜台设备　电脑、打印机、扫描仪、信用卡刷卡机、文件架、验钞机、客房钥匙刷卡器。

②行李组设备　行李车、行李寄存架、伞架、轮椅、婴儿车及包装行李使用的绳子、胶带、纸箱或纸张、剪刀等物品。

③总机设备　电话交换机、长途电话自动计费器、呼唤机总台及自动叫醒控制系统等。

④前厅部常用办公文具　圆珠笔、铅笔及削铅笔刀、多层文件架及文件夹、小图章架、多用途订书机及拔钉器、纸张穿孔器、涂改液、荧光笔、计算器、档案小车、胶水、

胶带、湿海绵、废纸篓、碎纸机等。

南京某饭店大堂，两位外国客人向大堂副理值班台走来。大堂倪副理立即起身，面带微笑地以敬语问候，让座后两位客人忧虑地讲述起他们心中的苦闷：“我们从英国来，在这儿负责一项工程，大约要三个月，可是离开了翻译我们就成了‘失语者’，有什么方法能让我们尽快解除这种陌生感?”小倪微笑地用英语答道：“感谢两位先生光临我店，使大厅蓬荜生辉，这座历史悠久的都市也同样欢迎两位先生的光临，你们在街头散步的英国绅士风度也一定会博得市民的赞赏。”熟练的英语所表达的亲切情谊，一下子拉近了彼此间的距离，气氛变得活跃起来。于是外宾更加广泛地询问了当地的生活环境、城市景观和风土人情。从长江大桥到六朝古迹，从秦淮风情到地方风味，小倪无不一一细说。外宾中一位马斯先生还兴致勃勃地谈到：“早就听说中国的生肖十分有趣，我是1921年8月4日出生的，参加过二次大战，大难不死，一定是命中属相助佑。”说者无心，听者有意，两天之后就是8月4日，谈话结束之后，倪副理立即在备忘录上做好记录。8月4日那天一早，小倪就买了鲜花，并代表饭店在早就预备好的生日卡上填好英语贺词，请服务员将鲜花和生日贺卡送到马斯先生的房间。马斯先生从珍贵的生日贺礼中获得了意外的惊喜，激动不已，连声答道：“谢谢，谢谢贵店对我的关心，我深深体会到这贺卡和鲜花之中隐含着许多难以用语言表达的情意。我们在南京逗留期间再也不会感到寂寞了。”

前厅认知

实训目的：使学生对星级饭店和经济型饭店的前厅和大堂有基本的认识。

实训要求：学生分组，实地参观、访谈前厅部经理和大堂经理，感受大堂的环境氛围和服务水平。

实训方法：□星级酒店参观 □访谈 □观看视频 □其他

实训内容：

1. 三星级或五星级饭店前厅参观

学生在教师或饭店相关人员的带领下，参观饭店前厅部。从大堂装饰、布局设计、色彩等方面给予评价，以书面形式完成实训报告。

2. 经济型饭店大堂参观

在学生分成4~5人小组，选择当地的经济型知名连锁饭店进行参观，了解机构设置情况。就其前台布局、功能等画出机构示意图。以书面形式完成实训报告。

3. 访谈

学生根据意愿可以选择拜访前厅部经理或大堂经理，了解其岗位责任和素质要求，和其谈论你对前厅服务的各种感受。以书面形式完成实训报告。

习　题

选择题：

1. 饭店入口设计装饰的类型有哪几种(　　)。

A. 花园式　　B. 支架式　　C. 门面式　　D. 回廊式

2. 饭店入口门的造型是设计的关键之一，通常使用哪几种形式(　　)。

A. 旋转门　　B.　自动感应门　　C. 木门　　D. 推拉门

3. 饭店门前应考虑设置足够数量的停车位，100 间客房的饭店一般应设置(　　)车位。

A. 100 个　　B. 50 个　　C. 25 ~ 45 个　　D. 45 ~ 75 个

4. 饭店大堂设计装饰的类型有哪几种(　　)。

A. 古典式　　B. 庭院式　　C. 重技式　　D. 现代式

5. 饭店的投资规模一般用所拥有的客房的总间数来衡量。按照惯例，(　　)被视为大型饭店。

A. 1150 间　　B. 550 间　　C. 220 间　　D. 880 间

6. 大堂的建筑面积与饭店客房间数之间有一定的比例关系，一般(　　)。

A. 每间客房应占有 0.4 ~ 0.8m^2 的大堂面积

B. 每间客房应占有 0.5 ~ 0.9m^2 的大堂面积

C. 每间客房应占有 0.3 ~ 1.0m^2 的大堂面积

D. 每间客房应占有 0.7 ~ 0.8m^2 的大堂面积

7. 饭店的建筑结构一般有哪几种(　　)。

A. 塔式　　B. 板式　　C. 内天井式　　D. 钟楼式

8. 在(　　)的经营理念下，饭店大堂设计要注重给客人带来美的享受。

A. 以饭店特色为中心　　B. 以总经理的意志为中心

C. 以整体效果　　D. 以客人为中心

9. 为了充分利用大堂，可设置夹层，夹层一般可分为(　　)。

A. 单排列　　B. 环形　　C. 双排列　　D. U 形

10. 北京香山饭店的建筑设计是采用(　　)方式设计的。

A. 主从法　　B. 重点法　　C. 色调法　　D. 母题法

11. 大堂设计的方法就三维空间的形态整体来看，通常包括(　　)。

A. 实体形态　　B. 三维形态　　C. 虚体形态　　D. 现实形态

12. 大堂实体形态的设计中形状一般可分为哪三类(　　)。

A. 自然形　　B. 非具象形　　C. 几何形　　D. 多边形

13. 大堂活力的主要来源是(　　)。

A. 柔和的线条　　B. 光　　C. 暖色调　　D. 材质

14. 色彩来源于(　　)。

A. 颜色　　B. 基调　　C. 光　　D. 感觉

15. 形式美的内容(　　)。

A. 不对称　　B. 平衡　　C. 和谐　　D. 韵律

判断题：

1. 从 20 世纪 70 年代开始，以塑造和传播饭店形象为宗旨的 CS 定位盛行于饭店业。(　　)

2. 饭店的投资规模一般用拥有的客房的总间数来衡量。(　　)

3. 饭店的大堂设计也应以饭店的经营特色为依据，设计效果应能充分显示和烘托饭店的特色。(　　)

4. 在大堂空间里为突出并加强某一部件的视觉分量，可采用多种设计手法，如不规则的或极具对比的造型。(　　)

5. 常见的平衡形式有：对称式、放射式和非对称式三类。(　　)

6. 大堂采光通常分为自然采光和人工采光。(　　)

7. 主从法构成大堂空间造型的要素有重量、材质、色等，这些要素在设计时应面面俱到，平均使用。(　　)

8. 韵律是基于空间和时间中要素的重复，以形成视觉上的整体感，并引导人的视觉、知觉在同一构图中，或环绕同一空间，沿一条线路做出连续而有节奏感的变化。(　　)

9. 总台的理想高度应为 100~150cm。(　　)

10. 前厅部对客服务的运作效率很大程度上依赖于所配备的设备状况。(　　)

问答题：

1. 门面式饭店入口设计装饰的特点是什么？

2. 饭店大堂的设计有哪些依据？

3. 大堂设计的目的是什么？

4. 大堂设计时通常应考虑的功能性内容包括什么？

5. 大堂的整体设计主从法构成大堂空间造型的要素有哪些？

6. 在大堂设计时，应如何注重大堂整体感的形成？

7. 大堂设计的实际意义是什么？

8. 总台设计通常考虑哪些因素？

9. 总台除了需安装先进的计算机软件外必备设备还应有哪些？

项目2　前厅部人员素质要求

☞ **知识目标**　熟悉饭店前厅部的基本组织机构及人员素质的要求。

☞ **技能目标**　掌握前厅部机构设置和人员岗位职责的安排。

2.1　前厅部各机构的主要职责

2.1.1　预订处

预订处是专门负责酒店订房业务的部门，一般由预订主管和订房员组成。其主要任务是：

①熟悉酒店的房价政策、预订业务。

②受理并确认各种方式的订房，处理订房的更改、取消。

③密切与总台接待处联系，及时向前厅部经理提供最新订房状况。

④负责与有关公司、旅行社等提供客源的单位建立业务关系并尽力推销客房，了解委托单位的接待要求。

⑤参与客情预测工作。

⑥及时向上级提供贵宾抵店信息，参与前厅部对外订房业务谈判及签订合同。

⑦制订预订报表。

⑧参与制订全年客房预订计划。

⑨加强和完善订房记录和档案管理。

2.1.2　接待处

接待处的人员一般配备有主管、领班和接待员。其主要职责是：

①安排住店宾客。

②办理入住登记手续，分配房间。

③积极推销出租客房。

④协调对客服务，掌握客房出租的变化。

⑤掌握住客动态及住客资料。

⑥正确显示客房状态。

⑦制作客房营业月报表。

2.1.3 问讯处

问讯处主要职责是回答宾客问讯，介绍店内服务及有关信息、市内观光、交通情况、社团活动等，接待来访宾客，处理宾客邮件、留言，分发和保管钥匙，掌握住客动态及信息资料，负责有关服务协调工作等。

2.1.4 收银处

收银处一般由领班、收款员和外币兑换员组成，在许多酒店，他们往往由财务部管辖。但由于收银处位于总台，与总台接待处、问讯处等有着不可分割的联系，是总台的重要组成部分，因此，前厅部也往往参与和协助对他们的管理与考核。

收银处的主要职责是：

①负责办理离店宾客的结账手续，收回客房钥匙。

②核实宾客的信用卡，负责应收账款的转账等。

③提供外币兑换服务。

④管理住店宾客的账单。

⑤与酒店各营业部门的收款员联系，催收、核实账单。

⑥夜间审核全酒店的营业收入及账务情况，制作当日营业日报表。

⑦为住客提供贵重物品的寄存和保管服务等。

2.1.5 大厅服务处

大厅服务人员一般由大厅服务主管、领班、迎宾员、行李员、委托代办员等组成。其主要职责是：

①在门厅或机场、车站迎送宾客。

②负责宾客行李的运送、寄存及安全。

③雨伞的寄存和出租。

④公共部位传呼找人。

⑤陪同散客进房并介绍客房。

⑥分送报纸、宾客信件和留言。

⑦代客订出租车。

⑧协助管理和指挥门厅入口处的车辆停靠，确保其畅通和安全。

⑨回答宾客问询，为宾客指引方向。

⑩传递有关通知单。

⑪负责宾客的其他委托代办事项。

2.1.6 电话总机

电话总机的人员一般由总机主管和话务员组成，主要职责是：转接电话；叫醒服务；回答电话问询；处理电话投诉；提供电话找人、留言服务；办理长途电话事项；酒店出现紧急情况时充当临时指挥中心；播放背景音乐等。

2.1.7　商务中心

商务中心服务人员一般由主管和秘书组成。主要职责为宾客提供打字、翻译、复印、长途电话、传真及 Internet 等商务服务。此外，还可根据需要为宾客提供秘书服务。

2.2　前厅部工作人员的素质要求

前厅部服务人员应是饭店各部门中素质最高的员工，因为他们代表的是饭店形象。由于前厅部各岗位的特点不同，因此对服务人员的素质要求也各有所侧重，但优秀的前厅服务人员应有共同的基本素质。

2.2.1　前厅部工作人员的角色

前厅部工作人员的角色有：酒店管理机构的代表，酒店产品的推销员，信息的提供者，矛盾的调解人，顾客问题的解决者，酒店各部门的协调者，酒店对外交往的“外交大使”，业务资料的记录和保存者，酒店公关代理。

2.2.2　前厅部工作人员的基本要求

（1）仪容仪表

良好的仪容仪表会给客人留下深刻的印象和美好的回忆。仪容是对服务人员的身体和容貌的要求，前厅服务人员应身材匀称、面目清秀、仪表堂堂、身体健康。仪表是对服务人员外表仪态的要求。前厅服务人员应在工作中着装整洁、大方、美观、举止姿态端庄稳重，表情自然诚恳，和蔼可亲。对服务人员仪容仪表的要求主要从面容、化妆、饰物、个人卫生及名牌等方面进行标准规范。

（2）礼貌修养

礼貌修养是以人的德才学识为基础的，是内在美的自然流露。前厅服务人员应有的礼貌修养具体表现在言谈举止、工作作风、服务态度等方面。

（3）性格

性格是个人对现实的稳定的态度和习惯化了的行为方式。前厅服务人员应具有外向的性格，因为他们处于饭店接待客人的最前线，需要每天与各种客人打交道，提供面对面的服务，外向性格的人感情外露，热情开朗，笑口常开，善于交际。但是，如果性格过于外向，言谈举止咄咄逼人，或好为人师，极易造成对客关系紧张，无助于形成良好的氛围。所以，作为一名前厅服务人员，除了必须有开朗的性格，乐意为客人服务的品质外，更重要的是耐心、容忍和合作精神，善于自我调节情绪，始终如一的温和、礼貌、不发火，并具有幽默感，善于为别人提供台阶，能为尴尬的局面打圆场，使自己在对客服务中保持身心平衡，并提高服务过程中的随机应变能力。

（4）品德

前厅服务人员必须具有良好的品德，正派、诚实、责任心强。前厅部的工作会涉及房价、收银、外币兑换、饭店营业机密及客人隐私、商业秘密等，每天都要同国内外各种客人打交道，所以前厅服务人员作风正派、为人诚实可靠、行为良好、不谋私利是很重要的。每一位员工都应具有良好的职业道德，用真诚的态度、良好的纪律为客人提供优质服务。

前厅部要向客人提供大量的项目繁多的服务工作，每个岗位的每一次具体的服务中出现的任何一点差错，都会影响客人对饭店服务产品的评价，影响饭店的服务质量和声誉。所以，前厅服务人员必须具有强烈的服务意识，具有高度的事业心和责任感。热爱宾客，热爱饭店，热爱本职工作。

(5)基本技能

前厅服务人员应具备以下基本技能：

①语言交际能力　语言，特别是服务用语，是提供优质服务的前提条件。前厅服务人员应使用优美的语言，令人愉快的声调，使服务过程显得有生气。要能够使用迎宾敬语、问候敬语、称呼敬语、电话敬语、道别敬语，提供敬语规范化的服务。能够用英语或其他外语进行服务，并解决服务中的一些基本问题。善于用简单明了的语言来表达服务用意，进行主宾之间的人际沟通。

②业务操作技能　前厅服务人员必须动手能力强，反应敏捷，能够熟练、准确地按操作程序完成本职工作，为宾客提供满意周到的服务，使宾客处处感到舒适、整洁、方便、安全。要在快速敏捷、准确无误的工作过程中，不断提高自己各方面的工作能力，如应变能力、人际关系能力、推销饭店产品能力、熟记客人能力等。

③知识面　前厅服务人员应具备较宽的知识面和较丰富的专业知识，应略通政治、经济、地理、历史、旅游、宗教、民俗、心理、文学、音乐、体育、医疗及有关饭店运行等多方面的知识，以便与客人交流沟通，保证优质服务。与饭店其他部门相比较，对前厅服务人员知识面的要求也是最高的。

2.2.3　前厅部各主要岗位工作职责

2.2.3.1　前厅部经理

职责描述：前厅部经理是前厅运转的指挥者，全面负责前厅部的经营管理工作。

督导下级：大堂副理、前厅各分部门主管、秘书。

(1)主要职责

①向饭店总经理或房务总监负责，贯彻执行所下达的指令，提供有关信息，协助领导决策。

②根据饭店的年度计划，制订前厅部的各项业务指标、规划和预算，并确保各项计划任务的完成。

③每天审阅有关报表，掌握客房的预订、销售情况，并直接参与预订管理及客源预测等项工作，使客房销售达到最佳状态。

④经常巡视检查总台及各服务岗位，确保所辖各部门岗位高效运行、规范服务和保持大堂卫生与秩序处于良好状态。

⑤督导下属员工的工作，负责前厅部员工的挑选、培训、评估、调动及提升等事宜。

⑥协调、联络其他部门，进行良好的沟通，保证前厅部各项工作顺利进行。

⑦掌握每天客人抵离数量及类别，负责迎送重要客人并安排其住宿。亲自指挥大型活动，重要团队与客人的接待工作。

⑧批阅大堂副理的投诉记录和工作建议，亲自处理重要客人投诉和疑难问题。

⑨与饭店销售部门合作，保持与客源单位的经常联系。

⑩负责本部门的安全、消防工作。

（2）任职条件

一般要求具有五年以上前厅主管工作经验。

知识要求：①掌握现代饭店经营管理知识，熟悉旅游经济、旅游地理、公共关系等知识。②掌握前厅各项业务标准化操作程序，了解客人心理和推销技巧。③掌握饭店财务管理知识，懂得经营统计分析。④熟悉涉外纪律，了解我国及主要客源国旅游法规。⑤熟练运用一门外语阅读、翻译专业文献，并能够流利准确地与外宾交流。⑥具有一定的电脑管理知识。⑦了解宗教常识和国内外民族习惯和礼仪要求，了解国际时事知识。

能力要求：①能够根据客源市场信息和历史资料预测用房情况，决定客房价格，果断接受订房协议。②能够合理安排前厅人员有条不紊地工作，能够处理好与有关部门的横向联系。③善于在各种场合与各界人士打交道，并能够积极与外界建立业务联系。④能独立起草前厅部工作报告和发展规划，能撰写与饭店管理有关的研究报告。⑤遇事冷静，心理成熟，有自我控制能力。⑥善于听取他人意见，能正确地评估他们的能力，能妥善处理客人的投诉。

2.2.3.2　大堂副理

大堂副理也称大堂值班经理，其工作岗位设在前厅，直属前厅部经理领导（也有饭店直属驻店总经理）。

职责描述：大堂副理负责协调饭店对客服务，维护饭店应有的水准，代表总经理全权处理宾客投诉、宾客生命安全及财产安全等复杂事项的角色。

报告上级：前厅部经理。

督导下级：前厅当班各岗位员工。

（1）主要职责

①协助前厅部经理，对与大堂有关的各种事宜进行管理，并协调与大堂有关的各部门工作。

②代表总经理接待团队和 VIP 等宾客，筹办重要活动、重要会议。

③接受宾客投诉，与相关部门合作，沟通解决，并尽可能地采取措施，保证客人投诉逐步减少。

④负责维护前厅环境、前厅秩序、确保前厅整洁、卫生、美观、舒适，并始终保持前厅对客服务良好的纪律与秩序。

⑤每天有计划地拜访常客和 VIP 客人，沟通感情，征求意见，掌握服务动态，保证服务质量。

⑥代表饭店维护、照顾住店宾客利益，在宾客利益受到损害时，与有关部门以及饭店外有关单位联系，解决问题。

⑦处理各种突发事件，如停电、火警、财产损失、偷盗或损坏、客人逃账、伤病或死亡等。

⑧定期向前厅部经理和饭店总经理提供工作报告。

(2)任职条件

①掌握现代饭店经营管理常识，特别是营业运转部门管理知识，熟悉旅游学、旅游地理、公共关系、旅游心理学和宗教、民俗、礼仪等方面的知识。

②熟悉本饭店运转体系，熟悉饭店的各项政策及管理规定，了解饭店安全、消防方面的规章制度、处理程序及应急措施。

③具有高度的责任心和服务意识，为人正派，热情大方，办事稳重。

④有较强的应变能力、组织指挥能力和是非判断能力，能独立处理较复杂的紧急问题。

⑤能处理好人际关系，善于与人交往。

⑥有较好的外语口头表达能力和文字能力，能流利准确地使用外语与宾客交流。

⑦具有饭店工作经验五年以上，有前台运转部门基层管理工作的经历。

2.2.3.3 前台接待主管

职责描述：前台接待主管具体负责组织饭店客房商品的销售和接待服务工作，保证下属各班组之间及与饭店其他部门之间的衔接和协调，以提供优质服务，提高客房销售效率。

报告上级：前厅部经理。

督导下级：接待员。

主要职责：

①向前厅部经理负责，对接待处进行管理。

②制订接待处年度工作计划，报有关部门审批。

③协助制订接待处的岗位责任制、操作规程和其他各项规章制度，并监督执行。

④阅读有关报表，了解当日房态，当日预订情况、VIP 情况、店内重大活动等事宜，亲自参与 VIP 等重大活动的排房和接待工作。

⑤做好下属的思想工作，帮助下属解决工作与生活中的难题，调动员工的工作积极性。

⑥对下属员工进行有效的培训和考核，提高其业务水平和素质。

⑦负责接待处的设备维护，确保设备的正常运转。

⑧协调与销售客房和接待工作相关的班组和部门之间的关系。

⑨负责接待处安全、消防工作。

2.2.3.4 礼宾主管

职责描述：具体负责指挥和督导下属员工，为客人提供高质量、高效率的迎送宾客服务、行李运送服务和其他相应服务，确保本部门工作正常运转。

报告上级：前厅部经理。

督导下级：迎宾员、行李员。

主要职责：

①向前厅部经理负责，对礼宾部进行管理。

②制订礼宾部年度工作计划，报上级部门审批。

③协助制订礼宾部的岗位责任制、操作规程和其他各项规章制度，并监督执行。

④阅读有关报表，了解当日离店的客人数量、旅行团队数、VIP、饭店内重大活动及

接送机情况，亲自参与 VIP 等大型活动的迎送及相应服务。

⑤做好下属的思想工作，调动员工的工作积极性。

⑥对下属员工进行有效的培训和考核，提高其业务水平和素质。

2.2.3.5　预定处主管

职责描述：具体负责组织饭店客房商品的销售和预订工作，保证预订员与接待员之间的衔接和协调，以提供优质服务，提高客房销售效率。

报告上级：前厅部经理。

督导下级：预订员。

主要职责：

①督导本处日常工作，编制预订处人员轮值表。

②及时编制和更新饭店订房记录，协助前厅部经理定期编制房间出租预测计划。

③审核所有收到的订房要求，亲自处理需要特别安排的订房事宜。

④参与前厅部对外订房业务谈判及签订合同。

⑤制订本部门培训计划，并对员工进行培训。

⑥将客满日期及时通报有关部门。

⑦与销售联系，协调团体订房事宜。

2.2.3.6　总机接线主管

职责描述：全面负责饭店内外电话的转接任务，保证通信的及时有效，在紧急事件时，担当指挥中心。

报告上级：前厅部经理。

督导下级：接线员。

主要职责：

①掌握饭店客房状态及客人信息。

②调查客人关于电话服务方面的投诉，并且做出适当的处理。

③当工作需要时，可接替他人在岗位上按照工作程序和标准做接线工作。

④定期对本部门员工实施绩效评估，按照奖惩制度实施奖惩。

⑤组织督导实施本部门员工培训。

⑥安排下属班次，布置任务，并督导其日常工作，保证电话业务正常运转。

⑦随时检查并保证呼叫系统正常进行。

⑧将所有不断更新的信息记录下来，并使所有的接线员周知。

前厅各部位的主管(或领班)工作在对客服务的第一线，直接指挥、督导和控制并参与前厅服务和客房销售工作，是前厅部正常运转，保证服务质量的直接责任者。他们应具有以下任职条件：①具有高中以上文化程度，比较系统地掌握旅游经济、旅游地理和主要客源国的民俗礼仪和现代饭店经营管理知识。②能坚持原则，敢于负责，作风正派，办事公道，在工作中的各个方面都能起到表率作用。③受过严格的操作训练，精通业务，熟练掌握服务技能和技巧，并能带领全体员工共同完成客房销售和对客服务任务。④有较好的外语口语表达能力和文字表达能力，能流利准确地使用外语与宾客对话。⑤善于处理人际关系，会做思想工作，关心本班组员工的合理要求和切身利益。⑥有处理各种突发事件的应变能力。⑦仪表端正，气质好。

读一读

在客人扭头离开的刹那

一天晚上，有几位客人拖着疲惫的脚步步入某酒店大堂，大堂副理小张听见其中一位客人大声说："有没有搞错，三星级酒店的大堂这么小。"随即走向总台询问房价，当总台向客人耐心地介绍时，客人又嫌房价高，扔下一句"你们以为外地人就随便要价呀，走走走，不住，不住"，说完挥挥手让同行的宾客一起出去。

当数位客人提着行李扭头准备离开时，小张走到客人身边，轻声对他们说："晚上好，请问我能为各位介绍一下附近的酒店吗?"客人一愣，有些犹豫不决。因为考虑到客人很累了，小张请客人到大堂沙发处坐下，随即把附近的酒店简要地向客人作了介绍，并询问客人想到哪里住，可以指路。客人不置可否，或许他们还没想好吧。小张又对他们说："今天很晚了，要不就先在我们酒店住下吧？虽然我们酒店大堂比较小，但客房设施较好。我给你们安排一个背街的房间，让你们好好休息，好吗?"客人勉强答应，小张随即让总台员工为客人登记，在登记中得知客人是烟台人，小张说："烟台是一个好地方，烟台在全国首推了服务承诺制，我们应该向烟台的服务业好好学习呢!"

客人很自豪地笑了，主动与小张谈烟台的情况，并说刚才在火车站时遭遇了一些不愉快的事情，心情不好，不过现在好多了。

客人登记后，小张让行李员将客人行李送入客房，并告诉客人如果有什么事可随时与服务人员联系，客人高兴地笑了。第二天、第三天客人没来退房，等他们结账离店的时候，客人走过来对小张说，他们对酒店的服务很满意，若是下次出差，还会住这家酒店。

练一练

模拟招聘

实训目的：使学生对星级饭店前厅部人员素质要求有一个深刻的认识。

实训要求：学生分组，进行酒店前厅部人员模拟招聘。

实训方法：角色扮演。

实训内容：学生分组进行角色扮演，人力资源部、前厅部负责人及应聘人员，通过模拟招聘，让学生对前厅部岗位职责及人员素质有一个直观的认识。

习　题

选择题：

1. 对大堂副理的管理模式通常有两种，分别是(　　)。

   A. 大堂副理隶属客房部，属主管级

   B. 大堂副理隶属前厅部，属主管级

   C. 大堂副理由总经理办公室直接管理，向总经理办公室主任或直接向总经理汇报，

属部门副理级

D. 大堂副理由前厅部直接管理，向前厅部经理汇报，属部门副理级

2. 前厅部的岗位职责中，对从事某一岗位工作人员的资格要求包含：(　　)。

A. 年龄、性别　　B. 衣着

C. 学历、工作经验　　D. 特殊技能及个性、性格

3. 前厅部经理直接对(　　)或(　　)负责。

A. 分管副总　　B. 总经理　　C. 前厅部副经理　　D. 房务总监

4. 礼宾部主管接受前厅部经理领导，负责制订本部门的工作计划，培训、检查、督导下属员工完成对客服务工作，考核(　　)工作表现，确保礼宾部各项工作的正常开展。

A. 前厅部副理　　B. 员工　　C. 前厅部领班　　D. 总机主管

5. 礼宾部的工作范围是(　　)。

A. 联络和协调饭店各有关部门的对客服务

B. 参加前厅部经理主持召开的前厅部各项定期例会及临时会议

C. 考核下属员工的工作表现

D. 检查交接班事项，跟踪落实情况

6. 属于前厅部与营销部的沟通协调内容是(　　)。

A. 双方进行来年客房销售预测前的磋商，营销部对团队/会议的客房销售负责；而前厅部则对零星散客，尤其是当天的客房销售负责

B. 营销部将已获准的各种预订合同副本递交前厅部客房预订处

C. 营销部将团队、会议宾客的预订资料及用房变动情况资料及时递交预订处

D. 前厅部向营销部了解团队、会议活动的日程安排情况等，以便解答宾客的询问及提供所需的服务

7. 属于前厅部与总经理间的沟通内容是(　　)。

A. 定期呈报“客情预报表”

B. 递交“贵宾接待规格审批表”及“贵宾接待通知单”

C. 每日以书面形式通报有关客情信息

D. 饭店免费、折扣、定金、预付款、客房信用政策、客房销售政策的呈报与批准

判断题：

1. 前厅部通常包括：

①客房预订处，大厅/礼宾服务处，接待处

②问讯处，前厅收银处，电话总机

③商务中心，大堂值班经理/大堂副理

④饭店的主要营业部门

2. 客房部是饭店的营业窗口，反映饭店的整体服务质量。

3. 前厅部是饭店的信息中心。

4. 前厅部承担着推销客房及其他产品和服务的职责。

5. 客房是饭店销售的主要产品。客房的营业收入一般要占饭店全部营业收入的：

①40%~60%　②58.6%　③31.6%　④19.31%

6. 大型饭店前厅部组织机构中有经理级、领班级(或主管级)、员工级三个层次。

7. 随着饭店业竞争的加剧和市场开拓力度的加大，客房预订的职能逐渐从营销部剥离出来，转而归属前厅部，这是现代饭店预订处运营职能提高的具体表现之一。

8. 前厅收银处在组织机构上隶属于饭店财务部，工作地点也位于饭店的财务部门内。

9. 提供文字处理、文件整理、装订、复印服务，长途电话、传真及国际快运服务是商务中心的服务范围。

10. 在我国三星级以上的饭店一般都设有大堂副理或值班经理。

11. 大堂副理的工作职责包括负责处理宾客的疾病和死亡事故。

12. 前厅部经理负责制订前厅部部门培训计划并分解下达各下属分部门。

13. 欲成为前厅部经理必须具备较强的计划、组织、决策、交通、协调能力，以及熟练掌握两门以上外语。

14. 前厅部副经理直接对前厅部经理负责，其直接下属为前厅部秘书及前厅部各部门主管。

名词解释：

1. 前厅部
2. 大厅/礼宾服务处
3. 岗位职责

问答题：

1. 前厅收银处主要业务包括哪九方面内容？
2. 大厅/礼宾服务处的主要职责是什么？
3. 饭店前厅部制订岗位职责的目的是什么？
4. 前厅部经理的主要工作职责有哪些？
5. 前厅部经理的主要工作内容是什么？
6. 前厅部副经理的主要工作内容有哪些？
7. 客房预订主管/领班的主要工作职责有哪些？

模块2　对客服务

项目3　客房预订

☞ **知识目标**　熟悉饭店前厅部客房预订的操作程序；掌握预订的种类及注意事项。

☞ **技能目标**　能够进行熟练的预订操作。

3.1　酒店前厅预订岗位的操作程序

预订岗位工作流程：

①提前5分钟整理仪容仪表，按时到岗。

②进行交接班、签到，认真阅读交班内容。

③详细了解当天及近期的房间使用情况，预订房间的客人到达的时间、人数，及时与相关岗位进行沟通联系。

④详细了解预定当天到店的VIP身份、房间号及抵离时间；确认是否已分好房及房间状态，若尚未安排妥当，要通知接待岗位工作人员尽快安排。

⑤将VIP单和报表送至总经理办公室、客房部及餐饮部。

⑥了解当天团体及散客预订情况，并将有关情况及数据打印在表格上。

⑦将前一天的订单进行整理并装订。

⑧若是星期天当班，应做出下一周的房间预订情况表、VIP预订情况表，并发送至有关部门。

⑨认真完成当天的预订工作，不能及时完成则应在交接班时交代清楚，让下一班完成。

3.2　预订岗操作细则

3.2.1 预订的方式

客房预订目前已有多种方式，客人可以根据自身情况来选择不同的预订方式，而预订岗的员工则应对各种情况进行灵活处理。

(1)电话预订

电话订房的优点是方便、快捷，而且便于客人与酒店进行沟通联系，客人在了解酒店的实际情况后可及时调整自己的预订要求，以订到满意的房间。在接受电话预订时，预订岗的员工须注意以下几个方面：

①要注意不能让客人久等，预订员必须对本月、本季的客房情况非常熟悉，能及时向客人提供其需要的信息。

②若因某些特殊原因不能马上答复，应留下客人电话号码和姓名，等到查清之后再通知客人。

③由于电话的清晰度、语言障碍及听力等因素的影响，电话订房容易出错，因此，预订员必须将客人的预订要求认真记录，并在记录完毕之后向对方复述一遍，得到客人的确认方可。

④必须在电话中向客人问清其姓名、单位、国籍、抵离日期、订房的保留时间等一系列问题，并要复述一遍，让客人核对。

⑤接听电话时要注意做到亲切、耐心、细致，充分体现工作效率。

(2)传真订房

传真订房是较为先进的一种方式，特点是方便、准确、正规、快捷，可以把客人的预订资料原封不动地保存下来，不容易出现纠纷。但也不可掉以轻心，应严格遵照下列程序：

①要认真阅读，弄清客人在传真中所提出的要求。

②把这些要求清楚地写在订单上。

③根据客人所提的要求，通知有关部门，让其早做准备。

④如果客人提供的资料不够详细，须按来件上的地址、传真号与客人联系，弄清有关情况。

(3)信函预订

信函预订是较为传统的一种订房方式，特点是正式，但速度慢，目前已很少使用。

(4)口头订房

口头预订是指客人直接来到酒店，当面预订客房。它的优点是能使双方进行更好的沟通。另外，还给预订员提供了机会，运用销售技巧来推销客房，促使客人做出选择。

对于客人的口头预订，预订员应注意以下事项：

①记录要清楚。特别是客人的姓名不能写错。

②要让客人确定逗留的天数，如果不能完全确定，也要让其说出大致的日期。

③接待客人时态度要友好，充分展示酒店的形象。

(5)合同预订

合同预订是指酒店与旅行社或是某团体之间通过签订订房合同，以达到长期出租客房的目的。订房合同的样式与内容要依据酒店的不同而有所变化。

(6)国际互联网预订

随着计算机的推广使用，越来越多的散客开始采用这种方式进行预订，因为它具备了方便、快捷、先进而又廉价的优点，是目前国际上最先进的订房方式。

3.2.2 预订的种类

(1)临时预订

临时预订是指客人在将要抵达前很短的一段时间内联系订房，酒店一般不必给客人寄确认函，口头确认即可。

(2)确认类预订

确认类预订指以书面形式确认的预订。进行确认预订的客人一般信用较高。不过，对于确认类预订酒店最好也事先向客人声明为其保留客房的时间期限，过了规定时间，酒店则可以灵活处理，有权将客房出租给其他客人。

(3)保证类预订

保证类预订指客人做出保证将前来住宿，否则将承担经济责任，因此，酒店无论在任何情况下都要优先落实保证类的预订。

3.2.3 预订的受理

(1)接受预订

预订员在查阅电脑或预订情况簿后，如确定有空房，能满足客人的要求，则可以接受预订。并应立即填写预订单，将客人姓名、抵离时间、房间类型、价格、结算方式等各项内容填写清楚。

(2)拒绝预订

如果酒店无法满足客人的要求，应对预订加以婉拒。但在拒绝时，切忌简单生硬地回绝客人，而应该主动提出一系列的建议供客人选择。如建议其更改来店日期、变更客房预订数或是房间类型等。另外，在征得客人的同意后，还可以把客人的姓名等有关资料记录在候补客人名单上，一旦有空房，就立即通知客人。

(3)确认预订

在接受客人的预订要求后，预订员应立即把客人的预订要求与酒店未来时期客房的利用情况进行对照，查看是否可以满足客人的要求，如果可以，就需对客人的预订加以确认。

确认预订的方式通常有两种：口头确认与书面确认。在条件许可的情况下，应尽量采取书面确认的方式，向客人发出确认的信函。这样做的好处主要是：能使客人了解酒店方面的情况，可以减少失误；书面确认函中除了复述客人的订房要求外，还可写明房价、为其保留房间的时间、预付的方式等，增强了双方的沟通；有利于进一步了解、证实客人的个人资料，从而减少信用风险。

(4)核对预订

对于提前很长时间就预订了客房的客人，酒店为了提高预订的准确性和开房率，并做好接待准备工作，在客人到店前，预订岗位人员应通过电话或书信等方式与客人进行再次的核对，问清其抵达日期及住宿人数等是否有变化。

核对工作通常应进行三次：第一次是在客人预订抵达的前一个月进行；第二次是在客人抵达的前一周进行；第三次则是在客人抵店的前一天进行。在核对过程中，如若发现客人取消或更改了订房计划，要及时修改预订记录，并迅速做好取消或更改后闲置客房的补充预订；万一客人是在抵达的前一天取消了或是变更预订，进行补充预订已来不及，则应立即通知前台接待处，让其及时将房间出租给其他未提前预订而抵店的散客。

(5)预订的取消

由于各种临时出现的原因，客人可能会在预订了房间后又取消订房。预订员在接受客人取消预订时，应正确处理。

①不要流露出任何不愉快的情绪，并表示欢迎客人随时再次光临酒店。

②客人取消预订后，预订员要做好预订资料的处理工作，如在预订单上盖上“取消”的印章，并在其备注栏内注明取消日期、取消人等，然后存档。另外，还要在电脑或预订控制簿上将其注销。

③如果预订后预订员已将其情况通知到其他各相关部门，那么在客人取消预订后就要将这一信息再次通知给以上单位。

(6)预订的变更

变更预订是指客人在抵达之前临时改变预订的日期、人数、要求等。在接到客人要求变更预订的申请后，预订员应先查看有关预订记录，确定是否能够满足客人的变更要求。如果可以，则予以确认，并填写更改表，修改有关记录。若在此之前已将客人的有关资料通知给有关部门，则还应把变更的信息再传达通知给这些部门。如果不能满足客人的变更要求，预订员应将酒店的情况如实告知客人，并与之协商解决。

(7)超额预订

超额预订是指酒店在某个时期内，有意让其接受的客房预订数超过其接待能力，其目的是提高客房利用率。因为客人往往会由于种种原因临时取消预订，或是改变预订，从而造成酒店部分客房处于闲置状态，如果酒店进行超额预订，就可以减少损失。不过，超额预订应该有“度”的限制，避免出现因超额而使客人不能入住，最后又造成酒店的客房闲置。总之，各酒店应根据各自的实际情况合理掌握超额预订的“度”。

如果因超额预订而不能使客人入住，酒店应按国际惯例向客人道歉，并帮助客人与其他相同等级的酒店联系。

3.2.4 预订员必须遵循的事项

在受理客人的预订时，有一些总体原则是预订员必须遵循的：

①填写预订单时务必十分严肃认真，逐栏逐项填，字迹工整，不出差错，否则，将会给工作带来不必要的麻烦，进而影响到服务质量和酒店的经济效益。

②接到预订函后，应讲求效率，立即处理，不能让客人久等。

③接听电话时，必须使用礼貌用语，做到友好亲切，应答得体。

读一读

客房重复预订之后

销售公关部接到一日本团队住宿的预订，在确定了客房类型和安排在10楼同一楼层后，销售公关部开具了“来客委托书”，交给了总台石小姐。由于石小姐工作疏忽，错输了电脑，而且与此同时，又接到一位台湾石姓客人的来电预订。因为双方都姓石，石先生又是酒店的常客与石小姐相识，石小姐便把10楼1015客房许诺订给了这位台湾客人。

当发现客房被重复预订之后，总台的石小姐受到了严厉的处分。不仅因为工作出现了差错，而且违反了客人预订只提供客房类型、楼层，不得提供具体的房号的店规。这样一来，酒店处于潜在的被动地位。如何回避可能出现的矛盾呢？酒店总经理找来了销售公关部和客房部的两位经理，商量了几种应变方案。

台湾石先生如期来到酒店，当得知因为有日本客人来才使自己不能如愿时，表现出了极大的不满。换间客房是坚决不同意的，也无论总台怎么解释和赔礼，这位台湾客人仍指责酒店背信弃义，崇洋媚外，“东洋人有什么了不起，我先预订，我先住店，这间客房非我莫属。”

销售公关部经理向石先生再三致歉，并道出了事情经过的原委和对总台失职的石小姐的处罚，还转告了酒店总经理的态度，一定要使石先生这样的酒店常客最终满意。

这位台湾石先生每次到这座城市，都下榻这家酒店，而且特别偏爱住10楼。据他说，他的石姓与10楼谐音相同，有一种住在自己的家的心理满足；更因为他对10楼的客房的陈设、布置、色调、家具都有特别的亲切感，会唤起他对逝去的岁月中一段美好而温馨往事的回忆，因此对10楼他情有独钟。

销售公关部经理想，石先生既然没有提出换一家酒店住宿，表明对我们酒店仍抱有好感，“住10楼比较困难，因为要涉及另一批客人，会产生新的矛盾，请石先生谅解。”

“看在酒店和石小姐的面子上，同意换楼层。但房型和陈设、布置各方面要与1015客房一样。”石先生做出了让步。

“14楼有一间客房与1015客房完全一样。”销售公关部经理说，“事先已为先生准备好了。”

“14楼，我一向不住14楼的。西方人忌13楼，我不忌，但我忌讳的就是14，什么叫14，不等于是‘石死’吗？让我死，多么不吉利。”石先生脸上多云转阴。

“那么先生住8楼该不会有所禁忌了吧？”销售公关部经理问道。

“您刚才不是说只有14楼有同样的客房吗？”石先生疑惑地问。

“8楼有相同的客房，但其中的布置、家具可能不尽如石先生之意。您来之前我们已经了解石先生酷爱保龄球，现在我陪先生玩上一会儿，在这段时间里，酒店会以最快的速度将您所满意家具换到8楼客房。”销售公关经理说。

“不胜感激，我同意。”石先生惊喜。

销售公关部经理拿出对讲机，通知有关部门：“请传达总经理指令，以最快速度将1402客户的可移动设施全部搬入806客房。”

酒店的这一举措，弥补了工作中失误，赢得了石先生的心。为了换回酒店的信誉，同时也为了使“上帝”真正满意，酒店做出了超值的服务。此事被传为佳话，声名远播。

练一练

客房电话预订

实训目的：掌握散客电话预订客房的要素及基本程序。

学时：2 学时。

实训条件：

①硬件：前台接待台、电话、电脑、散客预订单、笔。

②软件：前台预订接待系统、客房电话预订教学片。

③地点：实训教室。

实训内容与步骤：

①观看客房散客预订教学片。

②模拟散客电话预订客房场景，教师现场示范。

③将学生每6~8 人划分成一个团队，每队中两人形成一个训练小组。

④每小组自行设计出模拟散客电话预订的情景对话。

⑤每小组组员分别模拟客人和电话预订员进行客房预订对话练习，练习完一次后模拟角色进行互换。

考核方式、成绩评定标准：

散客电话预订客房测试与考核

程序	操作要求	配分	得分
接听电话	礼貌问候，自报部门规范	5	
询问客人预定要求	询问客人的预订日期及房型要求，查看电脑房态	10	
受理预订	询问客人姓名，冠姓称呼	10	
	推销客房	10	
	确认预订客房的类型、价格、数量、抵离时间等	20	
	询问有无特殊要求	10	
复述预订内容	复述预订内容	10	
	告之预订客房最晚保留时间	10	
完成预订	向客人致谢	5	
	填写散客预订单	10	

习　题

选择题：

1. 饭店客源的销售渠道包括(　　)。

A. 直接向饭店预订　　B. 通过与饭店签订商务合同的公司预订

C. 通过饭店所加入的预订网络预订　　D. 向旅行代理商预订

2. 宾客采用何种方式进行预订，受(　　)的制约。

A. 其预订的紧急程度　　B. 其代理商的好坏

C. 宾客预订设备条件　　D. 饭店的规模

3. 宾客采用的预订方式主要有(　　)。

A. 电话预订　　B. 面谈

C. 传真预订　　D. 信函预订和互联网预订

4. 保证性预订可细分为(　　)三种。

A. 预付款担保　　B. 信用卡担保　　C. 合同担保　　D. 人员担保

5. 饭店业中常见的客房预订操作形式有(　　)。

A. 外聘人员协作操作系统　　B. 手工操作预订系统

C. 半自动操作预订系统　　D. 全计算机操作预订系统

6. 手工操作预订系统其操作过程包括(　　)。

A. 填写客房预订单—制作并存放预订卡条—标注客房预订汇总表—填写预订记录簿—填写预订登记本

B. 填写客房预订单—标注客房预订汇总表—制作并存放预订卡条—填写预订记录簿—填写预订登记本

C. 填写客房预订单—标注客房预订汇总表—填写预订记录簿—制作并存放预订卡条—填写预订登记本

D. 填写客房预订单—标注客房预订汇总表—制作并存放预订卡条—填写预订登记本—填写预订记录簿

7. 客房预订单中需填入的信息包括(　　)。

A. 宾客姓名、人数、国籍

B. 抵离店日期、时间、车次或航班

C. 所需客房种类、数量、房租、付款方式

D. 预订人姓名或单位地址电话

8. 预订资料一般包括(　　)。

A. 客户预订单、确认书　　B. 预订变更单、预订取消单

C. 客史档案卡、预付定金收据　　D. 宾客原始预订凭证

9. 制定有关预订政策应包括(　　)。

A. 饭店客房预订规程

B. 饭店预订确认条款

C. 饭店预订金的收取条款

D. 饭店预订取消条款

E. 饭店对预订宾客应承担的责任条款

F. 饭店预订宾客应承担的责任条款

10. 按国际饭店的管理经验，超额预订的百分比可控制在(　　)。

A. 5%~20%　　B. 15%~25%　　C. 20%~35%　　D. 35%~45%

11. 实施超额预订时应考虑的因素是(　　)。
A. 团体预订与散客预订的比例　　B. 预订类别的比例
C. 本饭店内的入住比例　　D. 不同宾客数量所占的比例

12. 预订失约行为的处理可采用(　　)。
A. 诚恳解释原因并至歉意
B. 立即与其他同等级的饭店联系，请求援助
C. 免费提供交通工具和第一夜房费
D. 临时保留宾客的有关信息，便于为宾客提供邮件及查询服务

13. 预订失约行为的控制可采用(　　)。
A. 完善预订各项政策，健全预订程序及其标准
B. 加强与预订中心、预订代理处的沟通
C. 注重培训、督导预订员、加强其责任心，提高其预订业务素质
D. 合理配置部门人力资源，做到人尽其用

14. 预订资料的记录储存可采用下列方式(　　)。
A. 按宾客所订抵店日期顺序储存　　B. 按资料在桌面的摆放位置储存
C. 按宾客姓氏字母顺序储存　　D. 按记忆顺序进行储存

15. 取消预订的手续中预订取消编码表示日期的是哪几位数字(　　)。
A. 中间三位　　B. 前三位或四位　　C. 后二位　　D. 有字母的部分

判断题：

1. 目前，不论对单体饭店，还是连锁饭店或饭店联号，预订网络、航空运输部门所带来的客房预订数量在饭店客源中都占较大比重。(　　)

2. 采用电话预订的方式其特点是迅速、简便，易于在宾客、预订员之间的直接沟通。(　　)

3. 传真预订是宾客或其委托人在离预期抵店日期尚有较多时间的情况下采取的一种古老而正式的预订方式。(　　)

4. 在使用信函预订时复信时，对宾客所提要求一定要给予具体的答复，即使不能应允或不能满足的要求，也须婉转地表示歉意。(　　)

5. 在确认性预订中，如果宾客在规定时间仍未抵店，也无任何声明，在用房紧张时期，饭店可将所保留的客房出租给 Waiting List 宾客或其他有需要的宾客。(　　)

6. 保证性预订是饭店必须在任何情况下都保证落实的预订——保留客房至抵店日期的次日退房的结账时间。(　　)

7. 全计算机预订系统能与各饭店、旅行社、航空公司、海外旅游公司等机构的计算机联网。(　　)

8. 婉拒预订的主要英文句型中，“We have pleasure in confirming the following arrangement.”是其中一种方式。(　　)

9. 宾客抵店前的准备工作中，饭店要将其主要客情，如重点宾客，大型团队，会议接待，客满等信息通知各部门。(　　)

10. 前厅部管理人员应随时核对所输入计算机的预订信息以及客情预报信息，力求预订准确。(　　)

11. 若在某段时间团队预订多，散客预订少，则超额预订的比例可大一些。(　　)

12. 预订失约行为产生的原因多种多样，未能准确掌握可售房数量是其中原因之一。(　　)

名词解释：

1. 客房预订
2. 临时性预订
3. 确认性预订
4. 保证性预订
5. 团体预订
6. 超额订房

问答题：

1. 预订客房的渠道有哪些？
2. 通常宾客采用的预订方式主要有哪几种？
3. 受理电话预订的程序与标准是什么？
4. 面谈预订的特点是什么？应注意避免哪些内容？
5. 预订的种类有哪些？
6. 饭店业中常见的客房预订操作形式有哪些？
7. 全计算机操作预订系统的特点是什么？
8. 试将手工操作预订、半自动操作与全计算机操作预订进行比较。
9. 简述客房预订的程序。
10. 预订宾客在抵店，因种种原因可能对其原有预订进行更改或取消。在处理时，预订员应注意哪些服务要点？
11. 变更预订的处理程序与标准是什么？
12. 取消预订的处理程序与标准是什么？
13. 抵店前的准备工作有哪些内容？
14. 团体客房预订程序中完成抵店前准备工作的程序是怎样的？
15. 如何定期修改客房预订程序？

项目 4　前台接待

☞ **知识目标**　掌握饭店前厅入住登记流程；掌握饭店前厅退房流程。

☞ **技能目标**　能够进行熟练的接待入住和退房的操作。

4.1　办理客人入住流程

①客人进门，前台负责接待，要先说欢迎语，再说问候语，最后询问客人需要。

②接待服务要做到语调柔和，亲切，“请”字当头，“谢谢”收尾，“对不起”常挂嘴边，送客人不忘说“再见”。

③根据客人需要，为其介绍房间类型及收费方式。

④确认入住后，仔细核对期有效证件(身份证、护照、驾驶证、港澳通行证、士兵/军官证)后，扫描并录入电脑存档。

⑤确认客人的入住天数，向客人明列其需要缴纳的押金(对于长住客，尽量多收押金)或是房租，确定支付方式。

⑥向客人开押金单/收据、住房通知单以及房卡，最后温馨提示客人宾馆里的注意事项。

⑦根据客人需求，在电脑系统管理中或是交接班中，附言(PS)房客的代办事项：morning call 、请勿打扰、查无此人等事项。

⑧前台要与楼层随时核对房态，以免在租住过程中出现失误。

4.2　办理客人离店手续

①每天 14:00(有的酒店为 12:00)为前一天(更久)房客的退房时间，如果需要退房的房客当天 14:00(或 12:00)后，18:00 前未退房者，按超时收取其半天房租；如超过 18:00 未退房者，再按全天收取房费。

②距离退房时间半个小时的时间，从楼层服务员处了解或是电话询问房客(×先生/小姐您好！这里是前台，请问今天还要续住吗……)，是否要退房，注意分类退房房客和续住房客。

③客人办理退房手续，需收回押金单(收据)、房卡，并通知所在楼层服务员查房(有偿使用物品、家私配置是否有缺少或损坏)，并根据电脑或是工作表单记录，详细核对房客应付房租、电话费或其他服务费用。向客人明列其消费明细，扣除消费费用，并接到楼

层查房电话通知(未有使用有偿使用物品、家私损坏的行为)后，退还其房间押金。叮嘱客人慢走，欢迎下次光临。

特别提示：

第一，当天中午11:00~13:00为租、退房高峰期，客人较多时，接待工作应忙而不乱：办理第一位、询问第二位、再招呼第三位。

第二，办理退房时，一定要仔细核对客人的押金单以及房号，务必要向客人收回房卡。每间客房只配一张房卡，因此房客的住房资料一定要详细登记。如若房客在住房过程中遗失房卡，此房卡赔偿由客人负责。如若退房时，前台未向客人收回房卡，造成房卡遗失，则此赔偿由当班办理退房手续的员工负责。因此，早、晚、夜交接班人员要根据当班的住房率，仔细核对房卡、房态。

第三，电话通知客人退房时，对当天还要续住的房客，则要顺便通知房客，方便的时候要到前台缴纳当天的房租或是押金。

第四，房客退房时，接到楼层的退房通知后，要根据楼层的通知，对有偿使用的物品和家私的损坏，照报价表收费。如果房客有以上的消费行为发生，而楼层没有检查出的话，此费用由查房服务员负责。否则，由当班前台员工负责。

4.3 整理当班营业额

①根据当天的退房率，核对剩余住房的押金单或是房租，以及已退房的房卡是否已收回。

②下班前的1~2小时，整理当班的房租收入、电话费、有偿使用物品费、家私配置损坏费以及发票税，放回等金额的备用金后，所剩余的为当天当班的营业额。

③将统计好的当班营业额、填好收入支出表格、备注等缴纳给财务。如果财务未值班，则收入固定的保险柜。

④剩余时间的营业额(房租或其他收入)则统计为下一班值班人员的当班营业额，由接班人员清点数目。

“It will do”与“It won’t do”的错位

一天，内地某宾馆一位美国客人到总台登记住宿，顺便用英语询问接待服务员小杨：“贵店的房费是否包括早餐(指欧式计价方式)?”小杨英语才达到C级水平，没有听明白客人的意思便随口回答了个“It will do”(行得通)。次日早晨，客人去西式餐厅用自助餐，出于细心，又向服务员小贾提出了同样的问题。不料小贾的英语也欠佳，只得穷于应付，慌忙中又回答了“It will do”(行得通)。

几天以后，美国客人离店前到账台结账。服务员把账单递给客人，客人一看吃一惊，账单上对他每顿早餐一笔不漏！客人越想越糊涂：明明总台和餐厅服务员两次答“It will do”怎么结果变成了“It won’t do”(行不通)了呢？他百思不得其解。经再三追问，总台才告诉他："我们早餐历来不包括在房费内。"客人将初来时两次获得"It will do"答复的原委告诉总台服务员，希望早餐能得到兑现，但遭到拒绝。客人于无奈中只得付了早餐费，然后怒气冲冲地向饭店投诉。

最后，饭店重申了总台的意见，加上早餐收款已做了电脑帐户，不便更改，仍没有同意退款。美国客人心里不服，怀着一肚怒气离开宾馆。

评析：

第一，随着我国旅游业的迅速发展，我国涉外旅游饭店的涉外成分日益增加，越来越多的外国客人进入了我国涉外旅游饭店。更好地掌握外语(主要是英语)，已成为我国涉外旅游饭店服务员工日益迫切的任务。本案例反映了内地某饭店两位服务员外语水平不过关，将"It won't do"答成"It will do"，给客人造成意外的困惑和麻烦，直接影响了饭店的服务质量，实际上在我国整个饭店业中有一定的代表性和普遍意义，值得深入反思。为了能适应我国涉外旅游业这一变化形势，各地饭店要有一种紧迫感，尽快制订既有超前意识又切实可行的外语培训计划，对各部门特别是前台服务，管理人员进行强化培训，务其过关。否则，语言不通，软件不硬，将会极大地拖我国涉外旅游业的后腿。

第二，本案例中总台和饭店对客人申诉和投诉的处理也是不妥当的。诚然，该饭店确实"餐费历来不包括在房费内"的，但是，既然饭店总台、餐厅的服务员已两次答复客人房费包括早餐费为"It will do"，就代表饭店对客人作了承诺。在这以错为对，满足客人的要求，这才是弥补服务员工"It will do"与"It won't do"错位的正确做法，何况为了这区区几顿早餐费，带来饭店信誉的损害和回头客的流失，也是完全得不偿失的。

练一练

前台散客入住登记

实训目的：熟练掌握办理散客入住登记手续的完整程序。

学时：2 学时。

实训条件：

①硬件：前台接待台、电脑、客房磁卡钥匙、钥匙制卡机、房卡、入住登记单(内、外宾)、银联收银机、收据、笔。

②软件：前台预订接待系统、总台入住登记教学片。

③地点：实训教室。

实训内容与步骤：

①观看总台入住登记教学片。

②模拟散客办理登记入住场景，教师现场示范。

③将学生每 6~8 人划分成一个团队，每队中两人形成一个训练小组。

④每小组自行设计出模拟散客办理入住登记手续的情景对话。

⑤每小组组员分别模拟客人和前台接待员进行散客接待的程序练习，练习完一次后模拟角色进行互换。

考核方式、成绩评定标准：

散客登记入住程序测试与考核

程序	操作要求	配分	得分
迎接客人	三米内问候、声音洪亮	10	
	面带微笑	10	
识别有无预订	有预订，确认预订内容	20	
	（无预订推销客房）	（20）	
办理登记手续	填写散客登记表	10	
	按客人要求排房	10	
	打印房卡、制作客房磁卡钥匙，开餐券	10	
	收取客房押金	10	
指引客人去客房	告之客房方位	10	
	向客人致谢	10	

习 题

选择题：

1. 宾客与饭店建立正式的、合法关系的最根本环节是(　　)。
   A. 办理入住登记手续　　B. 预订登记手续
   C. 代理登记手续　　D. 接待服务
2. 入住登记表格的内容一般包括(　　)。
   A. 户口管理所规定的登记项目
   B. 宾客姓名、国籍
   C. 饭店对客服务和管理中所需的登记项目
   D. 房号、付款方式
3. 按照宾客类型，可将登记表分为(　　)。
   A. 国内宾客住宿登记表　　B. 英文临时性住宿登记表
   C. 团体人员住宿登记表　　D. 内部人员住宿登记表
4. 若宾客持有预订凭证，接待员应注意检查预订凭证正本的(　　)等内容。
   A. 房间号　　B. 宾客姓名　　C. 饭店名称　　D. 房间种类
5. 入住登记表一般一式三联，表述正确的是(　　)。
   A. 第一联作为备案　　B. 第二联交前厅结账处
   C. 第三联作为客史档案保存　　D. 第一联交前厅结账处
6. 宾客离店前所接受的最后一项服务是(　　)。
   A. 行李服务　　B. 前厅服务　　C. 退房结账手续　　D. 归还房卡服务
7. 为防止宾客贵重物品的丢失，必须注意(　　)。
   A. 定期检查每个保管箱是否处于良好工作状态
   B. 坚持请宾客亲自前来存取，不可委托他人代办
   C. 必须认真、严格、准确地核对宾客的签名

D. 不得检查或好奇地欣赏宾客存入或取出的物品

判断题：

1. 房卡的设计形式、内容因饭店而异，但一般包括宾客姓名、房号、房价、失效日期、抵店日期等项目。（　　）

2. 在未使用计算机的饭店前厅部，必须制作客房状况卡条，并放入显示架相应房号内。（　　）

3. 若宾客属未经预订而直接抵店，接待员视当天的客房销售情况予以办理。（　　）

4. 有关住客查询是来访宾客问讯的主要内容之一，通常应在不触及宾客隐私的范围内进行回答。（　　）

问答题：

1. 办理入住登记手续的目的是什么？
2. 简述入住登记程序。
3. 在排房过程中一般的排房顺序是怎样的？
4. 排房有哪些方法和技巧？
5. 确定付款方式的目的是什么？宾客通常采用的付款方式有哪些？
6. 简述 VIP 宾客入住登记程序与标准。
7. 简述未预订宾客入住登记程序与标准。
8. 简述长住宾客入住登记程序与标准。
9. 简述团队宾客入住登记程序与标准。
10. 商务行政楼层接待服务程序是怎样的？
11. 商务行政楼层退房结账程序是怎样的？

项目5　前台问讯服务

☞ **知识目标**　掌握饭店前厅问询服务的工作流程和岗位职责。

☞ **技能目标**　能够进行日常的问询服务。

基本理论

问讯服务是客房销售的配套服务，在大型酒店，问讯服务由专门的问讯处提供，在中小型酒店，则由接待员提供。

5.1　问讯员的主要职责

①掌握酒店客房状态和住客的基本情况。
②了解酒店当天最新动态，及餐饮推广活动情况。
③熟悉当天预抵店 VIP 和在店 VIP 的情况。
④熟悉当天团队情况，了解团队名单。
⑤按照工作要求为宾客提供钥匙服务。
⑥按照工作要求为宾客提供留言服务。
⑦了解当日抵店情况，准备好先期到店的邮件。
⑧及时将到店邮件分类，做好记录并分发。
⑨完成宾客交办的事情，并做好记录。
⑩为宾客提供日常简单用品和宣传品，如纸、笔、价目表等。
⑪回答宾客的各种咨询，并提供准确信息。

5.2　问讯岗位的主要服务项目和工作流程

5.2.1　信息咨询服务

宾客在店期间需要了解各方面的知识和信息，因此要求问讯员不仅要有较广的知识面，掌握大量的信息；还应准备大量的书面资料，以备及时查询。随着计算机信息网络的发展，上网也可以快速查找所需资料。具体工作要求如下：
①接待宾客询问时，语气要温和，回答问题要准确。
②准备各种知识性资料。
③对于自己无把握的答案，应请教上级、同事或有关单位。
④酒店应严守商业秘密和宾客隐私。

⑤随时收集宾客感兴趣、经常询问的问题，并及时更新过时的资料。

⑥有时宾客会直接到前台查询机场或车站的电话、班次等信息。

这就要求问讯员不仅对酒店环境做到很熟悉，而且要对酒店周围的环境也相当的熟悉。如果一时间不知道客人要查询的问题，可以告知客人帮他查一下，让客人稍等，而不能说“不知道”一类的拒绝语言。

5.2.2 查询住客服务

问讯处经常会接到打听住客情况的问讯，如宾客是否在店、宾客的房号等，具体处理程序如下：

①当宾客到前台查询时，应热情地问候，询问宾客的要求。

②如若不明白时，可请宾客写在纸上。

③通过计算机迅速查找该宾客的信息。

④电话征询住客是否与访客见面，然后按宾客意见办；如宾客不愿见面，应巧妙回绝访客。

⑤宾客不在房间时，应礼貌征求访客意见，是否需要留言或晚些时候再来，严禁将宾客房号告诉访客。

⑥如查找的宾客是团队宾客，应与团队的领队联系。

⑦未查到所需信息时，委婉向宾客解释。

5.2.3 访客留言服务

访客到酒店时，遇到住客不在房间或不方便见面时，问讯员可以主动提出留言服务。一般工作程序如下：

①访客到达问讯处，主动向访客问好。

②礼貌询问住客的姓名或房号，核对计算机中资料。

③请访客填写一式三联的“访客留言单”确保准确无误，在留言单上签字并填写留言时间。

④向访客表示尽快将留言转给住客。

⑤在留言登记簿上记录主要内容。

⑥将留言单一联在前台保存好，一联交行李员送到住客房间，一联送到电话总机，并开通留言指示灯。

5.2.4 住客留言服务

住客外出离开酒店时，想告诉可能来访的宾客自己的去向，可以填写“住客留言单”。一般工作程序如下：

①住客到达问讯处，主动向住客问好。

②礼貌地询问住客的姓名或房号，及时与计算机核对，并称呼住客以确认。

③请住客填写一式两联的“住客留言单”。

④询问住客是否需要在其他地点留言，如果需要，按住客要求留言。

⑤向住客表示将按住客要求办理。

⑥在留言登记簿上记录主要内容。

⑦将留言单一联保存好，一联送交电话总机，以备宾客查询。

5.2.5 宾客信件处理

①收到邮局送来的邮件，仔细清点，并在记录簿上做好登记。

②将邮件进行分类，各类邮件按要求处理。

③查询并核对住店宾客的信件，将房号和收信时间标到信件上。若酒店宾客已退房则应立即通过最快的联系方式告知宾客，若无法联系到，则应退回发件人。

④查询时，按在店宾客、预期抵店宾客、要求转寄服务的宾客、离店宾客等顺序进行。

⑤将信件按房间号码排列，交由行李员送到房间。

⑥普通信件可以直接交给宾客或从门缝塞到房间。

⑦对于包裹单、汇款单、特快专递等重要邮件，必须由宾客签收。

⑧对于无法查到收件人的信件，在保管一定时间后，可退回发件人。

5.2.6 员工信件处理

①当班问讯员每天从送信员处领取信件。

②将信件分类，员工信件按部门放置。

③如遇信件未写清员工所在部门，打电话向人事部查询。

④由行李员送至各部门或分发到位于员工通道的部门信箱中。

⑤如电报、汇款通知、包裹单等重要信件，须及时通知本人到前台签字领取。

⑥若员工已离开酒店工作，信件应及时按退信处理(登记、贴条退回寄信人)。

5.2.7 预抵宾客信件处理

①接到预抵宾客的信件，认真地在计算机中查询是否确有预订，若有应在物件上注明宾客抵达日期，以便进一步核查。

②将其存入每天检查信件的存档柜中。

③若接到已离店、取消预订或不明原因未到宾客的信件、传真及电传，核查计算机后，同样放入存档柜中。

④每天把信件存档柜中的每一封信、传真、电传与计算机核对并在其背面签字记录。

⑤经核实后，若有已进店宾客的信件等，马上将信件交行李员送往宾客房间，若是当天预抵的宾客，则将信件与宾客的登记卡放在一起，以便宾客入住登记时及时交给宾客。

5.2.8 钥匙管理

客房门锁为传统机械锁的酒店，客房钥匙的发放需严格控制。问讯员只可将钥匙直接发给熟悉的贵宾、长住客和常客。对于其他宾客，应礼貌地询问宾客的姓名和房号，然后与计算机内的资料核对，证明无误后，方可将钥匙交给宾客。一旦钥匙丢失，应通过必要的手续将备用钥匙发给宾客，同时应填写增配钥匙申请单和房间门锁更换申请单。

由于机械锁的钥匙容易丢失或被仿制，因此越来越多的酒店采用电子门锁取代传统门锁。电子门锁的钥匙是储存门锁及宾客信息的磁卡或 IC 卡。客用钥匙由接待员在宾客入住登记时制作，将宾客的姓名、房号、抵离日期等信息输入编码器，并通过磁卡读写装置存入钥匙卡，检查无误后发放给宾客。新钥匙卡使用后，门锁只接受新密码，旧的钥匙卡就自动失效。此外，利用编码器可以制作具有不同管理权限的通用卡，以利于楼层客房管理和安全管理工作。同时也具有一定的风险，如果较高权限的房卡丢失，一旦发现则需要立即将卡片从计算机系统里删除，封锁原来的房卡控制器。

问出来的麻烦

从事新闻工作的汤先生一行，通过旅行社预订了酒店房间并已支付房费。入住酒店的当日下午3：00，汤先生曾到前台问讯处询问如下午6:00退房是否可以只收取半日房费？当得知酒店将收取全日房费，客人并未明确说明他的意向便离开酒店。当日由于订房紧张，收银员便由此假设客人已离店；大约晚上10:00，当值收银主任请示大堂副理，该客人已于下午离店，是收取按半天还是一天的房费收取。当值大堂副理在查过房间无行李等情况下，遂决定退掉房间。

大约凌晨2:00，大堂副理接到接待员报告，原住3213房的汤先生欲进入房间时，发现其手持的钥匙不能正常开门，汤先生于是折返接待处查询，当得知房间被退并已安排给新客人时，汤先生非常生气。当值大堂副理除向客人解释和道歉的同时，及时为其安排升级入住商务行政豪华房间。汤先生在接受安排的同时，希望酒店就事件给予适当的解释。

评析：

1. 客人未退房时，将已付房费的房间退掉重新卖给他人，是否存在道德的操守问题。

2. 房间在有效期内和费用不缺的情况下被退掉，已构成损害消费者权益问题。

3. 酒店相关制度的运作存在一定的欠缺，处理问题的员工过多地强调内部运作和对事件有相对程度的掩饰。

客人回到酒店却进不了房门，直接的后果就是导致客人因此事件而变成选择酒店的终结。但是，由于大堂副理及时的安排，无论在安抚客人、弥补过失，都留有一定余地与机会，酒店才得以在之后诚恳道歉，积极补偿并平息此事件。

可能预见的对酒店的影响：由于此客人的特殊身份(记者)，加之酒店因疏忽而造成的此段不愉快的经历，酒店将很有可能成为其专为“3·15”消费者日的媒介曝光的对象。酒店声誉也将随之受到社会上的负面影响。

作为与宾客正面接触的一线员工，良好的理解、沟通能力是能否提供良好正常服务的前提。而此事中正因为收银员的假设，导致事件发生。

虽然当日酒店入住率高且订房很多，但由于此客人已于旅行社支付房租，如当值大堂副理能慎重起见，应该保留此房至最后做出租甚至可以不做他租。但当值大堂副理考虑当日入住情况，加之收银员确定的报告，便做此决定，显然是对客服务的意识不强。

而每位酒店员工具有灵活、技巧的应变能力，不仅可以将“事故”防患于未然，而且可以巩固客源，起到不可估量的作用。此次事件中当值接待员过于遵循处理事件的一般原则，及时将问题如实地向客人反映，此举只能让酒店在处理问题时无更多的回旋余地。

练一练

宾客投诉处理

实训目的：掌握处理宾客投诉的程序和与原则，学会与客人沟通的技巧和方法。

学时：2 学时。

实训条件：

①硬件：模拟客务经理大堂办公桌、笔、记事本。

②地点：实训教室。

实训内容与步骤：

①每小组自行设计出所讨论案例处理的模拟情景对话。

②各小组派一位代表讲述该小组讨论出的投诉处理方法(要求准备 PPT 或展示板)。

③每小组挑选出组员分别模拟客人、酒店员工、客务经理等将讨论出案例解决方案进行现场情景展示。

④展示完后进行集体讨论分析，交流各自意见。

⑤教师总结点评。

考核方式、成绩评定标准：

宾客投诉处理测试与考核

处理程序	操作要求	配分	得分
接到投诉	认真倾听，准确了解每一细节	5	
	保持目光接触，以示尊重	5	
	询问客人的姓名和房号	10	
	做简短记录	10	
安抚客人	向客人表示同情	10	
	做一个简短清晰的道歉	10	
采取措施	集中全力处理投诉	5	
	注意时效	5	
	告知客人处理方式	10	
	不可同意职权外的赔偿或让步	5	
回复客人	亲自将处理结果告诉客人	10	
	再次表示歉意	5	
记录存档	对客人的宝贵意见表示感谢	5	
	将事情的全部经过记录在案	5	

习　题

选择题：

1. 住客留言单一般一式两联，分别送往(　　)。

A. 前台保存好　　　　B. 行李员送到住客房间

C. 送到电话总机　　　　　　　　　　D. 房务中心

2. 访客留言单一般一式两联，分别送往(　　)。

A. 前台保存好　　　　　　　　　　B. 行李员送到住客房间

C. 送到电话总机　　　　　　　　　　D. 房务中心

3. (　　)等重要信件，须及时通知客人本人到前台签字领取。

A. 普通信件　　B. 特快专递　　C. 汇款通知　　D. 包裹单

判断题：

1. 当查到住客信息后，可直接让对方进入客人的房间。(　　)
2. 当住店客人有信件时，一般由问询员尽快将其送入客人房间。(　　)

问答题：

1. 查询住客服务的程序是什么？
2. 简述住客留言服务的流程是什么？
3. 论述宾客信件的处理程序。
4. 钥匙管理的程序是什么？

项目6　礼宾服务

☞ **知识目标**　掌握饭店前厅礼宾的工作流程和岗位职责。

☞ **技能目标**　能够进行日常的礼宾服务。

基本理论

礼宾服务，由法语“Concierge”一词翻译而来，又可译为委托代办服务。礼宾服务由酒店礼宾部提供，礼宾部的职责就是围绕宾客需求提供一条龙服务，从宾客到达酒店所在城市开始，包括接送、行李、市内活动等一系列服务便随之展开。在大中型酒店中，礼宾部一般包括迎宾员、门童、行李员、机场代表、派送员等岗位。在小型酒店一般只设行李部。随着宾客对委托代办服务的要求越来越高，在高星级酒店中，按照国际金钥匙服务理念，设置了“金钥匙”岗位，以突出宾客应享受的礼遇并树立酒店的国际形象。

6.1　礼宾部的主要岗位及职责

酒店根据各自特点，礼宾服务员在分工上有所不同，常见的有机场代表、门童、行李员等。

6.1.1　机场代表

①代表酒店在机场、车站、码头等迎送宾客的同时还可以有效地宣传酒店。

②为宾客安排去酒店的交通工具，并在沿途介绍城市及酒店。

③积极争取未预订宾客入住本酒店。

④为宾客处理行李问题。

⑤为酒店提供交通信息及预订宾客到达情况。

⑥回答宾客问询，向宾客提供酒店信息。

⑦向本酒店的离店宾客提供送行服务，为宾客办理登机手续，提供行李服务。

6.1.2　门童

①协调保安指挥进店车辆，时刻注意停车场的秩序，做好宾客的停车工作。

②按要求为宾客开关车门并致问候，协助行动不便的宾客上下车。

③时刻注意正门的卫生情况，有问题及时通知清洁员清扫。

④协助行李员为宾客搬运行李出入酒店正门，并严格按次序为宾客叫出租车。

⑤时刻注意自己的形象和卫生情况，及时更换工装。

⑥下雨时将雨伞拿在手中，不得将雨伞依靠在正门处，更不得将雨伞私自外借他人，此外还有义务做好宾客租伞服务，同时收好押金。并且要做好来店宾客的伞袋包装服务，以免雨水滴到大堂内。

⑦按顺序排车、订车，不得向出租车司机索要回扣及其他好处。

⑧待人待客要有礼貌，适当回答宾客的问询。

⑨随时注意酒店大门上所有部件的完好程度，发现故障随时排除或通知维修人员修理。

⑩保持高度警惕性，与安保人员一起，注意出入酒店人员的动向。

6.1.3 行李员

①负责将宾客行李卸下车，请宾客清点检查后从大厅运至客房。

②派送宾客的留言、留物、信件、报刊、杂志等。

③负责看护团队宾客放在大厅的行李。

④负责行李寄存及物品转交服务。

⑤时刻注意工作岗位的卫生情况，有情况及时处理或通知清洁员清扫。

⑥详细记录抵、离店宾客乘出租车的车牌号码。

⑦适当协助其他部门运送物品。

⑧向宾客介绍酒店的服务设施。

6.2 礼宾部各岗位的主要服务项目和工作流程

6.2.1 机场代表迎接宾客

①每天从预订部领取当天预抵宾客中需要接机服务的宾客名单及航班号，然后到机场上岗。

②航班到达后，机场接待人员站在出口处，身着有明显酒店标志的制服，面带微笑，手举标有宾客姓名的接待牌。

③宾客到达时，接待人员要主动上前进行自我介绍，包括：姓名、工作单位、职务，并介绍当地日期、时间、从机场到酒店时间。

④接待员帮助宾客提拿行李，护送宾客到出租车站，告诉出租车司机宾客要到达的目的地，并告知宾客到达酒店的大概费用；如果当时有酒店班车，应立即引导宾客乘坐班车前往酒店。

⑤向宾客告别“一路平安”，目送宾客离开。

⑥回到接待台打电话回酒店，通知酒店行李部有关宾客情况，包括：所乘车辆的车型、车号、颜色、人数、行李件数及大概到达酒店时间。

⑦接待人员在机场积极宣传本酒店，为酒店争取客源，介绍更多宾客光临本酒店。

6.2.2 机场接待 VIP 宾客

①机场接待人员，从预订部收到迎接 VIP 宾客通知后，立即与酒店车队联系，准确了解店内迎接宾客所用车辆的车号、车型、颜色和司机姓名并记录。

②到达机场后，在迎客牌上工整地写明宾客姓名，做好迎接准备工作。

③航班到达后，站在明显位置，并手举接机牌，面带微笑迎接宾客；待宾客出关后，主动上前问候，并帮助宾客提拿行李。

④机场接待人员引导宾客迅速走到机场外泊车地点为宾客打开车门，替宾客放好行李，待宾客上车后为宾客关门，然后向宾客礼貌告别“一路平安”，目送宾客离开。

⑤回到服务台，打电话通知酒店客务经理或行李部经理有关 VIP 宾客情况，包括：人数、出发时间、所乘车辆的车号、车型、颜色及大约抵店时间。

6.2.3　机场送客

①当宾客离店时，店内行李部经理立即打电话通知机场接待人员，讲清车号、车型、颜色、人数、行李件数和大概到达时间。

②接待人员在机场外等候迎接宾客。

③当宾客到达时，接待人员上前为宾客打开车门，问候宾客，并帮助宾客提拿行李，护送宾客入关。

④向宾客告别“旅途愉快”“一路平安”。

⑤打电话通知酒店行李部主管，宾客已安全离境。

⑥准确记录关于宾客的全部信息。

6.2.4　迎接服务

①将宾客乘坐的车辆引领至适当的停车位。

②主动上前为宾客开启车门，并用手挡在车门上方，以免宾客碰头。

③向宾客问好，表示欢迎。

④协助行李员卸行李，并确认件数，以免有遗漏。

⑤记下出租车的车号，引导车辆离开。

⑥及时拉开酒店大门，方便宾客进入大厅。

⑦宾客离店时，主动为宾客安排车辆。

⑧为宾客开启车门，协助宾客上车，关门时注意不要夹住宾客。

⑨协助行李员装行李，并记录件数和车辆号码，把卡片递给客人并告知客人卡片用意。

⑩与宾客道别，预祝旅途愉快，欢迎下次光临。

6.2.5　散客住店行李服务

①行李员主动迎接抵达酒店的宾客，为宾客打开车门，请宾客下车，并致亲切问候。

②从出租车内取出宾客行李(如遇易碎或贵重物品应妥善搬运)，请宾客确认行李件数，以免遗漏。

③迅速引导宾客进店，到前台进行入住登记。

④行李员引导宾客至前台，把行李放置在离前台 4 m 左右的地方，系好本店行李牌，双手背后站立在行李后方，直到宾客办理完入住登记手续。

⑤对于住在行政楼层的宾客，直接引导宾客至行政楼层办理入住手续，帮助宾客搬开

并放好登记台前的座椅，请宾客入座，退后 3~4 m，站立等候宾客办完手续。

⑥宾客办理完毕入住登记手续后，行李员从接待员手中接过客房钥匙，清晰地将房间号码登记在行李牌上。

⑦如果几位宾客同时入店，应在办理完毕手续后，请每位宾客逐件确认行李，在行李牌上写清宾客的房间号码，并婉转地告诉宾客在房间等候，然后迅速将行李送入房间。

⑧引导宾客至电梯厅，并在途中向宾客介绍酒店设施和服务项目，使宾客初步了解酒店，然后按叫电梯。

⑨电梯到达，请宾客先进电梯间，并为宾客按下相应楼层示意键，然后将行李提进电梯，靠边放置，在电梯行进过程中，继续向宾客介绍酒店有关情况，回答宾客问询。

⑩电梯到达目的楼层后，请宾客先出电梯，行李员随后赶上，走在宾客之前引领宾客进入客房。

⑪引导宾客到达房间，把行李放在房门外左侧，简短地向宾客介绍紧急出口及宾客房间在酒店内的位置。

⑫开门之前向宾客介绍如何使用客房钥匙及其他钥匙的用途(如小酒吧钥匙)。

⑬为宾客打开房门，介绍电源开关，并把钥匙插入开关插槽。

⑭请宾客首先进入房间，行李员进入后把行李放在行李架上，帮宾客把脱下的外衣及需挂放的物品挂入壁柜内，并打开或拉上窗帘。

⑮向宾客介绍如何使用电视和收看各频道节目，及酒店内提供的节目。

⑯向宾客介绍电话使用方法，店内各主要服务部门的电话号码，及空调、收音机、床头灯开关等电器设备设施；向宾客介绍卫生间内设施，提醒宾客注意电源的使用；向宾客介绍店内的洗衣服务及电话号码。

⑰介绍完毕，把房卡归还宾客，并询问宾客是否还有其他要求，最后祝愿宾客居住愉快。

⑱回到行李台做好登记，记录房号、行李件数、时间等。

6.2.6 散客离店行李服务

①当宾客将要离店打电话要求收取行李时，行李员需问清楚宾客房间号码、行李件数和收取行李时间。

②行李员在散客离店登记单上填写房间号码、时间、行李件数，并根据房间号码迅速去取宾客行李。

③在三分钟之内到达宾客房间，轻敲三下告知宾客“行李服务”；待宾客开门后，向宾客问候，和宾客一起确认行李件数，并帮助宾客检查是否有遗留物品，如发现直接还给宾客或交给行李部经理。

④行李员把宾客行李放置在行李台旁边，告知领班宾客房间号码，站在一旁等候宾客。

⑤确认宾客已付清全部房费办理完离店手续后，引导宾客出店，帮助宾客将行李放入车内。

⑥为宾客打开车门，请宾客上车。

⑦向宾客礼貌告别“欢迎您下次再来”。

⑧待送完宾客后，回到行李台登记房号、行李件数、时间。

6.2.7 团队行李到店服务

①当团队行李送到酒店时，由领班向团队行李员问清行李件数、团队人数，并请团队行李员在团队入店登记表上登记姓名和行李车牌号。

②由领班指派行李员卸下全部行李，并清点件数，检查行李有无破损情况，如遇损坏，须请团队行李人员签字证实，并通知团队陪同及领队。

③整齐码放行李，全部系上本酒店的行李牌，并用网子罩住，以防止丢失或错拿。

④根据前台或领队分配的房间号码，分拣行李，并将分好的房间号码清晰地写在行李牌上；与前台团队分房处联系，问明分配的房间是否有变动，如有变动须及时更改。

⑤及时将已知房间号码的行李送至房间；如遇行李卡丢失的行李应由领队帮助确认。

⑥在进入楼层后，应将行李放在房门左侧，轻敲门三下，宾客开门后，主动向宾客问好，将房门固定后，把行李送入房间内，待宾客确认后方可离开，如果没有宾客行李，应婉转地让宾客稍候并及时报告领班。

⑦对于破损和无人认领的行李，要同领队或陪同及时取得联系以便及时解决。

⑧送完行李后应将送入每间房间的行李件数准确登记在团队入店登记单上，如遇开门直接送入应注明“开门”字样，并核对总数是否同刚入店时一致。

⑨按照团队入店单上的时间存档。

6.2.8 团队行李离店服务

①仔细审阅前台送来的团队离店名单；与团队入店时填写的“团队行李接送登记表”核对，并重建新表。

②依照团号、团名及房间号码到楼层收取行李；与宾客确认行李件数，如宾客不在房间，则检查行李牌号及姓名；如宾客不在房间，又未将行李放在房间外，应及时报告领班解决。

③根据领班指定位置摆放行李，并罩好，以免丢失。

④统计行李件数的实数是否与登记数吻合；由领班与陪同或领队一起确认件数，若无误，请其在团队离店单上签字。

⑤由领班问清团队行李员所取行李的团号和团名；待团队行李员确认完行李件数后，请其在离店单上签上姓名及车牌号。

⑥当从前台得到该团行李放行卡后，方可让该团队离开。

6.2.9 行李寄存服务

①有礼貌地递给宾客“行李寄存牌”，并向宾客介绍行李寄存牌上需填写的项目。

②向宾客询问需寄存行李的件数及提取行李的时间并亲自在行李寄存牌的上下联为宾客填写清楚。

③请宾客填写行李寄存牌，须写清日期、姓名、房间号码。若客人已退房则应在行李寄存卡上表明一定的字样，如“原2101”。

④行李员同时在单据上写清自己的姓名，请宾客在第一联签字后（有时也可留下客人

的联系方式)，将下联收据撕下递给宾客，并提醒宾客凭此证提取行李。

⑤将短期寄存的行李存放在行李房外侧，以便搬运；将长期寄存的行李存放在行李房里面的行李架上，如一位宾客有多件行李，应用绳连起以免错拿。

⑥在行李寄存登记本上登记所存行李情况，标明位置、件数、日期、颜色及存放人姓名和寄存牌编号，如有特殊物品或易碎物品，应做明显标志。

6.2.10 行李提取服务

①礼貌地收回宾客寄存行李牌的下联收据。

②礼貌地向宾客询问行李的颜色、大小及存放时间，以便查找。

③根据收据上的编号，翻查行李存放登记本，找到行李，如果查找有困难，可请宾客帮助查找。

④把行李取出后，交给宾客核实，确认后撕掉行李上的寄存牌和宾客的寄存收据，并让宾客在下联上签字，如在行李寄存本上也有记录则也应该让客人签字，划去行李存放登记本上原始记录。

⑤帮助宾客将行李搬运出店或送到房间。

⑥如遇宾客遗失收据，应报告当班领班，通过检验宾客身份，核实无误后，方可领取。

⑦若是代别人领取行李，则应及时联系寄存行李的宾客，确认无误后让客人在行李寄存本上签字，方可让客人领取行李。

6.2.11 留言、传真和小件物品的递送服务

①每隔半小时取送宾客的留言、小件物品及快件等；每隔一小时从商务中心取送传真资料，及时送到宾客的房间。

②如遇注明“加急”字样的物品或传真，应立即直接送至宾客房间。

③如物品较大而宾客不在房间，通知楼层服务员或保卫部人员打开房门，把物品放在房间内，并做好留言服务。

④凡是送入宾客房间的物品，送取员都要在登记本上写明送取时间并签字，以便日后查询核对。

行李箱上的小轱辘不见了

一位住店客人准备离店，行李员接到通知，立刻到该客人房间取走3件行李，推送至前厅行李间，随后扎上行李牌，等待客人前来点收。

客人很快结好账。行李员看到客人已转身朝他走来，便请客人清点行李。客人朝行李打量时，好像忽然发现了什么。他颇为不悦地指着一只箱子说：“这只箱子上的小轱辘被你碰掉了，我要你们酒店负责！”

行李员听罢感到很委屈，辩解道：“我到客房取行李时，您为什么不讲清楚？这只箱

子原来就是坏的，我在运送时根本没有碰撞过呀。”

客人一听，火冒三丈：“明明是你弄坏的，自己不承认还反咬我一口，我要向你的上司投诉。”

这时前厅值班经理听到有客人在发脾气，马上走来向客人打招呼，耐心听取客人的指责，同时仔细观察了箱子受损的痕迹，向行李员询问了操作的全过程。然后对客人说：“先生，对不起，这是我们工作的失误。您先到休息区喝杯咖啡，账单我来付，行李箱我们负责修好，不会耽误您太多的时间的。”

15分钟后，箱子修好了，值班经理亲自到休息区找到客人，说：“您的行李箱已经修好了，只是新换的轱辘与原来的颜色有点出入，我代表酒店向您道歉。”客人听了这话，正在思索该讲些什么的时候，前厅值班经理接着说：“由于您及时让我们发觉了服务工作中的差错，我们非常感谢您！”此时，客人脸上露出了满意的笑容。

行李员小刘将客人送走后，回来找到值班经理说：“那轱辘也许是客人以前丢的。”经理回答说：“你在寄存行李时检查过吗？当时没有检查出问题，这就是我们的错，明白了吗？”

评析：

本例中前厅值班经理的做法是十分明智的，他在没有搞清楚箱子究竟如何受损的真相之前，就果断地主动向客人表示愿意承担责任的态度，这是由于：

第一，行李员到客房内取行李时没有查看行李是否完好无损，也没有当场绑上行李牌请客人核对行李件数，而是到了行李间才这么做。

第二，在行李员已经和客人争辩起来时，这样做有助于缓和气氛，避免矛盾激化。

第三，前厅值班经理懂得，如果把“对”让给客人，把“错”留给自己，在一般情况下，客人不会得寸进尺。相反，如果值班经理也是头脑发热，硬要和客人争个是非曲直的话，那后果是不言而喻的。要明白，上述事件既然已经发生，那么谁是谁非的结论恐怕难以争得明白，或许也不存在谁是谁非的问题。相反，客人越是“对”了，酒店的服务也就越能使客人满意。从这个意义上来理解，客人和酒店大家都“对”了。

练一练

引领宾客至客房并介绍房间设施

实训目的：掌握礼宾服务中引领宾客至房间的服务程序及介绍客房设施的步骤和方法。

学时：2学时。

实训条件：

①硬件：模拟酒店大堂及客房。

②软件：礼宾服务教学片。

③地点：实训教室。

实训内容与步骤：

①观看相关教学片。

②教师现场示范。

③将学生每6~8人划分成一个团队，每队中两人形成一个训练小组。

④每小组自行设计出模拟引领宾客至房间及介绍房间设施的情景对话。

⑤每小组组员分别模拟客人和礼宾员进行引领宾客至房间及介绍房间设施的演练，练习完一次后模拟角色进行互换。

⑥各队推选出本队的最佳小组进行全班展示。

⑦教师总结点评。

考核方式、成绩评定标准：团队评分。

习 题

选择题：

1. 前厅礼宾服务提供(　　)。
   A. 迎宾服务　B. 行李服务　C. 接待服务　D. 销售服务
2. 驻机场代表的服务程序应为(　　)。
   A. 熟知次日、当日客情，在预订宾客抵达前一天，核对宾客姓名、人数、所乘航班号等信息
   B. 根据接机预测报告，安排好机场与饭店间运行的穿梭巴士或向车队下达出车指令
   C. 根据宾客房号开立账单，将车费录入宾客账目或由司机收费
   D. 正确引导、疏通车辆，确保大门前交通畅通
3. 迎宾员在为宾客开启车门时应用哪只手开启多大角度的车门(　　)。
   A. 左手 90°　B. 右手 70°　C. 左手 70°　D. 右手 90°
4. 在门厅贵宾迎送服务中，门厅应接员应做的准备(　　)。
   A. 根据需要，负责升降国旗
   B. 负责维持大门口秩序，协助做好保安工作
   C. 正确引导、疏通车辆，确保大门前交通畅通
   D. 讲究服务规格，并准确使用贵宾姓名或头衔向其问候致意
5. 调度指挥行李服务及其他大厅服务的人员是(　　)。
   A. 行李组长　B. 前厅服务人员
   C. 大堂副理　D. 礼宾部主管/金钥匙
6. 前厅礼宾服务处的委托代办服务范围较广，常见的有(　　)。
   A. 呼叫寻人服务　B. 电梯服务
   C. 递送转交服务　D. 替宾客泊车服务
   E. 出租服务　F. 简单的店外修理服务
7. “国际金钥匙协会”成立于(　　)。
   A. 1951 年　B. 1952 年　C. 1953 年　D. 1954 年
8. “金钥匙”运作的必要条件是(　　)。
   A. 广泛的社会关系　B. 协作网络　C. 人际关系　D. 饭店规模

9. 在现实中，“金钥匙”被宾客视为(　　)。

A. 一把钥匙　　B. 百事通　　C. 万能博士　　D. 解决问题的专家

判断题：

1. 门厅迎接员要承担迎送、调车、协助保安员、行李员等人员工作的任务。(　　)

2. 使用电话通知前厅礼宾值班台有关宾客抵店信息，包括宾客姓名、所乘车号、离开机场时间、用房有无变化等，这是门厅迎送宾客服务中的一项。(　　)

3. 若遇有信仰佛教或伊斯兰教的宾客，应主动为其护顶。(　　)

4. 为迎接一般宾客的到来饭店要负责升降国旗。(　　)

5. 能吃苦耐劳，做到眼勤、嘴勤、手勤、腿勤是做好行李服务工作的唯一要求。(　　)

6. 行李员除了在宾客抵店、离店及换房时提供行李搬运服务外，还应负责住店宾客的行李寄存业务。(　　)

7. 对于宾客电报、电传、传真挂号信等物品的递送，一定要面交宾客。(　　)

8. 国际金钥匙协会组织对“金钥匙”的最基本要求就是敬业、乐业精神。(　　)

9. 在“金钥匙”的岗位职责中，有协助大堂副理处理饭店各类投诉的职责。(　　)

10. “金钥匙”应具备极强的人际交往能力和协作能力，善于交朋友。(　　)

名词解释：

1. 门厅迎送服务

2. “金钥匙”

问答题：

1. 迎宾员在开启车门时的原则是什么？

2. 在门厅贵宾迎送服务中，门厅迎接员应做哪些准备？

3. 为了能做好行李服务工作，要求行李组领班及行李员必须具备哪些要点？

4. 散客抵店的行李服务程序与标准是什么？

5. 散客离店的行李服务程序与标准是什么？

6. 团体抵店的行李服务程序与标准是什么？

7. 团队离店的行李服务程序与标准是什么？

8. “金钥匙”的岗位职责是哪些？

9. “金钥匙”的素质要求有哪些？

项目7 电话总机服务

☞ **知识目标** 掌握饭店电话总机服务的工作流程和岗位职责。

☞ **技能目标** 能够进行日常的电话总机服务。

随着现代通信技术的迅猛发展，电话在人们的生活中越来越普及。电话总机是酒店内外联系的通信枢纽，是酒店与宾客交流信息的桥梁，是反映酒店服务质量的窗口。总机话务员以电话为媒介，直接为宾客提供各种话务服务，其服务质量的高低，直接影响着宾客对酒店的评价，甚至影响到酒店的经济效益。

如今，由于移动通信的发展及短信服务业务的开展，电话总机的服务范围，随着酒店的类型、规模及程控电话交换机的功能等有所不同。常见的服务有：

①挂拨长途及计费服务。

②电话转接服务。

③电话自动叫醒服务。

④电话查询、留言服务。

⑤售房咨询服务。

⑥应急电话服务等。

7.1 总机话务员的主要职责

①熟练掌握总机的工作内容、工作程序和各项业务操作方法及计算机操作技术，熟练掌握酒店各种服务项目、收费标准、电话号码及本市常用电话号码，熟悉本市及长途区域代码。

②准确熟练地接转电话，整个转接电话服务中无错误、漏接、误转、误接现象发生。

③提供电话留言服务，准确记录留言者姓名、房号、电话号码、留言内容，并及时将留言信息转告宾客，如宾客不在，应填写留言单交由行李员派送。

④主动承接叫醒服务，准确记录宾客姓名、房号、时间、分机号码，并填写叫醒登记本，人工叫醒准确及时，无差错和责任事故发生。

⑤熟练掌握酒店前厅部问询资料，如有宾客问询，应准确、热情、细致地回答，或者将电话转到前台问询组。

⑥掌握酒店内部组织机构，熟悉酒店内主要负责人和各部门经理的姓名、声音。

⑦对于VIP情况、酒店不对外公开的情况及宾客的房号要严格保密。

⑧对每天的 VIP 宾客情况、设置 DND(请勿打扰)的宾客情况及具体要求了如指掌，熟记在心，并按照操作程序进行服务，随时与酒店各岗位保持良好的沟通，对前台通知的保密电话要再问一遍宾客保密程度，并记录下来。

7.2　电话总机的主要服务项目和工作流程

7.2.1　挂拨长途服务

现代酒店一般采用程控直拨电话系统，宾客可以在房间内直接拨打国内、国际长途电话。通话后，计算机计费系统自动记录通话时间和费用，并记录到宾客账户上。特殊情况下，宾客才会要求电话总机代拨长途电话，以国内长途为例：

①接到宾客要求，话务员问清受话人所在省份、城市、电话号码、受话人姓名及宾客的房间号码、宾客的姓名。

②核查宾客所提供的有关房间及姓名方面的信息，是否与计算机记录内容相符。

③填写“挂拨国内长途单”。

④话务员拨打地区代码和电话号码。

⑤电话接通后，将电话转到宾客房间。

⑥通话完毕，将通话时间和费用通知宾客，并将计费单转到收款处。

7.2.2　电话转接服务

电话总机是宾客看不见的窗口，话务员的服务态度、语言艺术和操作水平决定了话务服务的质量，影响着酒店的形象和宾客对酒店的印象。

①铃响三声内必须接起电话，主动问候，自报店名和身份。

②根据来电人提供的姓名和房号，迅速准确地转接电话。

③当电话占线时，及时向来电人说明占线情况，请来电人稍候再试或留言。

④如无人接听，向来电人说明电话没人接的情况；主动征询来电人是否愿意稍候再接或留言。

⑤如果来电人只提供受话人的姓名，请来电人稍等，在计算机上查询到房号后，将电话转接过去，但不能告诉来电人宾客房号。

⑥如果来电人只提供房号，则应核实身份，查询宾客是否有特殊要求，如房号保密、电话请勿打扰等。

⑦挂断电话前，要等宾客先挂断，才能切断电路。

7.2.3　电话叫醒服务

电话叫醒服务是酒店对客服务的一项重要内容，它涉及宾客的计划和日程安排，尤其是关系到宾客的航班、车次等。因此，不能出任何差错，否则会给宾客和酒店带来不可弥补的损失。酒店向宾客提供叫醒服务分为人工叫醒和自动叫醒。在采用功能齐全的程控交换机的酒店，多选择电话自动叫醒。以下为自动叫醒工作程序：

①接到宾客要求叫醒服务的电话，话务员要问清宾客的房号、姓名及叫醒时间。

②话务员复述一遍宾客的要求，以获宾客的确认，祝宾客晚安。

③把叫醒要求输入程控交换机。

④填写“电话叫醒记录单”，记录宾客的房号、叫醒时间及话务员姓名。

⑤叫醒时间到，程控交换机会自动接通房间电话，并打印叫醒记录。

⑥话务员注意查看叫醒记录，对于没有应答的房间应采取人工叫醒，如再无人应答，应通知房务中心派服务员去叫醒。

⑦若是需要人工叫醒，则接到宾客叫醒的电话后，核对一下信息确认无误后，在叫醒记录上填写清楚，并在电话或钟表上定零以提示叫醒时间到。

⑧当叫醒时按照标准的叫醒语言“早上好，张先生！现在是北京时间 7:00 整，这是您的叫醒服务，今天天气很好，祝您工作愉快！请问您还需要第二次叫醒吗?”

⑨当叫醒后认真在叫醒记录表上填写清楚叫醒时间及叫醒人员。若无人应答，则应立即派人去房间查看。

7.2.4 电话问讯服务

酒店内外的宾客常常会直接向话务员提出各种问讯，在工作允许的时间内，话务员应像问讯员一样，掌握大量的信息资料，及时、准确地回答宾客的问题。

①在铃响三次之内，接听电话，清晰地报出所在部门，表示愿意为宾客提供帮助。

②仔细聆听宾客所讲的问题，必要时，请宾客重复某些细节或含糊不清之处，重述宾客问询内容，以便宾客确认。

③若能立即回答宾客，及时给宾客满意的答复。

④若需进一步查询方能找到答案，请宾客稍候，在电脑储存的信息中查找宾客问询内容，找到准确答案。

⑤待宾客听清后，征询宾客是否还有其他疑问之处，表示愿意提供帮助。

⑥如果查不到宾客需要信息，在征求宾客意见后，可以将电话转到问讯处。

7.2.5 电话留言服务

当来电找不到受话人时，话务员应主动向来电人建议是否需要留言。

①当客房电话无人接听，来电人要求留言时，话务员认真核对来电人要找的住店宾客姓名。

②核对宾客是否正在住店，是否预抵但尚未登记入住。除非宾客已结账离店，否则一般均应做留言。

③在便笺上记录来电人姓名、电话号码，是从何处打来的电话，记录留言内容。

④将来电人姓名、住客姓名、电话号码及留言内容重复一遍以确认。

⑤将留言内容输入计算机，然后将留言在打印机中打印出来。

⑥一联交前台问讯处保管，一联由行李员送到客房，一联放入留言袋内。

⑦通过电话系统打开宾客房间内电话上的留言灯，以便通知宾客查询留言。

⑧当宾客收到留言后应将计算机中的留言消掉；关闭留言灯，从留言袋中取出留言销毁。

⑨如果酒店采用电话语音留言系统，来电人会根据电话语音提示，将留言存入程控交换机；宾客回房间后可凭密码按照电话语音提示回放来电人的语音留言。

7.2.6 应急电话服务

电话总机除了提供对客服务外，在酒店出现紧急情况时，还能作为酒店管理人员的指挥协调中心。

①接到紧急报警，首先告诉报警人要保持冷静。

②向报警人询问以下内容：报警人姓名；报警人所在部门；出事地点；何物燃烧；火势大小。

③迅速将有关内容准确记录在案；告诉报警人："我们会立即通知有关部门及人员，请您马上寻找紧急出口撤离。"

④立即通知消防控制中心以下内容：报警人姓名；报警人所属部门；着火地点；燃烧物；火势大小；话务员姓名。

⑤准确地将有关接到处理的报警内容记录在报警本上并立即向安保部或消防中心报告。

⑥消防中心立即派人实地查询，若情况属实，会立即从出事地点向总机报警。

⑦通知有关部门：白天需通知客务经理、保卫部值班室、总经理办公室及消防值班领班；夜间需通知呼叫酒店总值班经理、客务经理、保卫部值班室及当日部门值班经理。

⑧根据紧急处理预案的要求，做好通信联络工作。

北京的长途电话

8月中旬，饭店的入住率一直很高，团队、散客纷至沓来，其中有个团队是国家某部委组织的各省份机关领导人会议。大约晚上10:20，总机话务员小潘接到了一个北京长途，要找参加会议的某局局长许先生，来电人称是他的秘书，有极其重要的事情向该领导汇报，可是拨叫手机无人应答，房间号码又不清楚，只好求助于总机。小潘按照程序查询了计算机，但计算机中没有记录，又向前台询问了领队的房间号，并立即给领队打电话。由于时间已晚，小潘首先讲明了原因并请对方谅解，因为只有领队掌握团队人员姓名及房间号，电脑登记的只是团队代码。通过领队的帮助，小潘很快找到了许先生，并为其接通了电话。大约10分钟过后，那位秘书又给总机打来电话，对小潘的帮助表示衷心的感谢，并对她的工作给予了充分的肯定。

评析：

电话寻找不知房间号码的住店客人是总机经常会遇到的情况，在没有客人详细资料登记的情况下，的确需要话务员开动脑筋，想方设法找到客人的入住房间，使双方的客人能够顺利通话。

上述案例中的总机话务员具有对宾客认真负责的精神，在电脑查询无果的情况下又通过前台查到领队的房间，在向领队询问后终于使北京的长途电话客人与住店客人顺利通了电话。

通过这一案例我们也可举一反三，看看在我们的工作中还有哪些方面可以为客人更好地服务，满足客人的需求。

总机接线问候语及应答语训练

实训目的：掌握酒店总机对客服务用语的基本要求及语言技巧。

学时：2 学时。

实训条件：

①硬件：总机话务台、电话交换机、记事白板。

②软件：总机服务教学片。

③地点：实训教室。

实训内容与步骤：

①课前让学生收集各星级酒店总机接听外线的问候语急应答语。

②组织观看总机服务教学片。

③教师选用某家星级酒店的问候语做现场演示。

④将学生 6~8 人分成一组。

⑤分组讨论、比较几家酒店的总机问候语及应答语。

⑥每组选出适合的某一家星级酒店总机的问候语进行模仿练习。

⑦教师总结。

考核方式、成绩评定标准：团队评分。

选择题：

1. 以下属于总机房的设备的是(　　)。
   A. 电话交换机　B. 话务台　C. 自动打印机　D. 计算机
2. 总机房的环境要求是(　　)。
   A. 安静　B. 保密　C. 温馨　D. 漂亮
3. 当话务员接转客人电话之后，如对方无人接听，在铃响(　　)后，应向客人说明。
   A. 15 秒　B. 30 秒　C. 45 秒　D. 60 秒
4. 当客人要求“免电话打扰”服务时，必须记录客人的(　　)。
   A. 姓名　B. 房号　C. 具体服务时间　D. 退房时间
5. 对客人进行“人工叫醒”服务时，若客房内无人应答，应(　　)后再叫一次。
   A. 1 分钟　B. 3 分钟　C. 5 分钟　D. 7 分钟
6. 如遇查询住客房号的电话，话务员正确的服务方式是(　　)。
   A. 将电话转接至总台　B. 通过计算机为客人查询
   C. 将查询到的房号告知客人　D. 让住客直接与其通话

判断题：

1. IDD 指的是国际长途电话。（ ）

2. 总机房的环境应处于宁静的氛围中，其他员工如果有事，可自由进入总机房。（ ）

3. 总机房的设立位置应尽量靠近客房部。（ ）

4. 总机房应配备各类舒适的办公用品，但环境布置上应该比较严肃，不要摆放装饰品。（ ）

5. 客人不能通过电话感觉来自酒店的微笑、热情、礼貌和修养。（ ）

6. 结束通话时，话务员为提高工作效率，可提前在客人挂电话前挂掉电话。（ ）

7. 为客人接转电话时，如对方无人接听，话务员可直接挂断电话。（ ）

8. 当客人对常用电话号码进行查询时，话务员也可以请客人留下电话号码，待查清后，再主动与客人联系。（ ）

9. 当有电话找“免电话打扰”客人时，如果情况紧急，话务员可为其接转到房间。（ ）

名词解释：

1. 留言服务

2. “免电话打扰”服务

3. 人工叫醒服务

问答题：

1. 试述总机房的环境要求。

2. 试述总机服务的基本要求。

3. 试述总机房如何充当酒店临时指挥中心。

模块3 软件操作实务

项目8 前厅部软件操作

☞ **知识目标** 掌握前厅部软件操作的注意事项及流程。

☞ **技能目标** 掌握前厅部软件操作。

酒店前厅部操作业务，主要是处理客户预订并接待客户入住。在酒店总经理将酒店资料设置(包括房型、房间、厅房、娱乐项目、酒店资料)完成后，方可进入酒店前厅部。未完成设置，则不能进入。

基本理论

8.1 预订处理

客户端提交预订单在酒店前厅部的“预订处理”中进行审核。根据客户类型不同，分散客预订和团体预订。同时处理客户的预订取消和网上预订等操作。

8.1.1 散客预订

(客户)填写散客预订单—酒店前厅部—预订处理(散客预订)—预订处理—完成审核。

图8-1所示，进入前厅部操作页面后，默认打开散客预订列表页面，或点击左侧菜单区内的“预订处理”下的子菜单“散客预订”打开散客预订列表页面。

散客预订列表：订房人、房型、房间号、抵店日期、入住天数、预订时间、预订状态，操作“预订处理”。

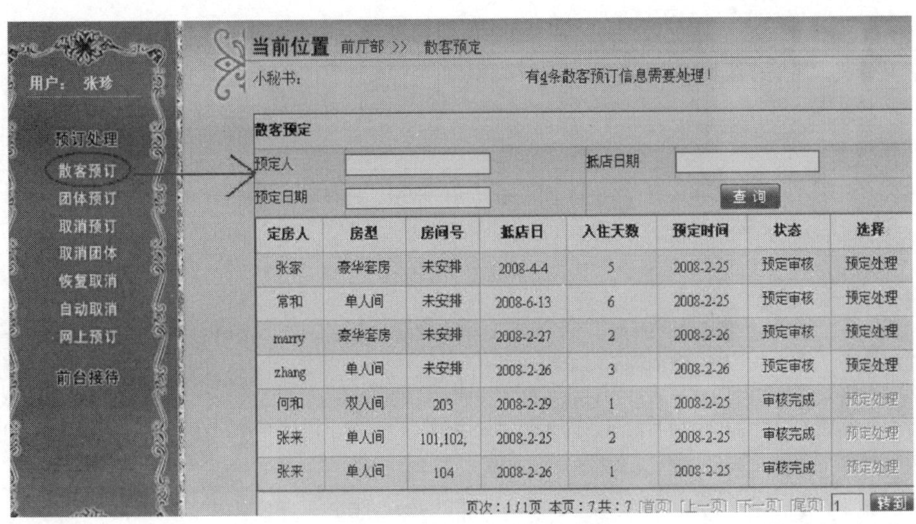

用户：张珍

预订处理
散客预订
团体预订
取消预订
取消团体
恢复取消
自动取消
网上预订
前台接待

当前位置　前厅部 >> 散客预定

小秘书：　有4条散客预订信息需要处理！

散客预定

预定人　　抵店日期

预定日期　　查询

定房人	房型	房间号	抵店日	入住天数	预定时间	状态	选择
张家	豪华套房	未安排	2008-4-4	5	2008-2-25	预定审核	预定处理
常和	单人间	未安排	2008-6-13	6	2008-2-25	预定审核	预定处理
marry	豪华套房	未安排	2008-2-27	2	2008-2-26	预定审核	预定处理
zhang	单人间	未安排	2008-2-26	3	2008-2-26	预定审核	预定处理
何和	双人间	203	2008-2-29	1	2008-2-25	审核完成	预定处理
张来	单人间	101,102,	2008-2-25	2	2008-2-25	审核完成	预定处理
张来	单人间	104	2008-2-26	1	2008-2-25	审核完成	预定处理

页次：1/1页 本页：7共：7 [首页] [上一页] [下一页] [尾页] 1 转到

图 8-1　散客预订列表页面

8.1.1.1　散客预订处理

已处理过的预订操作变为灰色，未处理的预订在列表中为可操作状态。点击要处理的预订的操作“预订处理”，打开散客客房预订单，如图 8-2。

酒店前厅部在该页面内进行房号安排，并可对预订单进行一定的修改。

客房预订

抵店日期	2008-4-4	离店日期	2008-4-5
房 型	豪华套房	已预订房间	
□301 □302 □303			
房间数	1	人 数	1
入住天数	5	保留时间到	2008-4-4 18 : 0
价 格	880	早 餐	否
折扣授权：	董事长(100%)	折扣率	100 %
公 司		合约号	
订房人	张家	会员号	
其他要求			

预 订　返 回

图 8-2　散客客房预订单

表 8-1　预订单处理

<table>
<tr><td>抵店日期：可修改，用鼠标单击抵店日期输入框，弹出的日历框内选择抵店日期</td><td>离店日期：可修改，应晚于抵店日期</td></tr>
<tr><td>房型：不可修改</td><td></td></tr>
<tr><td colspan="2">房号：页面内列出该酒店可供选择的该房型的房间。根据房间数量，选择数量相符合的房间。
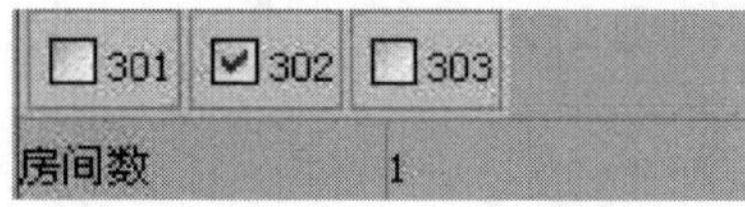

例如：房间数为“1”，在供选择房间中选择一个房间号，单击该号码前的小框，选中的房号小框中显示“√”。若要取消该房间的选择，单击选中的号码前的√，取消选择。
可选择的房型房间为该预订时间内，未被预订、入住的房间。
若出现预订房间数量超过剩余房型房间数量，则无法完成该预订，请退出前厅操作，在“总经理”操作页面内添加设置符合的房型房间。</td></tr>
<tr><td>房间数：不可修改</td><td>人数：可修改，四位以内的正整数</td></tr>
<tr><td>入住天数：将鼠标单击“入住天数”输入框，系统根据修改后的抵店和离店日期，自动修改入住天数。无需手动输入</td><td>保留时间到：可修改。
用鼠标单击“保留时间”的输入框，系统自动填写所选的抵店时间作为保留时间日期。时刻也可进行修改</td></tr>
<tr><td>价格：不可修改，为该房型单价</td><td>早餐：可修改是否预订早餐</td></tr>
<tr><td>折扣授权：可修改</td><td>折扣率：根据折扣选择改变</td></tr>
<tr><td>公司：可修改</td><td>合约号：根据公司修改而自动修改</td></tr>
<tr><td>订房人：可修改</td><td>会员号：可修改</td></tr>
<tr><td>其他要求：可修改</td><td></td></tr>
</table>

注：一般情况下，预订单按照客户填写的预订单进行处理，酒店只需要进行房号选择即可完成处理。特殊情况下，可将客户提交的预订单进行修改。

预订单处理见表 8-1。

单击预订单内的“预订”按钮，完成该预订单处理。系统弹出提示框“预订完成”。单击提示框内的“确定”，返回散客预订处理列表页面。

8.1.1.2　散客预订查询

随着酒店营业与客户预订量增加。预订查询成为一个必不可少的功能，在信息查询中，起到减轻工作量，准确查询的作用。

散客查询分：预订人、抵店日期、预订日期查询。

散客预订

预订人：张来　　抵店日期：

预订日期：　　查询

订房人	房型	房间号	抵店日	入住天数	预订时间	状态	选择
张来	单人间	101,102,	2008-2-25	2	2008-2-25	审核完成	预订处理
张来	单人间	104	2008-2-26	1	2008-2-25	审核完成	预订处理

图 8-3　散客预订查询

预订人查询：在预订人输入框内输入要查询的预订人姓名或其姓名包含的字，单击“查询”按钮，在预订列表中，显示定房人姓名中包含输入字的预订信息，如图8-3。

抵店日期查询：单击“抵店日期”输入框，选择要查询的日期，单击“查询”按钮，在预订列表中，显示抵店日为所选日期的预订信息。

预订日期查询：单击“预订日期”输入框，选择要查询的日期，单击“查询”按钮，在预订列表中，显示预订时间为所选日期的预订信息。

组合查询：各查询条件可组合进行查询，使查询结果更加精确。

8.1.1.3　取消(散客)预订

当客户提交散客预订后，在入住前，都可将预订取消。取消预订操作在客户和酒店前厅都可进行。

①在前厅部单击页面左侧的“取消预订”，打开还未入住的散客预订列表。

②选择将取消的预订记录，单击其对应行的操作“取消”，如图8-4。

③系统弹出对话框“确定取消该预订单吗”？可选操作“确定/取消”，如图8-5。

预订处理
散客预订
团体预订
取消预订
取消团体
恢复取消
自动取消
网上预订
前台接待

取消预订

预订人　　抵店日期

预订日期　　查 询

订房人	房型	房间号	抵店日	入住天数	预订时间	状态	选择
何和	双人间	203	2008-2-29	1	2008-2-25	预订	取消
张家	豪华套房	301	2008-4-4	5	2008-2-25	预订	取消
常和	单人间	103	2008-6-13	6	2008-2-25	预订	取消
marry	豪华套房	未安排302,303,	2008-2-27	2	2008-2-26	预订	取消

页次：1/1页 本页：4共：4 [首页] [上一页] [下一页] [尾页] 1 转到

图8-4　取消预订

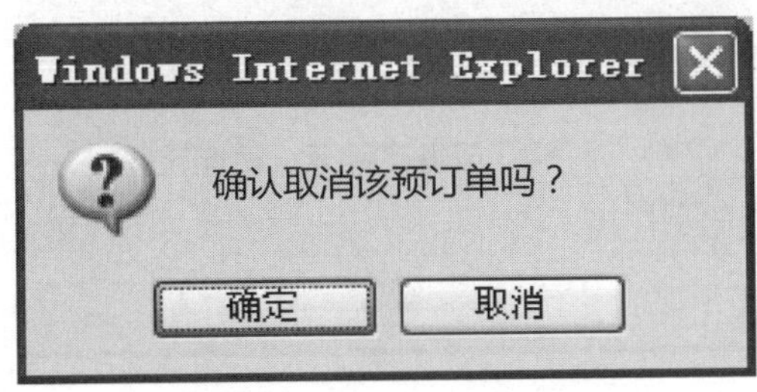

图8-5　取消预订对话框

④单击“确定”按钮，提示“散客预订单取消操作完成”。

⑤确定后返回未入住的预订列表页面。

预订取消后，客户端的该预订信息同时从预订单列表中自动取消。取消后，不再保存在预订列表中。取消后的预订可再恢复预订。

8.1.2　团体预订

(客户)填写团队预订单—(酒店前厅部)预订处理—(酒店前厅部)团队预订—(酒店前

厅部)预订处理—(酒店前厅部)信息审核—(酒店前厅部)预订房间—(酒店前厅部)完成处理。

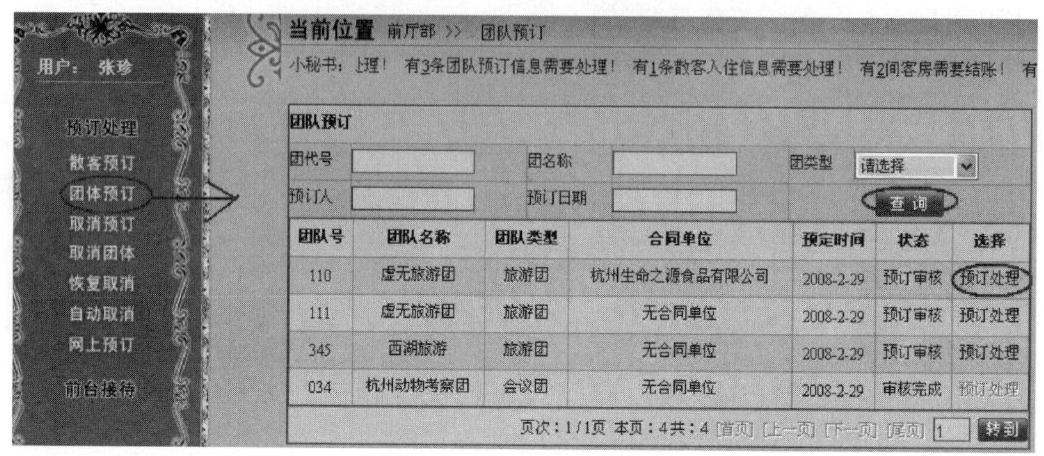

图 8-6 团体预订列表页面

图 8-6 所示，进入前厅部操作页面后，或单击左侧菜单区内的“预订处理”下的子菜单“团体预订”打开团体预订列表页面。

团体预订列表：团队号、团队名称、团队类型、合同单位、预订时间、状态及操作“预订处理”。

8.1.2.1 团体预订处理

已处理过的预订操作“预订处理”变为灰色，未处理的预订在列表中为可操作状态。

单击要处理的预订的操作“预订处理”，打开团体客房预订单，如图 8-6。

酒店前厅部在团体预订单页面内审核预订信息，审核后单击页面内的“确定”按钮，系统弹出提示框，如图 8-7。

图 8-7 系统提示框(预订信息确定)

单击提示框内的“确定”按钮，进入房号安排页面，进行房号安排。

房间选择页面内，显示本次预订的房型当前能提供的房间号、每个房间价格及配置说明和房型图片。

房间选择：如图 8-8。

图8-8　团队预订选择房间

<table>
<tr><td>房间数量：在预订信息页面内，显示本次预订的房间数量(单击“返回”按钮，可返回房间预订信息页面查看)。在房间选择页面内，所选的房间数量必须与预订的房间数量相同。若现能提供的该房型的数量不足，可能的原因是酒店该房型的数量不足，请退出前厅部的操作，进入“总经理”操作页面内，设置添加足够的房间。也可能是已退房的房间未及时清理，请在客房部内查看客房状态，对已退房的房间进行及时处理。</td></tr>
<tr><td>房号选择：页面内列出该酒店可供选择的该房型的房间。根据房间数量，选择数量相符合的房间。

例如：房间数为“8”，在供选择房间中选择八个房间号，单击要选号码前的小框，选中的房号小框中显示“√”。若要取消该房间的选择，单击选中的号码前的√，取消所选。</td></tr>
</table>

房间号码选择后，单击页面内的“预订”按钮，在页面下方的预订房间列表中，显示所选中的房间号及预订房间总价等信息，如图8-9。

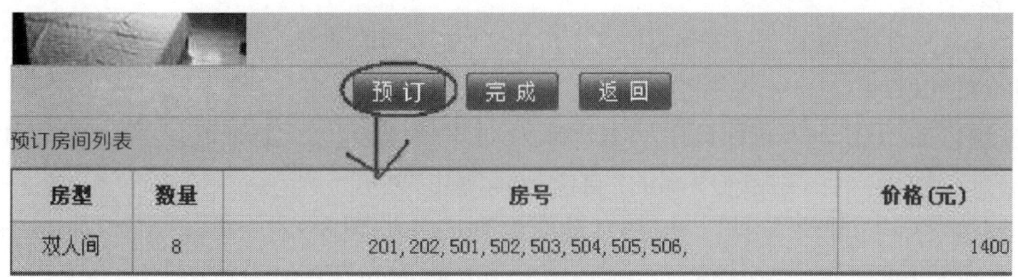

房型	数量	房号	价格(元)
双人间	8	201, 202, 501, 502, 503, 504, 505, 506,	1400

图8-9　预订房间列表

再单击“完成”按钮，系统提示“团队预订房间完成”。单击提示框内的“确定”，返回团体预订列表中。完成预订处理的预订记录，在列表中操作显示为灰色。同时，客户可在“团体入住”中选择该预订记录进行入住手续办理。

8.1.2.2　取消团体

①在前厅部单击页面左侧的“取消团体”，打开还未入住的团体预订列表，如图8-10。

预订处理
散客预订
团体预订
取消预订
取消团体
恢复取消
自动取消
网上预订
前台接待
团队取消
团代号
团名称
团类型 请选择
预订人
预订日期
查 询
团队号 团队名称 团队类型 合同单位 预定时间 状态 选择
031 太阳岛 旅游团 2008-2-29 预订 取消
111 虚无旅游团 旅游团 2008-2-29 预订 取消
453 学校团体 旅游团 2008-2-29 预订 取消
页次：1/1页 本页：3共：3 [首页] [上一页] [下一页] [尾页] 1 转到

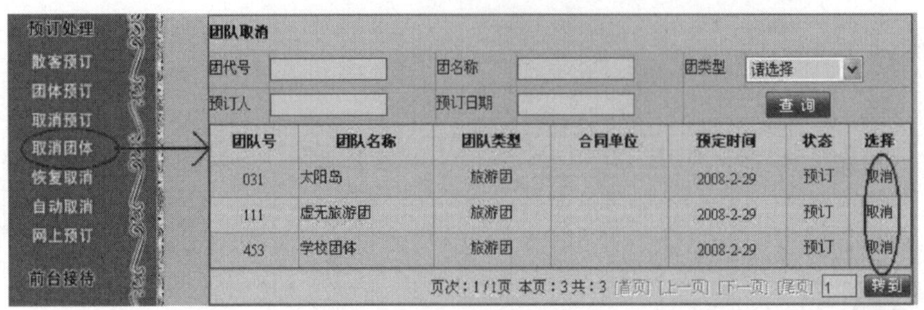

图 8-10 取消团体预订

②选择将取消的预订记录，单击其对应行的操作“取消”。

③系统提示“团体预订单取消操作完成”。

④确定后返回未入住的团体预订列表页面。

8.1.2.3 恢复取消

单击“预订处理”下的“恢复取消”，打开已取消的预订列表(酒店前厅和客户都可取消预订，但只能在酒店前厅进行恢复)，如图 8-11。

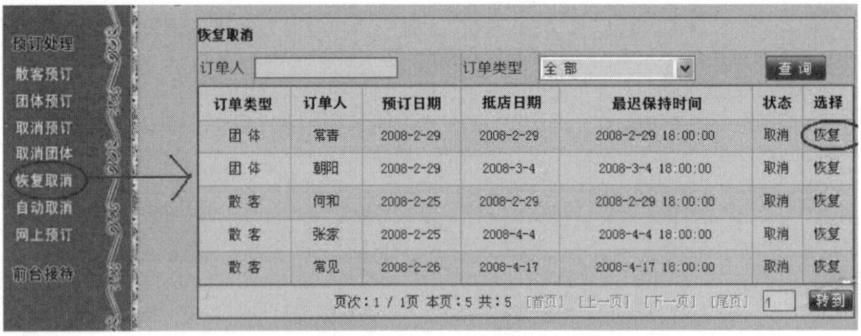

预订处理
散客预订
团体预订
取消预订
取消团体
恢复取消
自动取消
网上预订
前台接待
恢复取消
订单人
订单类型 全 部
查 询
订单类型 订单人 预订日期 抵店日期 最迟保持时间 状态 选择
团 体 常香 2008-2-29 2008-2-29 2008-2-29 18:00:00 取消 恢复
团 体 朝阳 2008-2-29 2008-3-4 2008-3-4 18:00:00 取消 恢复
散 客 何和 2008-2-25 2008-2-29 2008-2-29 18:00:00 取消 恢复
散 客 张家 2008-2-25 2008-4-4 2008-4-4 18:00:00 取消 恢复
散 客 常见 2008-2-26 2008-4-17 2008-4-17 18:00:00 取消 恢复
页次：1 / 1页 本页：5 共：5 [首页] [上一页] [下一页] [尾页] 1 转到

图 8-11 恢复取消预订

在列表中，选择将恢复的预订(包含团体预订和散客预订)，单击操作“恢复”，系统提示“所选预订单已成功恢复”。

预订恢复后，将重新显示在酒店和客户端的预订列表中。

8.1.2.4 自动取消

超过预订的抵店日期的预订单，酒店未及时审核或客户未及时入住等，将作为无效预订记录，自动取消并保存在前厅部的“自动取消”列表中。

单击菜单区的“自动取消”，打开自动取消列表，如图 8-12。

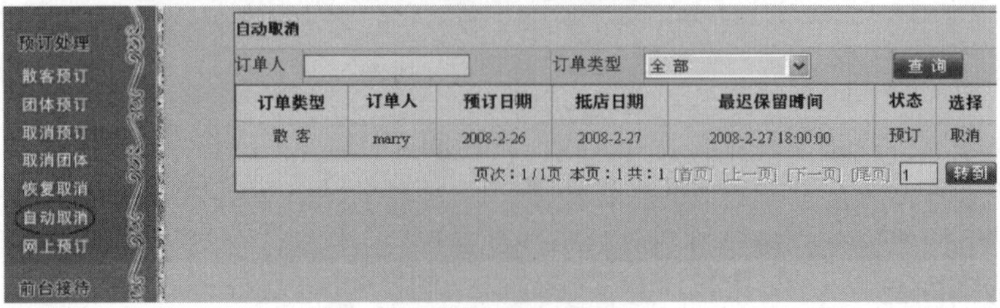

预订处理
散客预订
团体预订
取消预订
取消团体
恢复取消
自动取消
网上预订
前台接待
自动取消
订单人
订单类型 全 部
查 询
订单类型 订单人 预订日期 抵店日期 最迟保留时间 状态 选择
散 客 marry 2008-2-26 2008-2-27 2008-2-27 18:00:00 预订 取消
页次：1/1页 本页：1 共：1 [首页] [上一页] [下一页] [尾页] 1 转到

图 8-12 预订自动取消

在列表中单击“取消”按钮，提示“预订单取消处理完成”。

自动取消的预订单将不再进入“恢复取消”列表，自动取消的预订不能恢复。

8.1.3 网上预订

客户通过酒店行业网，选择酒店后，提交酒店网上预订单。预订后由酒店前厅“网上预订”进行处理。

预订处理
散客预订
团体预订
取消预订
取消团体
恢复取消
自动取消
网上预订

网上预订列表

订房人	房型	房间数量	抵店日期	入住天数	状态	预订时间	处理
小蓝	单人间	1	2008-3-12	1	未处理	2008-3-4	处理
萧萧	单人间	1	2008-3-5	1	已成功	2008-3-4	处理

页次：1/1页 本页：2共：2 [首页] [上一页] [下一页] [尾页] 1 转到

图 8-13 网上预订

图 8-13 所示，在“预订处理”下选择“网上预订”，打开网上订单列表：订房人、房型、房间数量、抵店日期、入住天数、状态、预订时间。

操作：处理。

单击还未处理的网上订单操作“处理”，打开订单，查看后，单击“通过”或“拒绝”按钮。完成订单处理，返回网上订单列表。

审核通过的预订进入“散客预订”列表。进入“散客预订”中进入房号安排。且客户也在“散客操作”下的“预订入住”中办理入住手续。

8.2 前台接待

8.2.1 团队入住

(客户)团队预订—(酒店前厅)信息审核、房间安排—(酒店前厅)完成团体预订处理—(客户)入住—(酒店前厅)团体入住审核—(客户)退房。

客户入住提交给酒店前厅部入住审核后，在酒店前厅部的“前台接待”菜单下选择“团体入住”，打开团体入住(客户提交的入住审核单)列表页面(图 8-14)。

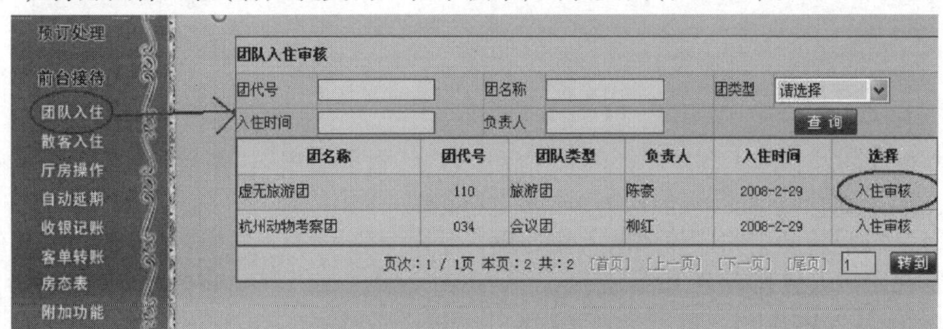

图 8-14 团队入住

团队入住列表：团队名、团代号、团队类型、负责人、入住时间(为客户提交入住信息的日期，可与预订抵店日期不同)及操作“入住审核”。

注：当前日期必须在入住日期内，若超过入住日期，将不能完成入住操作。

单击操作“入住审核”，打开团队信息页面，如图 8-15。

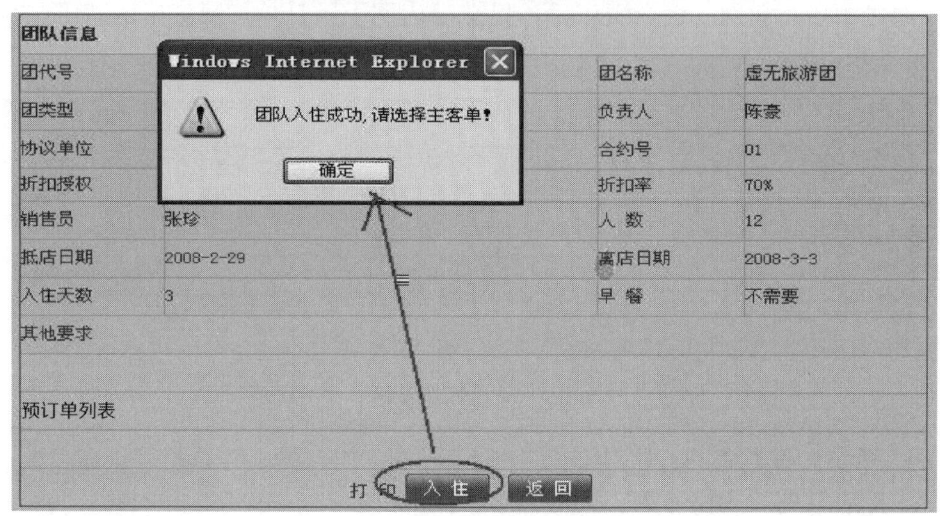

图 8-15 入住审核

在团体信息页面内单击“入住”按钮，系统提示“团队入住成功，请选择主客单”。

8.2.1.1 主客单

即团体入住时，确定后，在页面下方显示“预订单列表”的房间信息，如图 8-16。

其他要求

预订单列表

房型	房号	服务费	客人姓名	入住天数	早餐	主单	选择
双人间	505	0		3	否	否	设为主单
双人间	506	0		3	否	否	设为主单
双人间	502	0		3	否	否	设为主单
双人间	503	0		3	否	否	设为主单
双人间	504	0		3	否	否	设为主单
双人间	201	0		3	否	否	设为主单
双人间	202	0		3	否	否	设为主单
双人间	501	0		3	否	主单	设为主单

图 8-16 团队入住客章设置

选择一个房间作为主客单，在列表中单击操作“设为主单”，系统提示“团队主单设置成功”，回到页面内，此时页面内的“完成”按钮为可操作状态。

单击“完成”按钮，完成该团队入住处理，返回团队入住列表。已处理的团队入住记录不再保留在团队入住列表中。

8.2.1.2 团队入住查询

团队审核入住查询可按团队号、团名称、团类型、入住时间和负责人进行查询，如图 8-17。

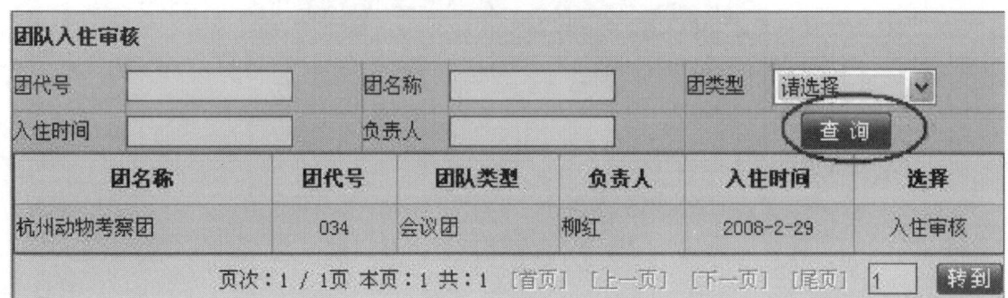

图 8-17　团队入住查询

团代号：显示该团代号的入住信息	团名称：该团队的入住信息
团类型：所选团队的入住信息	入住时间：所选入住日期的入住信息
负责人：该负责的所有团队入住信息	组合查询：两项或多项组合查询，显示同时满足所输入项的入住信息

8.2.2　散客入住

①(客户)散客预订—(酒店前厅)预订审核—(客户)散客入住—(酒店前厅)入住审核。

②(客户)散客步入—(酒店前厅)入住审核。

散客办理入住手续后，由酒店前厅进行审核入住。

图8-18所示，在菜单区内选择“前台接待”下的子菜单“散客入住”。

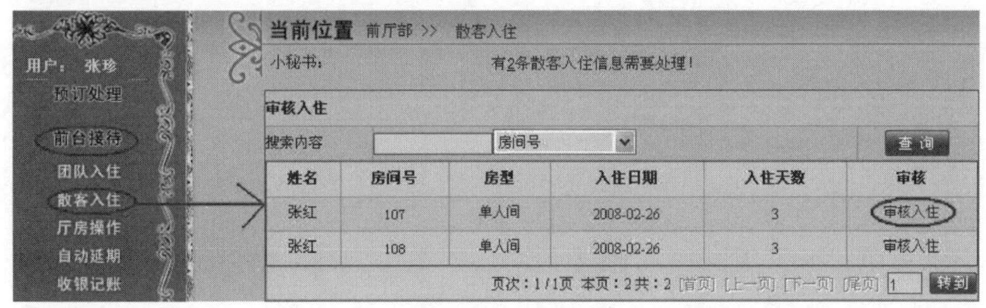

图 8-18　散客入住

在页面内显示待入住审核列表：客人姓名、房间号、房型、入住日期、入住天数。操作：审核入住。

单击操作“审核入住”，打开散客入住信息页面，包含房间信息、折扣信息和客人信息，仔细查看入住信息后，单击“入住”按钮，系统提示“完成入住”，确定后，返回待入住审核列表。入住完成的记录不再保存在该列表中。

完成入住后，客户便可以在大厅操作中，单击“我的房间”，进入房间，并享受房间中的服务项目。

注：当前日期必须在入住日期内，若超过入住日期，将不能完成入住操作，如图8-19。

图 8-19　当前日期超过入住日期

散客入住			
入住时间	2008-2-26	离店时间	2008-2-29
房 型	单人间	房间号	108
客房费用	100元	服务费	0元
折扣授权		折扣率	30 %
入住天数	3天	早 餐	否
会员号	05		
协议单位		合约号	
销售员	张珍		
其他要求			
客人信息			
姓 名	张红	性 别	男
身份证号码	521412198012041456	出生年月	1980-12-4
联系电话		联系地址	
工作单位		邮 编	
国 籍		省 份	
打 印　入 住			

图 8-20　散客入住信息

8.2.2.1　客人信息打印

在客人信息页面内，单击“入住”按钮旁的“打印”，打开打印设置页面，打印该页，如图 8-20。

8.2.2.2　入住审核查询

审核入住查询可按姓名和房间号进行查询，如图 8-21。

在搜索内容输入框内输入房间号，并在选择下拉框内选择“房间号”，单击查询按钮，列表显示待入住审核房间号与输入对应的入住信息。

在搜索内容输入框内输入客人姓名，并在选择下拉框内选择“姓名”，单击查询按钮，列表显示待入住审核姓名与输入对应的入住信息。

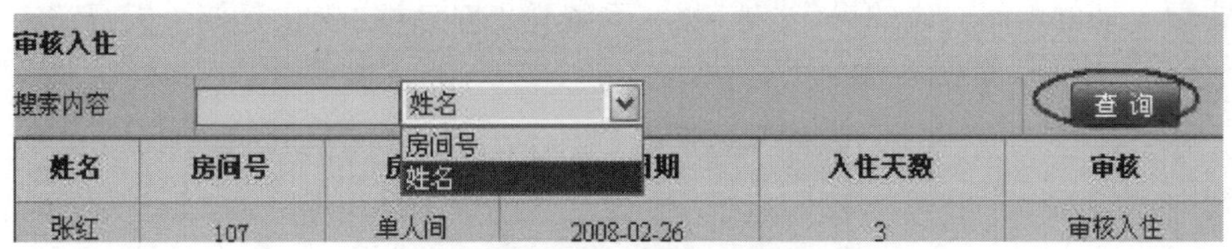

图 8-21 散客入住审核查询

若所查询的审核入住不存在，系统将提示“没有找到你需要的记录”。

8.2.3 厅房操作

客户提交厅房预订单或取消预订后，需经过酒店审核通过才能完成酒店使用或取消操作。

单击菜单区内的“厅房操作”，进入客人厅房预订列表，如图 8-22。

图 8-22 厅房操作

8.2.3.1 审核预订

单击状态为“预订待处理”的操作，打开预订单，单击“通过”按钮，系统提示“审核通过”，确定后返回厅房预订列表页面。通过审核的预订记录不再保存在该列表中。

8.2.3.2 审核预订取消

单击状态为“取消待处理”的操作，打开预订单，单击“取消”按钮，系统提示“取消成功”，确定后返回厅房预订列表页面。

8.2.4 自动延期

8.2.4.1 自动延期

在菜单区内选择“自动延期”，显示自动延期的预订列表，自动延期是对当天到期的客单再延续一天(图 8-23)。

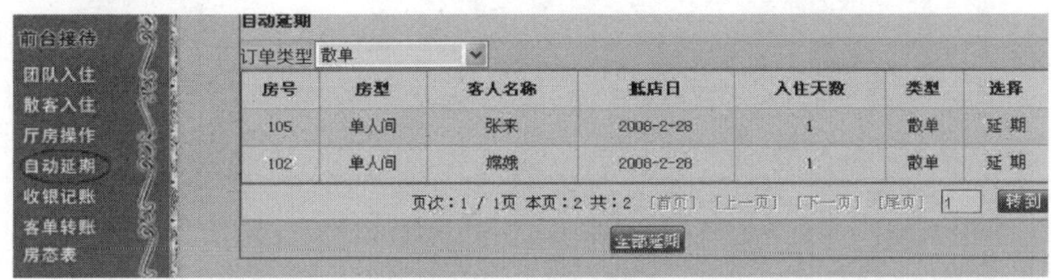

图 8-23 自动延期

单击要延期的房间对应的操作“延期”，系统弹出对话框“确认延期一天吗?”，可执行按钮“确定”“取消”，如图8-24。

Windows Internet Explorer
确认延期一天吗?
确定
取消

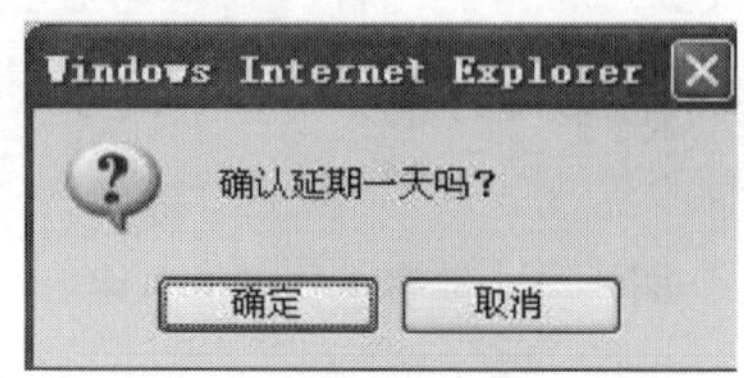

图8-24　确定延期一天

单击“确定”按钮，将该客单延期一天。

8.2.4.2　全部延期

单击“全部延期”按钮可将列表中的所有客单全部延期一天。

8.2.5　收银计账

单击左侧菜单区内的“收银计账”，打开入住房间列表，如图8-25。

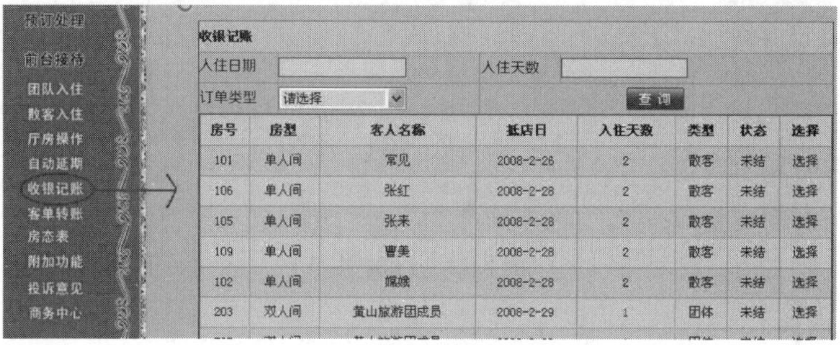
预订处理
前台接待
团队入住
散客入住
厅房操作
自动延期
收银记账
客单转账
房态表
附加功能
投诉意见
商务中心
收银记账
入住日期
入住天数
订单类型
请选择
查询
房号 房型 客人名称 抵店日 入住天数 类型 状态 选择
101 单人间 常见 2008-2-26 2 散客 未结 选择
106 单人间 张红 2008-2-28 2 散客 未结 选择
105 单人间 张来 2008-2-28 2 散客 未结 选择
109 单人间 曹美 2008-2-28 2 散客 未结 选择
102 单人间 嫦娥 2008-2-28 2 散客 未结 选择
203 双人间 黄山旅游团成员 2008-2-29 1 团体 未结 选择

图8-25　收银记账

入住列表：序号、房型、客户名称、抵店日、入住天数、客户类型、状态(已结、未结)。操作：“选择”。

打开该房间信息和计账列表，如图8-26。

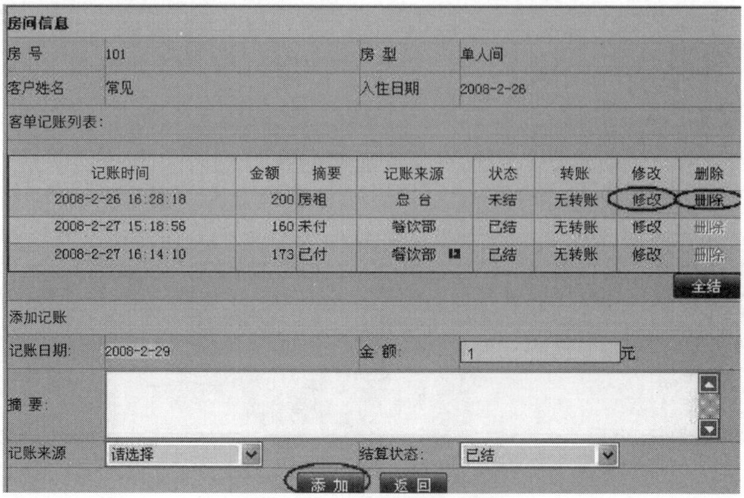
房间信息
房号 101
房型 单人间
客户姓名 常见
入住日期 2008-2-26
客单记账列表:
记账时间 金额 摘要 记账来源 状态 转账 修改 删除
2008-2-26 16:28:18 200 房租 总台 未结 无转账 修改 删除
2008-2-27 15:18:56 160 未付 餐饮部 已结 无转账 修改 删除
2008-2-27 16:14:10 173 已付 餐饮部 已结 无转账 修改 删除
全结
添加记账
记账日期: 2008-2-29
金额: 1 元
摘要:
记账来源 请选择
结算状态: 已结
添加
返回

图8-26　房间信息和记账

对未结账的账单可进行删除和修改(已结账的记录不能进行操作)。

8.2.5.1　账单修改

在计账列表单击要修改的记录所在行的“修改”，在页面计账列表与添加计账之间将显示所选计账记录的修改栏，如图8-27。

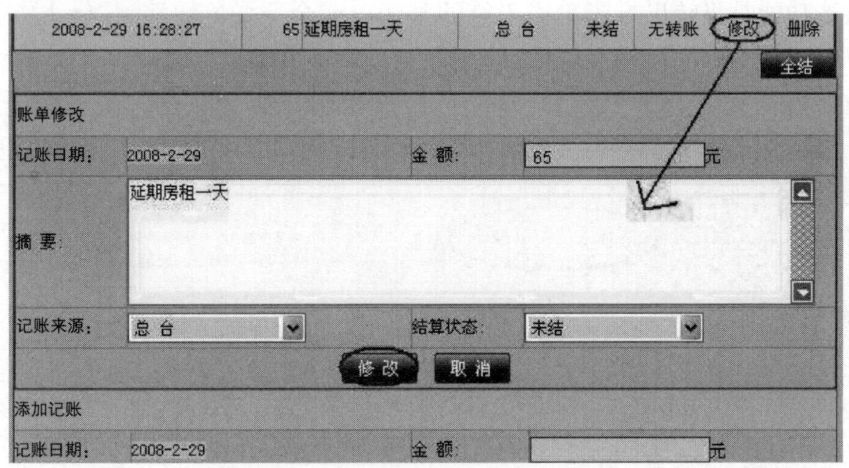

图8-27　账单修改

计账日期不能修改，可修改计账的金额、摘要、计账来源和结算状态(可用于结账)。

修改完毕后，单击“修改”按钮，系统提示“修改成功”(若修改状态为已结，修改成功后不能再修改或删除)。

8.2.5.2　账单增加

在页面下方“添加计账”页面内，输入增加的计账信息：金额、摘要，选择计账来源和结算状态，单击“添加”按钮。系统提示：添加成功。

添加成功的计账信息将显示在计账列表中。

8.2.5.3　账单删除

只有未结状态的计账才能删除。

在计账列表中，单击将删除的账单信息，单击其操作“删除”，系统弹出对话框：“确认删除该账单记录?”，可执行按钮“确定/取消”。

单击“按钮”按钮，删除该账单记录。

8.2.5.4　结账

在结账信息页面内，若对某一条计账记录进行结账操作，可单击该计账操作“修改”，在该计账修改栏内，修改其结算方式为“已结”，修改后，该计账记录状态为“已结”(图8-28)。

记账时间	金额	摘要	记账来源	状态	转账	修改	删除
2008-2-28 15:36:08	70	房租	总 台	未结	无转账	修改	删除
2008-2-29 16:28:57	70	延期房租一天	总 台	未结	无转账	修改	删除
							全结

图8-28　结账

若要将列表中的所有未结计账一次性全结算，请单击计账列表右下角的“全结”按钮，单击“全结”按钮后，计账列表中所有计账状态为“已结”，且删除操作变为灰色，不可删除和修改已结账目。但可单击“修改”打开查看该计账记录。

8.2.5.5 客单转账

客单转账功能是将转出方账单中未结的某账单或全部账单转移到“转入方”的账单中（转出账目将由转入方结算）。

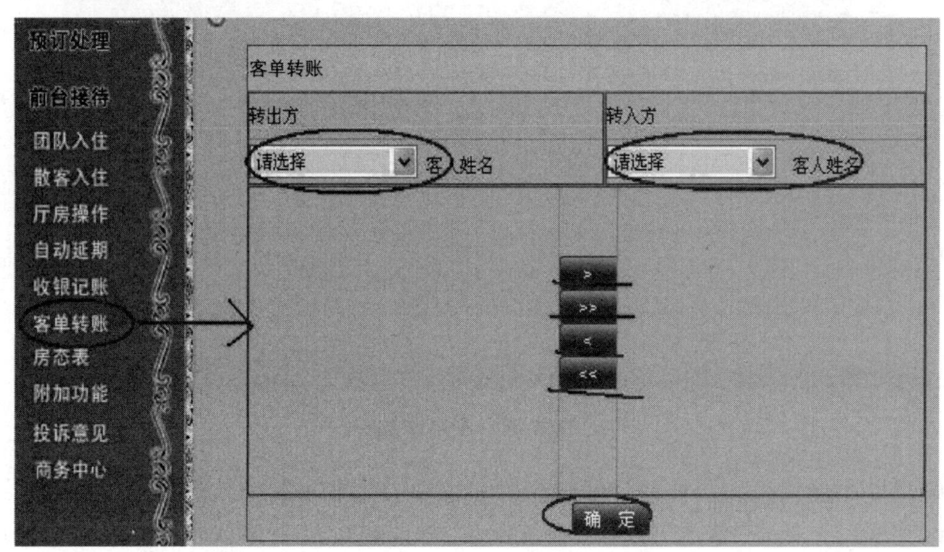

图 8-29 客单转账

在“前台接待”菜单下选择“客单转账”，打开转账页面。酒店需要在此选择转出方和转入方，如图 8-29。

①单击“转出方”的选择下拉框，在入住的客房列表中，选择一个房间号作为转出方。

②选择转出方后，同时页面内将自动显示所选房间的客人姓名和该客人的账目信息，如图 8-30。

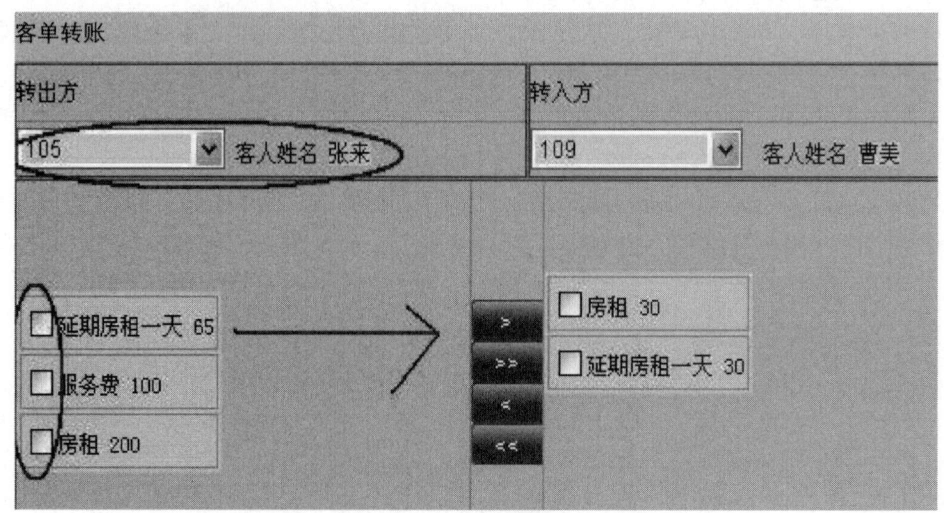

图 8-30 客单转账操作

③再选择转入方。单击“转入方”的下拉框，在入住房号内选择一个作为转入方（转入方不能与转出方相同，请选择转出方以外的房号），选择转入方后，也将显示转入的客人姓名及其账目列表。

④转出方的账目在选择后，将可进入转入方的账目下。

⑤在转出方账目中，单击要转出的账目前的“□”，选中该账目“□”显示“√”，如图8-31。

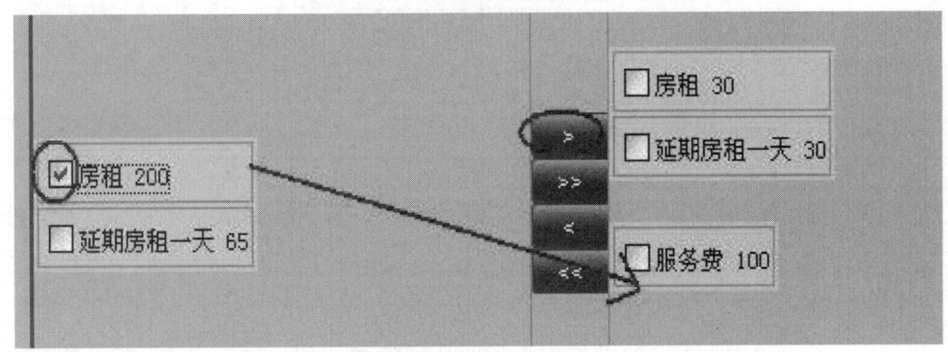

图8-31　转账具体操作

单击转出与转入账目之间的“ > ”按钮。账目转移到转出方的账目列表中。

⑥单击页面下方的“确定”按钮，系统提示“客单转账成功”。

在转入方的账目中，上方为自身消费账目，下方为转入的账目。

在转账确定前，转出的账目可在转出和转入方的账目中随意移动（转入方本身的账目不能移动）。

> 将转出方选中的账目中转移到转入方账目	>> 将转出方所有账目中转移到转入方账目
< 将选中的转入账目转还到转出方（确定前）	<< 将所有的转入账目转还到转出方（确定前）

8.2.6　房态表

通过房态表的查看，及时了解酒店房间状态（空净房、在住房、待清洁、维修房间、退房请求、检查完成）。

图8-32　房态表

在菜单中选择“前台接待”下的“房态表”，打开该酒店所有房态查看页面，如图 8-32。系统通过图标的方式，显示各房间的状态。

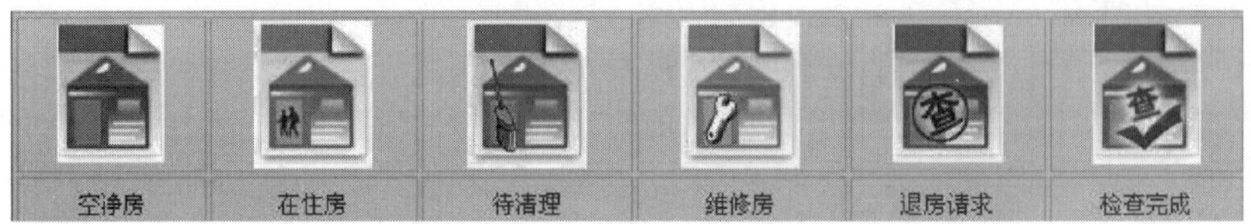

并能在房态表右上方选择楼层，将显示所选择楼层的房间状态表。

前厅对各状态房间的操作：

<table>
<tr><td>空净房：
查看房间信息及预订信息，可取消预订操作</td><td>在房态表中，单击房间状态为“空净房”的图标。打开该房间的信息列表，如下图：
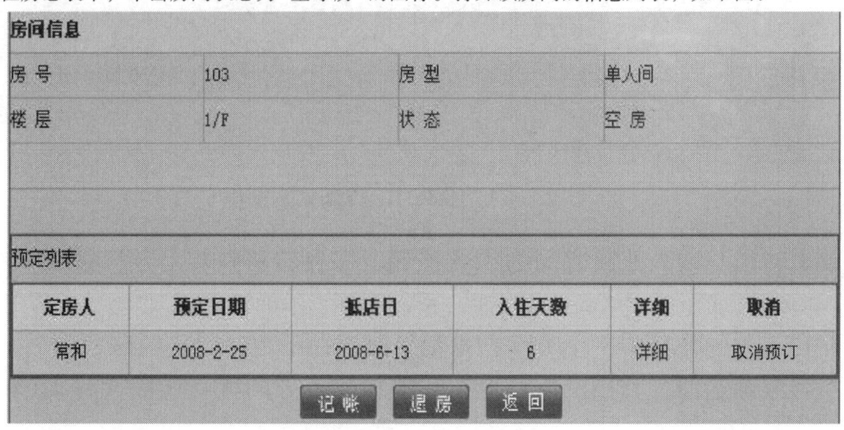
房间信息
<table><tr><td>房 号</td><td>103</td><td>房 型</td><td>单人间</td></tr><tr><td>楼 层</td><td>1/F</td><td>状 态</td><td>空 房</td></tr></table>预定列表
<table><tr><th>定房人</th><th>预定日期</th><th>抵店日</th><th>入住天数</th><th>详细</th><th>取消</th></tr><tr><td>常和</td><td>2008-2-25</td><td>2008-6-13</td><td>6</td><td>详细</td><td>取消预订</td></tr></table>记帐 退房 返回
在房间信息内，显示房号、房型、楼层、状态
若该房间已被预订(已安排房间，未入住)，在预订列表中显示预订信息：订房人、预订日期、抵店日期、入住天数，操作：查看详细预订信息、取消预订
查看详细预订信息：
在预订列表中，单击“详细”，打开详细信息查看页面
取消预订：
在预订列表中，单击“取消预订”，系统弹出对话框“确认取消该预订？”

单击“确定”按钮，取消预订成功。预订取消后，该预订信息转入“恢复取消”中。可在其他菜单下完成其他操作</td></tr>
<tr><td>在住房：
房间信息、在住信息、预订信息</td><td>在房态表中，单击房间状态为“在住房”的图标。打开该房间的信息列表，在住房的信息列表包含：房间信息、在住信息、预订信息
可执行操作：计账、退房
计账：单击“计账”按钮，打开该房间在住客户的“收银计账”页面，进行结账、账目添加、修改、删除操作
退房：“房态表”—“在住房”—“退房”
在房间信息页面内，单击“退房”按钮，系统提示：向房屋中心发送退房请求</td></tr>
</table>

（续）

	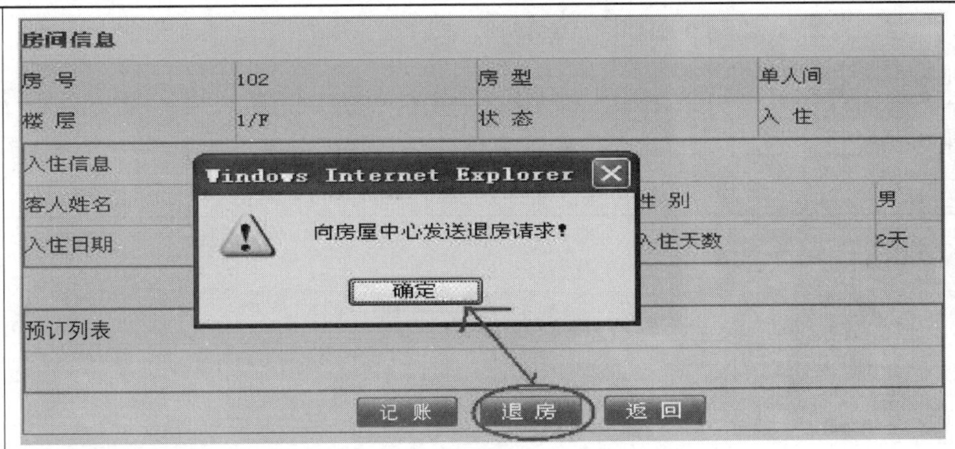 单击确定后返回房态表页面。此时，该房间状态变为“退房请求” 退房请求发送给客房中心进行处理
退房请求： 可进行计账操作	在房态表中，单击房间状态为“退房请求”的图标。打开该房间的信息列表，在住房的信息列表包含：房间信息、在住信息、预订信息 可进行计账操作 单击“计账”按钮，打开该房间在住客户的“收银计账”页面，进行结账、账目添加、修改、删除操作。详细操作请参考“收银计账”
检查完成： 退房、计账	在房态表中，单击房间状态为“检查完成”的图标。打开该房间的信息列表，可进行“计账”“退房”操作 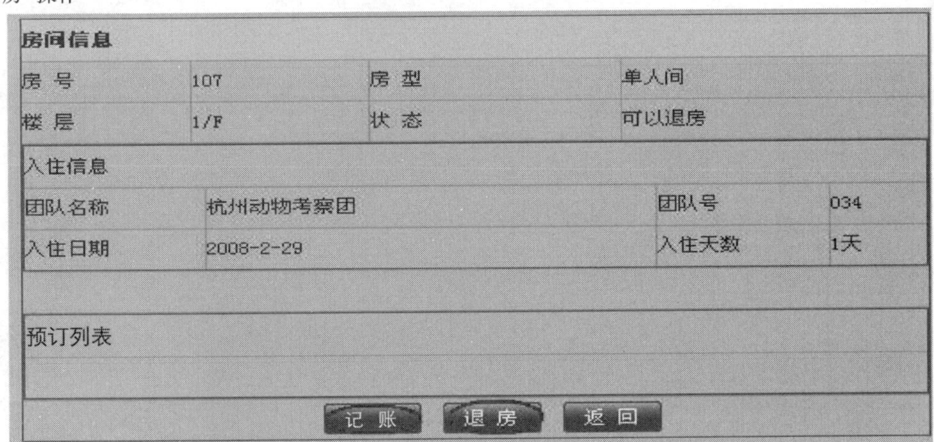 计账：单击“计账”按钮打开该房间在住客户的“收银计账”页面 退房：单击“退房”按钮，系统提示，“退房操作完成”。确定后，返回房态表，该房间状态变为“待清洁”
待清洁： 查看房间信息、预订信息，无其他操作	在房态表中，单击房间状态为“待清洁”的图标。打开该房间的信息页面，显示房间信息和预订信息。若该房间被预订，可执行查看预订信息或取消预订的操作。无其他操作 单击“返回”按钮，返回房态表页面 房间清洁操作由“客房部”完成。清洁后为“空净房”

（续）

维修房： 查看房间信息、维修信息	房间在住过程中，出现的房间故障，待退房并清洁后，进行维修；维修过程中，该房间状态为“维修房” 在房态表中，单击房间状态为“维修房”的图标；打开该房间的信息页面，显示房间信息和维修信息，无其他操作 单击“返回”按钮，返回房态表页面 房间维修操作由“工程部”完成；维修完成后房间状态为“空净房”

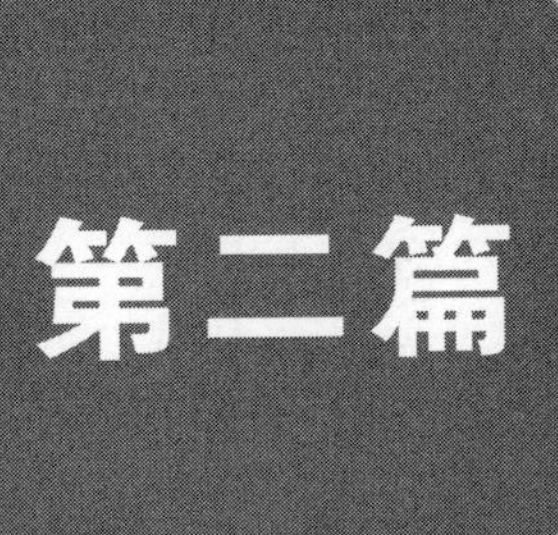

第二篇 餐饮服务与管理

模块 4　走进餐饮部

项目 9　餐饮部概述

☞ **知识目标**　了解中、外餐饮业的发展过程及各自的特色。

☞ **技能目标**　熟悉餐饮部的主要任务。

基本理论

9.1　概述

餐饮部(food and beverage department)是饭店的重要组成部分，承担着对客人提供餐饮服务、满足餐饮需要的任务。餐饮部作为集采购、生产加工、销售、服务于一身的饭店内唯一生产实物产品的部门，有经营管理环节多、管理范围广、分工细、员工数量多(一般约占饭店总人数的1/3)、管理运作难度大等特点。要将这样一个部门管理好，必须明确餐饮部在饭店中的地位和任务，熟悉餐饮部的经营特点，建立合理有效的组织结构，科学分工，合理用人，注重员工的培训，以保证餐饮部的正常运转，达到餐饮部的运营目标。

饮食服务是现代酒店中最重要的经营内容，是酒店重要的营业收入部门。饮食服务的质量水平和风格特色，在很大程度上反映酒店整体质量水平和风格特色，直接影响酒店的形象和声誉。饮食管理是酒店管理业务环节中最繁多，技术水平要求最高，涉及的知识最广泛的一种复杂业务管理。餐饮部的管理必须是一个完整的、科学的、有效的管理系统，才能确保营业活动的正常运营，创造最佳的经济效益。

饮食服务遵循“笑迎天下客，天下客皆笑”的宗旨，把第一流的食品饮品和第一流的服务奉献给宾客。让客人时时处处享受高质量的美味佳肴，感受舒适温馨的环境和和谐亲切的气氛，使宾客享受“超值服务”。

9.2　餐厅的类型

9.2.1 按餐厅功能分类

9.2.1.1 零点餐厅

零点餐厅有些地区又叫散座餐厅，是为接待零散客人进餐设置的。这种餐厅一般面积稍大，可容纳30~100人，不可过大，否则不易管理。为适应宾客不同的心理需求，可将餐厅隔成若干区域；隔栏可高1~2 m，使之自成空间，形成一个相对独立的环境，但不封闭，客人在进餐中便可免受他人干扰。

9.2.1.2 宴会厅

宴会厅是专门为举行各种大型宴会设置的。它的要求首先是面积大，一般可容纳几十人、几百人，甚至一两千人同时进餐。由于不可能天天有宴会，也不可能总是举行大型宴会。因此，为充分提高厅堂利用率，在设计上可以将大厅用隔扇门隔成若干理想的空间，打开隔扇门，可以举行电影招待会、学术报告会、舞会或小型展示会等，所以不少酒店又把宴会厅称为多功能厅。它的特点是：第一，平面地板，便于摆放桌椅，区别于影剧院。第二，面积大，多为100~500 m^2。第三，因为同对进出大厅人员众多，所以宴会厅大门应和大厅连接。第四，辅助设施必须既便于宾客活动，又便于工作人员操作。

9.2.1.3 特色餐厅

特色餐厅是向顾客提供有代表性的地方风味菜点的餐厅，具有独特的风格。此类餐厅按其经营特色的不同可分为：

①突出地方菜肴的特色餐厅，如川菜馆、粤菜馆、韩式餐厅、日本料理等，这些餐厅主要经营某一国家、某一地区或某一民族的地方特色菜肴。

②突出食品原料和烹饪方法的特色餐厅，如以鲜活海产品为主要原料烹调食品的海鲜餐厅；以山珍及野生动物(国家保护动物除外)为食品原料的野味餐厅；以牛、羊肉为食品原料，并按照穆斯林的风俗习惯进行服务的清真餐厅；专门经营各式火锅，备有空调，一年四季都能不受天气影响的火锅店；备有烧烤炉和排油烟设备，供应各式烧烤的烧烤屋等。

③突出就餐环境的特色餐厅，如旋转餐厅、露天餐厅、食街等。旋转餐厅是建在高层饭店顶层的观景餐厅，一般是一小时左右旋转一圈，宾客可以一边就餐，一边欣赏窗外景色；露天餐厅即室外餐厅，在夏季，宾客可以同时进餐、乘凉、观景；食街是供应家常小吃的餐厅，以品种多、供应快、消费低而受到宾客的普遍欢迎。

④集娱乐、欣赏、饮食于一体的特色餐厅，如音乐茶座除提供点心、茶品外，还设有音响或乐队，宾客可欣赏音乐或点奏曲目，一般还另设小舞池，使宾客在轻松、愉快的气氛中既可以进餐又可以跳舞；卡拉OK餐厅备有伴奏及演唱设备，宾客可以点菜品尝，也可以点歌演唱，边吃边娱乐；沙龙餐厅除了提供有特色的饮食外，还定期或不定期地举办各种集会，如文艺演出、时装表演、演唱比赛、信息发布等。

9.2.1.4 团队餐厅

团队餐厅是接待会议、旅游、演出、比赛等团体宾客包餐的餐厅，我国的团队餐厅主要供应中式包餐，也安排适当的西式菜点。餐厅每天按用餐标准及要求供餐，在客人离店前由旅行社、会务组等统一结账。团队包餐客人因抵离时间、外出活动时间及会议长短不同，在用餐时间上各有其特殊性。因此，团队餐厅的服务须及时做好各项准备工作，按不同情况灵活接待，迅速供餐。

9.2.1.5 酒吧

酒吧以销售各种酒类和饮料为主，兼营各种下酒的食品，是宾客饮酒、消遣、娱乐的场所。酒吧按所设位置的不同可分为大堂酒吧、泳池酒吧、走廊酒吧、健身房酒吧、宴会厅酒吧、客房小酒吧等。设在餐厅内的酒吧，宾客不直接在吧台上用酒，而是通过服务员开票，由吧台服务员调制后，再送给宾客饮用；一般的酒吧，宾客可坐在吧台前的高吧椅上饮酒，吧台服务员站在吧台内直接面对宾客进行调酒操作。

现代酒吧往往与娱乐场所融为一体，形成综合性酒吧，如舞厅酒吧、迪斯科酒吧、卡拉 OK 酒吧、录像酒吧、棋吧、网吧等，宾客在酒吧不仅可以享用酒类饮料，还可以自娱自乐。

9.2.1.6 自助餐厅

自助餐厅是一种快餐厅。在这里，服务员事先将准备好的中、西餐点陈列在餐台上，宾客可先付款再进餐，进餐时可以自由选食，饮料也是自斟、自饮，但不得带食品出餐厅。

自助餐厅的宾客也可以先取食，然后通过收款机计价付款，再把食品带进餐厅食用。自助餐厅具有用餐手续简便、价格便宜、就餐时间可自由调节等特点，这类餐厅既节约劳动成本，又颇受宾客的欢迎，所以其发展速度很快。

9.2.1.7 咖啡厅

咖啡厅是一种规格较低的小型西餐厅，根据不同的设计形式，有不同名称，如咖啡屋、咖啡间、咖啡廊等。咖啡厅供应的食品比较简单，如面包、三明治、色拉及一些地方小吃。在我国，有些咖啡厅也有一些中式小吃。咖啡厅服务迅速，服务时间较长。

9.2.1.8 扒房

酒店里正规的高级西餐厅，为高消费水准的客人提供扒烤类食品和名酒，也是反映一个酒店西餐水平的部门。

9.2.2 按供餐品种分类

9.2.2.1 中餐厅

提供中式菜点、饮料和服务的餐厅，此类餐厅主要分布于中国内地、台湾地区、香港地区以及有华人聚居的其他地区。

由于中国地大物博、人口众多，中餐也有多种；不同的种类，也有不同的烹调风格。

中餐大致可分为：广东菜、四川菜、北京菜、江浙菜、湖南菜、台湾菜等。

中餐大多采用圆桌，客人围桌而坐。为了实用与经济起见，中餐厅可采用双用型餐桌，即平时为方形，大小可与西餐桌相同，四边装有拉起的弧形活板，拉起后成为圆桌，一桌多用。

中餐好吃，享誉全球，到处都有中国餐馆。但中餐制作不易，手艺工夫传授也困难，要多培养年轻的厨师。厨房设备要现代化，淘汰落后的烹调工具。中餐一定要注意厨房卫生和厨师的个人卫生。

9.2.2.2 西餐厅

提供西式菜点、饮料和服务的餐厅，如供应美式、法式、英式或俄式餐。这类餐厅主要分布于大中城市和较高级别的酒店，以欧美人作为首要服务对象。

西餐厅的餐桌一般都铺有台布，台布颜色应与餐厅的装饰色彩搭配柔和，边缘应垂下 30 cm 左右；较高级的餐厅，在台布上要再铺一块罩布，其大小与桌面相同，用以保持台布清洁。西餐厅应先布置餐桌，使餐厅有气氛。每张桌上放置鲜花；晚餐时在每张桌上放一根蜡烛，于客人入座时点燃。一般每台坐 4 个客人，餐具的摆法要规范。

9.2.2.3 其他餐厅

主要提供除中餐、西餐以外的世界其他国家民族风格的餐食和我国民族风味的餐厅。餐种主要有外来的日本餐、韩国餐、印度餐、拉美餐等，以及我国的清真菜等。

9.2.3 按供餐时间分类

9.2.3.1 早餐餐厅

以供应早餐为主。早班的服务人员要精神振作，礼貌待客，向客人问好，表现出热情愉快的气氛，给客人一个良好的印象。

9.2.3.2 正餐餐厅

提供午餐和晚餐，有各种风味和菜系，是最常见的一种餐厅。

9.2.3.3 茶点餐厅

在早、午餐之间和午、晚餐之间向人们提供以点心、糕饼为主的餐食服务，辅以茶水。这类餐厅比较流行于英国及英联邦地区。

9.2.3.4 宵夜餐厅

主要为夜生活顾客和上夜班的人员提供餐食服务的餐厅，所提供的菜品相对比较简单。

9.3 餐饮部在饭店的地位

9.3.1 餐饮部是饭店的主要服务部门

饮食是人们生命维系的重要条件，也是人们最基本的需求。饭店是旅行者的家外之“家”，离开了餐饮服务，这个“家”就不是一个完整的“家”了。对于相当一部分的住店客人来讲，在饭店内用餐既方便又快捷，是其主要的用餐方式。

9.3.2 餐饮收入是饭店营业收入的重要组成部分

餐饮部是饭店获得经济收益的重要部门之一。餐饮部的收入在饭店总收入中所占的比重因地点、因饭店状况而异，受到饭店本身主、客观条件的影响，就目前国内而言，餐饮部的营业收入约占饭店营业收入的1/3。

9.3.3 餐饮部的管理、服务水平直接影响饭店的声誉

美国饭店业先驱斯达特勒(E. M. Statler)曾说过：“饭店从根本上说，只销售一样东西，那就是服务。”提供劣质服务是失败的酒店，而提供优质服务的酒店才是成功的酒店。因此，服务水平的高低反映了酒店的成败。

9.3.4 餐饮部的经营活动是饭店营销活动的重要组成部分

餐饮部是饭店重要的盈利部门之一，我国一般旅游饭店的餐饮收入占饭店总收入的1/3，但不同规模、档次的饭店，餐饮收入所占的比例也有所不同，餐饮经营规模大、功能齐全，餐饮收入所占比例就高；反之则低。同时，餐饮收入还受经营思想、经营方式、饭店位置、饭店内外部环境、经营品种、设备设施条件等诸多因素的影响，特别是餐饮客源结构发生根本性转变以后，餐饮收入的多少以及在饭店总收入中所占比例的大小都会发生变化。如今，餐饮业已步入微利时代，因此，通过扩大宣传促销、开发创新有特色的餐饮产品、增加服务项目、严格控制餐饮成本和费用、增收节支等手段，可为饭店创造较高的经济效益。

9.3.5 餐饮部是饭店管理的重要环节

根据餐饮部的概念可以知道除了食品、饮料这些有形产品外，作为饭店还要为宾客提供无形的产品，那就是烹饪技艺、餐厅服务。

餐饮部工作人员，特别是餐厅服务人员，他们与宾客直接接触，其一举一动、只言片语都会在宾客的心目中产生深刻的印象。

宾客可以根据餐饮部为他们提供的食品、饮料的种类、质量以及服务态度等来判断一个饭店服务质量的优劣和管理水平的高低。所以，餐饮服务的好坏不仅直接关系到饭店的声誉和形象，而且直接影响饭店的客源和经济效益。

9.4 餐饮部的任务

9.4.1 向宾客提供以菜肴为主要代表的有形产品

餐饮部是饭店唯一提供实物产品的部门。向宾客提供菜肴、饮料等实物产品是饭店餐饮部的基本任务，也是首要任务。

9.4.2 向宾客提供满足需要的、恰到好处的服务

菜肴、饮料等的提供是以餐饮服务为依托的。首先餐饮实物产品需要服务员传递到宾客就餐地点，其次用餐前餐具的摆设、用餐中的分菜服务、用餐后的结账服务都是宾客用餐需要顺利满足所必需的。没有必要的餐饮服务，菜肴等实物产品就无法更好地满足宾客的就餐需要。同时，恰到好处的餐饮服务还可以大幅增加餐饮产品的附加值，提升饭店档次。因此，餐饮服务是餐饮部的重要任务。

9.4.3 增收节支、开源节流，提高饭店经济效益

获得经济利益是饭店企业的根本目标，作为饭店的最重要部门之一，为饭店赢得经济利益是餐饮部最根本的任务。客房和餐饮部是饭店两大基本部门，也是饭店收益的两大重要来源。由于客房数一定，房价在一定时期内不会有大的变动，因此客房部的创收能力有限。而餐饮部则灵活得多，同样的餐饮接待规模，在档次上的差异可以很大；同时餐饮部还可以通过提高工作效率、提高服务质量、提高菜肴质量等措施，使餐座的周转率和人均

消费水平得到进一步提高。因此餐饮部的创收能力显著，在大多数星级饭店中是最大的创收部门。以我国为例，餐饮部的营业收入占饭店营业收入的1/3左右，在长三角和珠三角发达地区的饭店，餐饮收入已经大大超过客房部的收入，占饭店总收入的 1/2 以上。

9.4.4 为饭店树立良好的社会形象

餐饮部的客流量大，来源广泛。不但有旅游观光客、外地商务客人、公务出差人员，而且还有当地政要、本地大公司客户等尊贵客户，其消费能力和社会影响力都非常大。因此餐饮部的服务质量给这些客人留下的印象不但影响其对整个饭店的评价，而且还影响受顾客影响力覆盖的一大部分社会公众和潜在消费者对饭店的评价。因此，餐饮部还有一重要的宣传任务，就是为饭店树立良好的社会形象。

9.5 餐饮部的经营特点

餐饮部虽然同其他饭店的部门一样，主要向客人提供无形接待服务，但与几乎所有的其他饭店部门都不同的是，餐饮部还向客人提供有形的饮食产品，而这一点正好与社会大多工业生产部门类似。因此，饭店餐饮部的经营在提供服务方面类似于酒店其他部门，而在生产实物产品方面，又与工业生产部门相近。因此，决定其经营特点不能从一个方面笼而统之地进行归纳，而需要从生产、销售和服务几个方面进行总结。

9.5.1 生产方面

餐饮企业既生产有形的实物产品，如各种美味佳肴、酒水饮品，又生产无形的服务产品，如优良的就餐环境和热情周到的接待服务。与其他产品的生产相比，餐饮产品的生产具有不同的特点。

(1)餐饮产品规格多，每次生产批量小

只有客人进入餐厅点菜后，餐饮企业才能组织菜肴的生产与销售。这就意味着餐饮产品的生产与销售基本同步，而不能先生产后销售。因此，菜肴的生产与其他工业产品大批量、统一规格的生产是明显不同的。这给餐饮生产的统一标准与质量管理带来了许多问题。

(2)生产过程时间短

餐饮产品的生产、销售与客人的消费几乎同时进行，而且客人从点菜到消费的间隔时间相当短暂。这对厨师的经验与技术是一个很大的考验，对服务员的直接推销和对客服务也是一大挑战。

(3)生产量难以预测

如何预测就餐客人何时来、来多少人、消费什么餐饮产品等，一直是困扰餐饮管理者的问题。大多数客人是不通过预订而直接上门来消费的，因此，客人的消费需求很难准确预估，餐饮产品产量的随机性强，且难以预测。

(4)餐饮原料及产品容易变质

相当一部分餐饮产品是用鲜活的餐饮原料制作的，具有很强的时间性和季节性，若处理不当极易腐烂变质，因此，必须加强原料管理才能保证产品质量并控制餐饮成本。

(5)餐饮产品生产过程环节多，管理难度大

餐饮产品的生产涉及餐饮原料的采购、验收、储存、加工、烹制以及餐厅服务、收款，整个生产过程的业务环节较多，任一环节的差错都会影响餐饮产品的质量及企业的效益，因此，餐饮产品生产过程的管理难度较大。

9.5.2 销售方面

餐饮产品具有不可储存的特点，因此，与其他工业产品相比，其销售也有自身的特点。

(1)餐饮销售量受餐位数量的限制

餐饮企业接待的客人数量受营业面积大小、餐位数多少的限制。在餐位全部满座的情况下，餐厅不能再扩大销售量。因此，餐饮企业必须改善就餐环境，提高餐位利用率，增加就餐客人的人均消费额。

(2)餐饮销售量受进餐时间的限制

人们的就餐时间有一定的规律。就餐时间一到，餐厅高朋满座，而就餐时间一过，餐厅则门可罗雀。餐饮产品的销售具有明显的间歇性。因此，餐饮企业应通过增加服务项目、延长营业时间等方法来努力提高餐饮销售量。

(3)餐饮固定成本及变动费用较高

餐饮企业的各种餐厨设备、用品的投资较大，且人力资源费用、能源费用、原料成本等支出也较高。因此，餐饮企业应想方设法控制固定成本与变动费用，以提高企业的经济效益。

(4)餐饮经营的资金周转较快

餐饮企业的经营毛利率较高，且相当一部分餐饮销售收入以收取现金为主，而大部分餐饮原料为当天采购、当天销售，因此，餐饮企业的资金周转较快。

9.6 餐饮服务的特点

餐饮服务是餐饮企业的员工为就餐客人提供餐饮产品的一系列活动。餐饮服务可分为直接对客的前台服务和间接对客的后台服务。前台服务是指餐厅、酒吧等餐饮营业点面对面为客人提供的服务，而后台服务则是指仓库、厨房等客人视线不能触及的部门为餐饮产品的生产、服务所做的一系列工作。前台服务与后台服务相辅相成，后台服务是前台服务的基础，前台服务是后台服务的继续与完善。餐饮服务的特点有以下几个方面。

(1)无形性

无形性是服务产品的共性。尽管餐饮产品是具有实物形态的产品，但它仍具有服务产品的无形性特点，即看不见、摸不着，且不可能数量化。餐饮服务的无形性是指就餐客人只有在购买并享用餐饮产品后，才能凭借其生理与心理满足程度来评估其优劣。事实上，大多数餐饮消费者选择一家餐厅时，往往只凭他们所得到的有关这家餐厅的信息，如从广告、亲朋好友的“鲜美可口、清洁卫生、价廉物美、环境优美”的宣传介绍，便做出购买的决定。至于选择正确与否，他们只能在亲临餐厅、享用之后，凭生理、心理的满足度来评估、判断。

正是无形性这一特性决定了餐饮产品的无专利性，因此，餐饮企业必须明确餐饮产品的革新、创新之重要；餐饮管理者也必须充分认识到餐饮产品的生命周期是极其短暂的。

(2)一次性

餐饮服务的一次性是指餐饮服务只能当次享用，过时则不能再使用。这与航班的座位、饭店的客房、电影院的座位一样，当飞机空着一半机位起飞、饭店一天只租出去1/3的客房、午场电影准时放映而偌大的电影院却只来了十几位观众时，飞机的空位、饭店的空客房、电影院的空位便成了无法挽回的损失。因为它们永远失去了这一天的销售机会，即使第二天客满也无济于事，前一天失去的收入永远无法弥补回来。同理，餐饮服务的一次性特征要求餐饮企业应接待好每一位客人，提高每一位就餐客人的满意程度，这样才能使他们再一次光临，从而实现餐厅每天都宾客盈门。

(3)直接性

餐饮服务的直接性是指餐饮产品的生产、销售、消费几乎是同步进行的，即企业的生产过程就是客人的消费过程。这意味着餐厅既是餐饮产品的生产场所，也是餐饮产品的销售场所，因而要求餐饮企业既要注重服务过程，也要重视就餐环境。

(4)差异性

餐饮服务的差异性主要表现为两个方面：一方面，不同的餐饮服务员由于年龄、性别、性格、受教育程度及工作经历的差异，为客人提供的服务肯定不尽相同；另一方面，同一服务员在不同的场合、不同的时间，其服务态度、服务效果等也会有一定的差异。这就要求餐饮企业应制订服务标准，并加强对服务过程的管理。

9.7 餐饮服务与管理的目标

餐饮从业人员必须明确餐饮服务与管理的目标与要求，这是搞好餐饮服务与管理的基础。餐饮服务与管理的目标主要包括以下方面的内容。

(1)营造怡人的进餐环境

餐饮服务设施，不仅要满足宾客的生理需求，还要能满足其精神需求，如自豪感、享受感等。心理学研究表明，人们判断一件事物的好坏，大多数是通过感觉器官来进行的，所以餐饮管理者首先应营造一个舒适、怡人的进餐环境，以便给客人留下一个良好的第一印象。如餐饮服务设施的装饰、布局要与饭店等级协调一致；灯光、色彩应柔和、协调；家具、餐具必须配套并与整体环境相映成趣；环境卫生必须符合卫生标准要求；服务人员的仪表仪态应符合饭店要求；餐饮服务设施的温、湿度应宜人等。

(2)供应适口的菜点酒水

宾客的口味需求各异，且其对菜点酒水的质量评判以适口者为准，为此，采用管理者应了解市场需求及宾客的消费趋向，供应的菜点酒水品种应符合目标市场的需求；食品原料的采购必须符合饭店的规格标准；厨房制作必须照顾宾客的不同口味要求；原料采供、厨房生产、餐厅服务等环节密切配合，一旦出现问题，及时解决等。

(3)提供优质的对客服务

适口的菜点酒水，只有配以优质的对客服务，才能真正满足宾客的餐饮需要。优质的服务虽然不能掩盖或弥补因粗劣的菜点酒水带给客人的不满，但适口的菜点酒水肯定会因不良的服务变得难以下咽。由此可见，对客服务从某种程度上比美味佳肴更能满足客人的需要。优质的对客服务包括良好的服务态度、丰富的服务知识、娴熟的服务技能和适时的服务效率等。

(4)取得满意的三重效益

餐饮服务与管理的最终目标是获取效益，效益是衡量采用经营成败的依据。餐饮服务与管理的三重效益是指社会效益、经济效益和环境效益。社会效益是指餐饮经营给企业带来的知名度和美誉度，它可为企业赢得客源，并增强企业的竞争能力；经济效益是指餐饮经营给企业创造的利税(绝对效益)以及由餐饮带来的企业其他设施的宾客消费(相对效益)；而环境效益是指餐饮企业因采取各种节能环保而带给自己的效益，同时也使企业具备可持续发展的能力，也是企业社会责任感的具体体现。

案例1

一天晚上，曲先生陪着一位美国客人来到某高级饭店的粤菜餐厅用晚餐。点菜后，一位服务员便热情地为他们服务起来。她为外宾摆上刀叉，为两位客人斟酒、上汤、上菜、上饭。当一大盆“粟米羹”端上来后，她先为客人报了汤名，接着便为他们盛汤，盛了一碗又一碗。一开始外宾还以为是中餐的规矩，听曲先生告诉他待客自愿后，忙在服务小姐为他盛第三碗汤时谢绝了。服务小姐在服务期间满脸微笑，手疾眼快，一刻也不闲着：上菜时即刻报菜名，见客人杯子空了马上斟酒，见菜碟的菜没有了立刻布菜，见菜碟上的骨刺皮壳多了随即更换，见米饭没了赶紧要……她站在旁边忙上忙下，并不时用英语礼貌地询问两位还有何需要，搞得两位拘谨起来。

外宾把刀叉放下，从口袋里拿出香烟，抽出一支拿在手里，然后对曲先生说：“这里的服务简直是太热情了，不过……”“先生，请你抽烟。”服务小姐见外宾手里拿着香烟，忙从口袋里拿出打火机，熟练地打着火，送到客人面前为他点烟。“喔……好，好!”外宾忙把烟叼在嘴里迎上去点烟，样子颇显狼狈。烟点燃后，他忙向服务小姐说了两声：“谢谢!”见服务小姐又在忙着给他的碟子里添菜，忙熄灭香烟，用手阻止说：“谢谢，还是让我自己来吧。”服务小姐随即把烟缸拿去更换。

“曲先生，我们还是赶快吃完走吧。这里的服务太周到了，就是让人有点透不过气来。”外宾说完便急忙用餐。

当服务小姐给他们上最后一道菜时，他们谢绝了服务小姐的布菜，各自吃两口便要求结账了。在服务小姐为他们送账单时，外宾拿出一张钞票给服务小姐，被服务小姐谢绝了，并告诉他中国饭店的餐厅不收小费，这是她分内的工作。外宾不太习惯地把钱又收了起来。服务小姐把他们送离座位连声说：“欢迎再来。”

评析：

本例中，服务小姐的服务热情很高，但节奏显得太快，给人一种紧张的压迫感。在现代饭店的餐饮服务中，流行着一种无干扰服务的形式。这种服务注意服务的节奏感，以客人的需要为服务的尺度。例如，见到客人需要安静时，不要上前打扰，要站在他们的远处静候其召唤；布菜、盛汤和添饭时，也应征得客人的同意，不要自作主张，以免对客人形成不必要的干扰。“热情服务”和“无干扰服务”均要根据客人的具体需求来定夺，要掌握好分寸，否则容易起到相反的服务效果。因此，两者需要相互结合，灵活运用。

案例 2

用心服务，奉上真情

服务员小田是北京一家餐厅的服务员，在为客人服务时，发现同一位客人连续向她要了两次餐巾纸擦鼻涕，并不时地咳嗽。细心的小田便让厨房做了一碗姜汤。当她把一碗冒着热气的姜汤送到这位客人面前客人一下愣住了，小田热情地解释道：“刚才送餐巾纸的时候，我听到您咳嗽了几声，我估计您可能是感冒了，因此让厨房给您做了一碗姜汤，一来可以驱驱寒气，二来对治感冒也有一定的效果。”小田的用心服务令在场的所有客人都很感动，并对她的服务给予了很高的评价。

评析：

“用眼看，用耳听，然后去做”这句话说起来很简单，做起来却并不简单，它需要服务员有一颗全心全意为顾客服务的心。这种全身心的投入源于对客人的深厚感情。

服务员只有将客人当成需要精心服侍的亲人与朋友，才能使服务富于情感和魅力。有了这种将心比心的感情换位，服务就不仅仅停留在规范和标准上，而是提高到人性化的高度。服务员小田仅凭客人连续要了两次餐巾纸，并结合自己观察到的客人咳嗽的症状，判断客人感冒了的事实，及时为客人送来了一碗姜汤。如果不是服务员用心，怎能在如此的细微之处，体现对客人的一片真情。一碗姜汤传递了对客人的美爱，也温暖了客人的心。

优质服务离不开一个“亲”字。“宾至如归”的核心，是让客人在酒店感到与在家里一样的亲切、温暖。这就需要酒店员工把尽可能多的亲情送给客人。也就是说高境界的服务需要服务人员真正的投入，要把自己的感情融入对客人的服务中，营造一个亲切、温馨的服务氛围，最大限度地给客人真情挚意，让客人获得一种难以忘怀的消费体验。在激烈的餐饮市场竞争中，要赢得顾客对企业的忠诚，就必须以心换心、以感情投入。因此，真正关爱顾客、培养对顾客的诚挚感情成为服务要素的重要内容。

练一练

餐饮部经营状况调查

实训目的：使学生对星级饭店和经济型饭店的餐饮部有基本的认识。

实训要求：学生分组，实地参观、访谈酒店餐饮部，感受餐饮部的环境氛围和服务水平。

实训方法：□星级酒店参观　□访谈　□观看视频　□其他

实训内容：

①三星级或五星级饭店餐饮部参观

学生在教师或饭店相关人员的带领下，参观饭店前餐饮部。从餐饮部的特色、经营状况、存在问题等方面给予评价，以书面形式完成实训报告。

②经济型饭店大堂参观

在学生分成4～5人小组，选择当地的经济型知名连锁进行参观，了解机构设置情况。了解餐饮部发展现状。以书面形式完成实训报告。

③访谈

学生根据意愿可以选择拜访餐饮部经理或者主管，了解其岗位责任和素质要求，和其谈论你对餐饮服务的各种感受。以书面形式完成实训报告。

习　题

选择题：

1. (　　)是搞好服务质量，改善服务态度的核心。
   A. 增加设施设备　　B. 开展技术练兵
   C. 加强职业道德建设　　D. 规范服务用语
2. 食品在冰箱中存放要求(　　)。
   A. 酒类与饮料分开
   B. 肉类食品与蔬菜分开，但无需考虑生熟问题
   C. 食品必须趁热放进去，让其在内自然冷却
   D. 生熟分开，成品与半成品分开，后放进去的放在里边
3. 在白兰地的酒标上常标有不同的符号，“☆☆☆”通常表示陈酿(　　)。
   A. 1～3年　　B. 3～5年　　C. 5～7年　　D. 7～9年
4. 零点点心出单后(　　)分钟可以出品。
   A. 10　　B. 15　　C. 20　　D. 25
5. 根据科学的劳动定额，通常要求厨师在八小时内烹制(　　)份菜。
   A. 100～120　　B. 80～120　　C. 80～100　　D. 100～140
6. 低于(　　)摄氏度以下的菜点，人的感官的敏感度会下降。
   A. 40　　B. 30　　C. 25　　D. 35
7. 接受零点订单5分钟内配出菜肴，宴会一般提前(　　)分钟出菜肴。
   A. 25　　B. 20　　C. 15　　D. 30
8. 如果将解冻原料置于空气或水中，也要求将空气和水中的温度降到(　　)摄氏度以下。
   A. 12　　B. 10　　C. 8　　D. 9
9. 打荷工作中分派菜肴给炉灶量要适量，一般1道菜肴在(　　)分钟内烹调出来。
   A. 1～2　　B. 3～4　　C. 4～5　　D. 2～3
10. 菜肴烹调质量管理的基本选择除了制定和使用标准菜谱，加强培训和基本功训练，还应做到(　　)。
    A. 食品的采购质量　　B. 严格烹调质量检查
    C. 菜品出入检查　　D. 成品菜肴试菜
11. 下列(　　)条件符合煮沸消毒的要求。
    A. 在100℃的沸水中煮3～5分钟
    B. 在120～180℃的沸水中煮3～5分钟

C. 在100℃以上的沸水中煮10分钟

D. 在63℃的低温水中煮30分钟

12. 生鱼、肉类若长期保存，冷藏的温度应在(　　)。

A. －4℃左右　　B. －10～－7℃

C. －15～－10℃　　D. －18℃以下

13. (　　)是同客人讲话时不正确的做法。

A. 距离保持1m　　B. 音量低于客人　　C. 语调亲切　　D. 表情严肃

14. 礼貌待客的要求是：用语文明，尊重客人，提供规范化服务和注重(　　)。

A. 自己的身材　　B. 客人的职务　　C. 菜品的种类　　D. 仪容仪表

15. 高度酒指乙醇含量在(　　)之间的烈性酒。

A. 30°～65°　　B. 40°～65°　　C. 45°～65°　　D. 50°～65°

判断题：

1. 职业道德是指从事一定职业的人，在工作的劳动过程中应遵循的与其职业活动紧密联系的道德原则和规范的总和。(　　)

2. 餐厅棉织品的卫生要求是一客一换。(　　)

3. 餐厅服务员上各种菜肴时应注意看面要朝向客人。(　　)

4. 煮沸消毒适用于食品的餐饮用具、茶具、酒具和直接入口食品的容器、材料器材的消毒。(　　)

5. 餐巾花在餐台上具有实用和观赏两种作用。(　　)

6. 有时客人临时要求将食品放在餐厅保存一会，餐厅服务员可请示领导后为客人代存，存放前要将食品包好，写好标签，放在冰箱内。(　　)

7. 淮扬菜由淮扬、金陵、无锡、徐州等几大地方风味组成。(　　)

8. 高档宴会安全检查之一应检查宴会所需燃料等易燃品是否有专人负责。(　　)

9. 强调进餐速度是礼貌待客的要求之一。(　　)

10. 掌心向上，四指并拢，大拇指张开是引位正确姿势要领之一。(　　)

11. 服务人员的奉献精神可以使消费者获得的精神享受和经济利益，给企业带来更大的效益。(　　)

12. 加工部门负责餐厅零点零卖的菜肴原料的切配工作。(　　)

13. 厨房生产业务流程是指厨房生产加工产品的过程中各道环节的流向和程序。(　　)

14. 上带有佐料的菜肴，佐料应跟菜肴一起上桌，如清蒸鱼跟带姜汁醋，在上菜时可略作说明。(　　)

15. 餐厅营业中要将餐厅的门窗打开，或打开空调，清除浊气，通风换气。(　　)

问答题：

1. 简述餐厅的类型。

2. 简述餐饮部在酒店的地位和作用。

项目10　餐饮部组织机构与员工素质要求

☞ **知识目标**　掌握餐饮部的组织机构。

☞ **技能目标**　熟悉餐饮部对于各岗位员工的素质要求。

基本理论

组织机构是为完成经营管理任务而结成的集体力量，是在人群分工和职能分化的基础上，运用不同职位的权力和职责来协调人们的行为，发挥集体优势的一种组织形式。餐厅组织结构是针对餐厅的经营目标，为筹划和组织餐饮产品的产、供、销活动及其过程中突发状况的应对而设立的专业性业务管理机构。组织结构是有效开展业务经营活动的组织保证。组织管理学家巴克斯克先生指出：领导的职责就在于成功地设计一种组织，并委派最恰当的人选，然后致力于按照组织原则使员工达到组织目标。餐饮组织机构就是这种组织原理的具体运用。

10.1　建立餐饮部组织结构的原则

10.1.1　根据餐厅的经营需要设置

应根据本餐厅的经营需要设置机构，因事设人，力求精简，并利于各种信息的沟通与传递，提高管理效率。餐厅组织机构设置必须有利于经营目标。餐饮管理者必须根据餐饮部乃至各餐厅的经营特色和工作需要确定组织结构，部门专业化，数量适当，以便经营管理。

10.1.2　根据有效的管理幅度设置

应根据有效的管理幅度科学、精简地设置机构，要避免机构臃肿、人浮于事；各级机构要职权相当，职责分明，避免令出多头。精简，就是餐饮组织机构在符合业务需要的前提下，将人员减少到最低限度，旨在减少内耗，提高效率。

精简和效率相统一的主要标志是各级各岗配备的人员数量与所承担的任务相适应。坚持垂直领导，逐级负责，强调一个下级只能有一个直接主管上级。要防止多头领导，坚持逐级授权，逐级领导，逐级指挥，逐级负责。

10.1.3　根据利于发挥员工才能设置

机构设置要有利于发挥各级人员的业务才能，发挥他们的主观能动性。机构内部分工精细得当，职责权限明确，做到人人有事做，事事有人做。只有这样才能充分调动各级主管人员和广大服务人员的主动性、积极性和首创精神，保证餐饮管理各项目标的顺利完成。

10.2 餐饮部组织结构的一般模式

餐饮部组织结构的具体形式主要受企业规模、接待能力、餐厅类型等因素的影响，其一般模式主要有以下几种。

10.2.1 小型餐厅的简单模式

大部分小型的餐饮组织都会采取简单型结构，其特点是组织结构图扁平化，决策权操控在一人手里，并且作决策时大多以口头传授的形式，比较不正式。但是面对餐饮这种顾客需求变化多端的行业，扁平化的组织却十分有利，原因是决策者能够立即获得主要信息，迅速回应并解决问题，如图 10-1 所示。

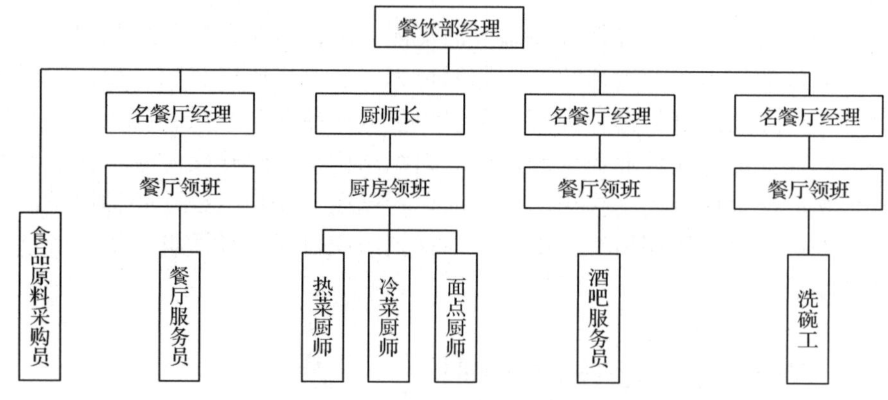

图 10-1 小型餐厅的组织结构

10.2.2 中型餐厅的复杂模式

中型餐厅一般规模比较大，若是隶属于饭店的餐厅，则这个饭店一般有 300～500 间的客房。餐厅类型比较齐全，厨房与餐厅配套，内部分工比较精细，餐饮经营管理组织结构相对复杂，其结构形式如图 10-2 所示。

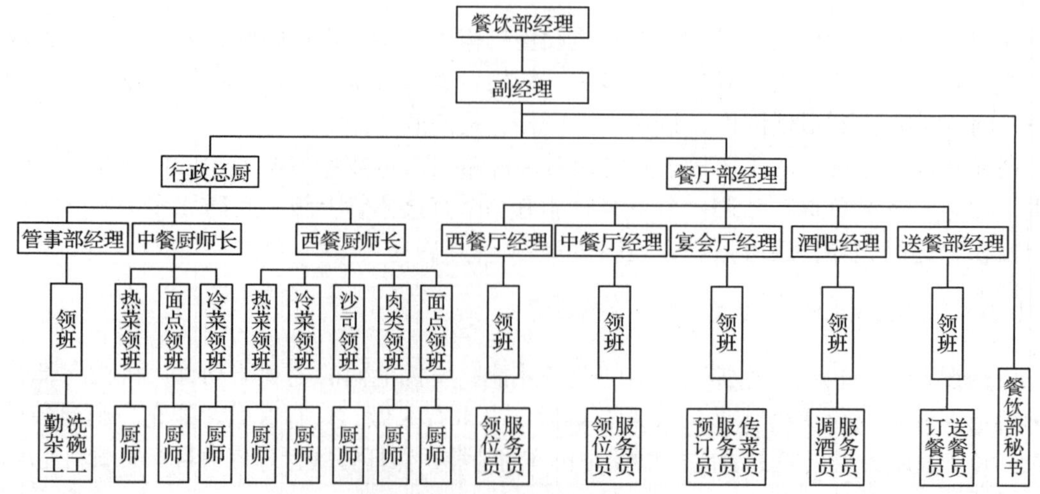

图 10-2 中型餐厅的组织结构

10.2.3 大型酒店餐饮部的专业化模式

大型酒店一般有5~8个以上餐厅，多的甚至可达十几个、几十个餐厅，中西餐厅、宴会厅、酒吧等各类餐厅齐全。厨房与各种类型的餐厅配套，内部分工十分细致，组织机构专业化程度非常之高。在餐饮管理的具体组织形式上又可分两种模式：一种与中型酒店基本类似。每个餐厅都设有与之配套的厨房，各个厨房分别负责自己的食品原材料加工，其组织机构形式可在参阅中型酒店的基础上，增加餐厅和厨房；另一种是厨房实行专业化管理，酒店设立中心厨房，各个餐厅设立卫星厨房，中心厨房统一为各卫星厨房加工食品原材料，按量装袋，供各卫星厨房使用，各卫星厨房则主要负责菜点的炉灶烹制。只有需要现场加工的特殊产品才在卫星厨房现场加工烹制，由此形成专业化组织机构模式，具体形式如图10-3所示。

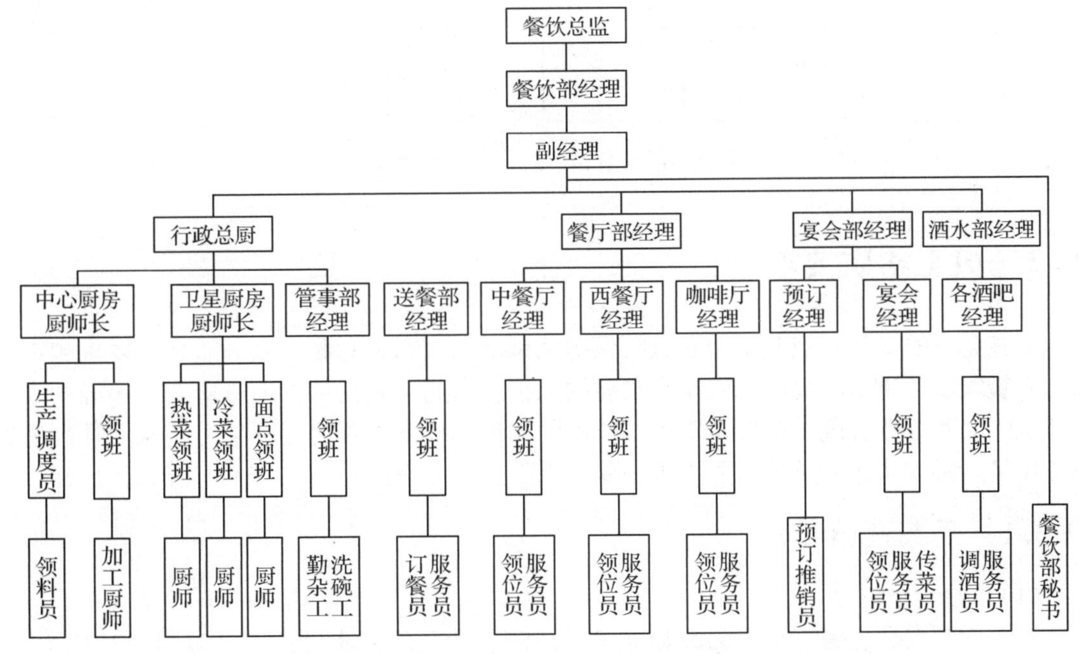

图10-3 大型餐饮企业的组织结构

10.2.4 餐馆、酒家一般模式

餐馆、酒家是独立的企业，其组织机构形式与酒店的餐饮部不同，具有较健全的机构。其组织机构的具体形式也因企业规模、档次高低、接待能力不同而不同，一般模式如图10-4所示。

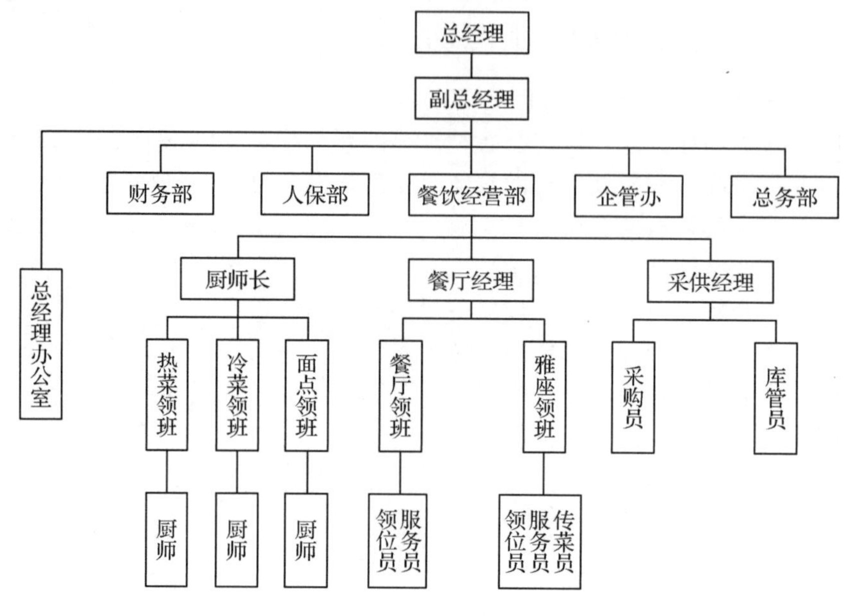

图 10-4 餐馆、酒家的组织结构

10.3 员工素质要求

随着竞争的日趋激烈和消费者自我保护意识增强，宾客对餐饮服务质量的要求越来越高。而餐饮服务质量的提高有赖于高素质的员工。因此，餐饮从业人员应树立正确的观念与意识，改善服务态度，更新本职工作所需的知识，提高管理与服务能力，从而提高餐饮服务质量。餐饮从业人员的素质要求主要有以下几个方面。

10.3.1 思想政治要求

(1)政治上坚定

餐饮从业人员应确立正确的政治立场，即应坚持党的基本路线，认真学习马列主义、毛泽东思想和邓小平理论，在服务工作中，严格遵守外事纪律，讲原则、讲团结、识大体、顾大局，不做有损国格、人格的事。

(2)思想上敬业

餐饮从业人员必须树立牢固的专业思想，充分认识到餐饮服务对提高服务质量的重要作用，热爱本职工作，在工作中不断努力学习，奋发向上，开拓创新；自觉遵守文明礼貌、助人为乐、爱护公物、保护环境、遵纪守法的社会公德；倡导爱岗敬业、诚实守信、办事公道、服务群众、奉献社会的职业道德，并养成良好的行为习惯，培养自己的优良品德。

10.3.2 服务态度要求

服务态度是指餐饮从业人员在对客服务过程中体现出来的主观意向和心理状态，其好坏直接影响到宾客的心理感受。服务态度取决于员工的主动性、创造性、积极性、责任感和素质的高低。其具体要求是：

（1）主动

餐饮从业人员应牢固树立“宾客至上、服务第一”的专业意识，在服务工作中应时时处处为宾客着想，表现出一种主动、积极的情绪，凡是宾客需要，不分分内、分外，发现后即应主动、及时地予以解决，做到眼勤、口勤、手勤、脚勤、心勤，把服务工作做在宾客开口之前。

（2）热情

餐饮从业人员在服务工作中应热爱本职工作，热爱自己的服务对象，像对待亲友一样为宾客服务，做到面带微笑、端庄稳重、语言亲切、精神饱满、诚恳待人，具有助人为乐的精神，处处热情待客。

（3）耐心

餐饮从业人员在为各种不同类型的宾客服务时，应有耐性，不急躁、不厌烦，态度和蔼。服务人员应善于揣摩宾客的消费心理，对于他们提出的所有问题，都应耐心解答，百问不厌；并能虚心听取宾客的意见和建议，对事情不推诿。与宾客发生矛盾时，应尊重宾客，并有较强的自律能力，做到心平气和、耐心说服。

（4）周到

餐饮从业人员应将服务工作做得细致入微、面面俱到、周密妥帖。在服务前，服务人员应做好充分的准备工作，对服务工作做出细致、周到的计划；在服务时，应仔细观察，及时发现并满足宾客的需求；在服务结束时，应认真征求宾客的意见或建议，并及时反馈，以将服务工作做得更好。

10.3.3 服务知识要求

餐饮从业人员应具有较广的知识面，具体内容有：

（1）基础知识

主要有员工守则、服务意识、礼貌礼节、职业道德、外事纪律、饭店安全与卫生、服务心理学、外语知识等。

（2）专业知识

主要有岗位职责、工作程序、运转表单、管理制度、设施设备的使用与保养、饭店的服务项目及营业时间、沟通技巧等。

（3）相关知识

主要有宗教知识、哲学、美学、文学、艺术、法律各国的历史地理、习俗和礼仪、民俗与宗教知识、本地及周边地区的旅游景点及交通等。

10.3.4 能力要求

（1）语言能力

语言是人与人沟通、交流的工具。餐厅的优质服务需要运用语言来表达。因此，餐饮从业人员应具有较好的语言能力。《旅游饭店星级的划分及评定》（GB/T 14308—2003）对饭店服务人员的语言要求为：“语言要文明、礼貌、简明、清晰；提倡讲普通话；对客人提出的问题无法解答时，应予以耐心解释，不推诿和应付。”此外，服务人员还应掌握一定的外语。

(2)应变能力

由于餐厅服务工作大多由员工通过手工劳动完成，而且宾客的需求多变，所以，在服务过程中难免会出现一些突发事件，如宾客投诉、员工操作不当、宾客醉酒闹事、停电等，这就要求餐厅服务人员必须具有灵活的应变能力，遇事冷静，及时应变，妥善处理，充分体现饭店“宾客至上”的服务宗旨，尽量满足宾客的需求。

(3)推销能力

餐饮产品的生产、销售及宾客消费几乎是同步进行的，且具有无形性的特点，所以要求餐厅服务人员必须根据客人的爱好、习惯及消费能力灵活推销，以尽力提高宾客的消费水平，从而提高餐饮部的经济效益。

(4)技术能力

餐饮服务既是一门科学，又是一门艺术。技术能力是指餐厅服务人员在提供服务时显现的技巧和能力，它不仅能提高工作效率，保证餐厅服务的规格标准，更可给宾客带来赏心悦目的感受。因此，要想做好餐厅服务工作，就必须掌握娴熟的服务技能，并灵活、自如地加以运用。

(5)观察能力

餐厅服务质量的好坏取决于宾客在享受服务后的生理、心理感受，也即宾客需求的满足程度。这就要求服务人员在对客服务时应具备敏锐的观察能力，随时关注宾客的需求并给予及时满足。

(6)记忆能力

餐厅服务人员通过观察了解到的有关宾客需求的信息，除了应及时给予满足之外，还应加以记忆，当宾客下次光临时，服务人员即可提供有针对性的个性化服务，这无疑会提高宾客的满意程度。

(7)自律能力

自律能力是指餐厅服务人员在工作过程中的自我控制能力。服务人员应遵守饭店的员工守则等管理制度，明确知道在何时、何地能够做什么，不能够做什么。

(8)服从与协作能力

服从是下属对上级的应尽责任。餐厅服务人员应具有以服从上级命令为天职的组织纪律观念，对直接上级的指令应无条件服从并切实执行。与此同时，服务人员还必须服从客人，对客人提出的要求应给予满足，但应服从有度，即满足客人符合传统道德观念和社会主义精神文明的合理需求。

10.3.5 身体素质要求

(1)身体健康

餐饮从业人员必须身体健康，定期体检，取得卫生防疫部门核发的健康证，如患有不适宜从事餐厅服务工作的疾病，应调离岗位。

(2)体格健壮

餐饮服务工作的劳动强度较大，餐厅服务人员的站立、行走及餐厅服务等必须具有一定的腿力、臂力和腰力等，因此，餐饮从业人员必须要有健壮的体格才能胜任工作。

此外，餐厅服务工作需要团队精神，餐厅服务质量的提高需要全体员工的参与和投入。在餐厅服务工作中，要求服务人员在做好本职工作的同时，应与其他员工密切配合，尊重他人，共同努力，尽力满足宾客需求。

读一读

案例情景介绍：

星期日中午，雷先生一家三口来到北京某饭店的中餐厅吃午饭。点菜时，服务员微笑着询问雷先生想吃什么。雷先生考虑了一下，告诉服务小姐，想要一些口味清淡、不太辣的菜。于是服务小姐向他们推荐了几样中高档的广东菜，并介绍了广东菜的特点。

“广东菜由广州菜、潮州菜和东江菜组成，讲究原料加工方法、口味清淡鲜美，突出菜的质量和原味。比较有名的菜是‘红烧大裙翅’‘片皮乳猪’‘蛇羹’‘清汤鱼肚’‘一品天香’‘冬瓜燕窝’‘油爆虾仁’等。我们餐厅有从广州白天鹅宾馆请来的特级厨师，加工的菜都保持了广东菜的正宗风味。如果您感兴趣，可以在我给您推荐的菜中挑选了几样尝尝。”

听了服务小姐介绍，客人很放心，并按服务小姐的推荐点了菜。每上一道菜，服务小姐都热心地为他们介绍，使他们的进餐过程充满了情趣。经过品尝，客人确实感到这家饭店的菜品鲜美，味道不同寻常。

用餐快结束时，雷先生又告诉小姐，希望能带走一份味道鲜美、质量上乘、适合于老人享用的菜，带回家给行动不便的老母品尝。服务小姐热情地为他推荐了“燕窝鱼翅煲”，并告诉他此菜营养丰富、质量上乘，属于粤菜中的精品，非常适合老年人食用，都进行了精心的包装。雷先生临走时感激地对服务小姐说：“这顿饭我虽然花了不少钱，但非常高兴，对你的服务非常满意，有机会还要来这里吃广东菜。希望下次能为我们推荐一些味道更好的菜。”

评析：

在餐饮推销服务中，一定要注重优质服务和周到服务，只有在优质服务的基础上才能取得客人的信任，保证推销的效果。本例中的服务小姐，在了解了客人的口味特点后，适时、适度地为他们介绍了广东菜的内容，并在上菜过程中继续推销的程序，详细介绍菜品的特点，引发起客人的兴趣，其周到服务的风格满足了客人的心理需求，使推销服务的进程十分顺畅。

推销意识是保证推销服务成功的关键。只有具备建立在良好服务意识基础上的推销意识，才能在餐饮服务的全过程中不断发现推销的机会。本例中第二次推销的机会就是在客人用餐结束并赢得客人的信任之后发生的。服务小姐的推销再次激发起客人的购买欲望，使得客人继续消费。

练一练

模拟招聘

实训目的：使学生对星级饭店餐饮部人员素质要求有一个深刻的认识。

实训要求：学生分组，进行酒店餐饮部人员模拟招聘。

实训方法：角色扮演。

实训内容：学生分组进行角色扮演，人力资源部、餐饮部负责人及应聘人员，通过模拟招聘，让学生对餐饮部岗位职责及人员素质有一个直观的认识。

习　题

选择题：

1. 夫妻肺片为以下哪个菜系的名菜(　　)。

A. 川菜　　B. 湘菜　　C. 闽菜　　D. 鲁菜

2. 简述值台员餐中服务工作流程正确的是(　　)。

A. 热情迎宾—开茶服务—引客入座—点菜、开单、下单—斟酒服务—上菜服务

B. 热情迎宾—引客入座—点菜、开单、下单—开茶服务—斟酒服务—上菜服务

C. 热情迎宾—引客入座—开茶服务—点菜、开单、下单—斟酒服务—上菜服务

D. 热情迎宾—引客入座—开茶服务—点菜、开单、下单—上菜服务—斟酒服务

3. 美国饭店业的先驱斯坦特勒先生曾说过："饭店从根本上只销售一样东西，那就是(　　)"。

A. 客房　　B. 餐食　　C. 服务　　D. 商品

4. 某餐厅盒装橙汁的发货周期为5天，餐厅要求有2天的保险储量，餐厅每天的消耗额度是4听，请问最低储存量是(　　)。

A. 20　　B. 30　　C. 26　　D. 28

5. 咖啡最早在(　　)被发现和利用。

A. 埃及　　B. 美国　　C. 中国　　D. 埃塞俄比亚

6. 一瓶标准酒度为12°的解百纳干红，它的英制酒度是(　　)。

A. 24°　　B. 36°　　C. 20°　　D. 21°

7. (　　)营养丰富，素有"液体面包"之称。

A. 白酒　　B. 啤酒　　C. 黄酒　　D. 葡萄酒

8. 西餐餐厅服务甜品如蛋糕、冰激凌、水果时，应配有甜叉、甜勺及(　　)。

A. 水果刀、叉　　B. 点心刀、叉

C. 沙拉刀、叉　　D. 黄油刀、叉

9. 房间送餐的英文是(　　)。

A. Housekeeping　　B. Room service

C. Banquer　　D. Catering

10. Sweet & Sour Pork 是指(　　)。

A. 回锅肉　　B. 红烧肉

C. 咕老肉　　D. 滑炒里脊丝

11. 以下属于鲁菜的是(　　)。

A. Roast Duck "Cantonese" Style

B. Barbecued Pork with Honey

C. Braised Sea Cucumber with Scallion

D. Salted Duck

12.《旅游饭店星级的划分与评定》(GB/T 14308—2010)中规定，四星级饭店必备项目检查表中要求菜单及饮品单应装帧精致，完整清洁，出菜率不低于(　　)。

A. 80%　　B. 85%

C. 90%　　D. 95%

13. 浓色肉类菜肴适于搭配(　　)。

A. 红葡萄酒　　B. 白葡萄酒

C. 玫瑰红葡萄酒　　D. 鸡尾酒

14. 以下关于固定菜单描述不正确的是(　　)。

A. 不利于食品控制　　B. 有利于控制原料采购

C. 有利于菜肴质量的稳定　　D. 不够灵活

15. 中餐上菜服务提倡(　　)。

A. 左上右撤　　B. 右上右撤

C. 左上左撤　　D. 右上左撤

判断题：

1. 装盘时要在物与物之间留有间隔，以免端托行走时发出碰撞而产生声响。(　　)

2. 中餐高档宴会一名迎宾员送客时为10～30位客人提供服务。(　　)

3. 食品入库验收时主要检查食品的数量和卫生状况两项。(　　)

4. 宴会结束工作主要包括结账、征求意见、送客、清理，整理宴会厅、宴会后总结。(　　)

5. 斟酒的顺序从主人位开始顺时针方向斟倒。(　　)

6. 餐厅冬、春季的温度应保持在18～20℃。(　　)

7. 西餐摆台时，主刀摆放于展示盘的右侧，与餐台边呈垂直状。(　　)

8. 点菜后需向客人复述，并告知第一道菜的出菜时间。点菜半小时后应检查菜是否上齐，并及时跟催。(　　)

9. 分派菜肴给炉灶量要适当，一道菜肴在4～5分钟内完成出品。(　　)

10. 餐厅服务员斟酒服务时，可将身体贴靠在座椅上。(　　)

11. 仓库是食品原料的储存区域，它的位置、容量、温度、湿度、通风条件、原料堆放方式、卫生条件、安全措施等方面直接影响原料质量和仓储成本。(　　)

12. 允许推销员送货进入储藏室或食品生产区域。(　　)

13. 宴会服务中临时增加人数时，除需及时增加餐椅、餐具、饮料外，还要及时通知厨房增加的人员数量。(　　)

14. 干藏库最佳温度为15～30℃。(　　)

15. 每天每个餐位每供应一餐约需仓库面积0.1m^2。(　　)

项目 11　餐饮部各部门及工作人员的主要职责

☞ **知识目标**　掌握餐饮部各部门的主要职责。

☞ **技能目标**　熟悉餐饮部工作人员的主要职责。

11.1　餐饮部各部门的主要职责

11.1.1　餐厅的主要职责

餐厅负责满足宾客的各种餐饮需求，加强与宾客沟通，征求其意见，确保为其提供优质服务。保证餐饮产品质量，控制经营成本，确保完成每月营业指标。

11.1.2　酒水部的主要职责

酒水部需要根据各餐厅的特点和要求，提供各种酒水及各种酒水的服务方式。控制酒水出品的数量和分量，检查出品的质量，减少损耗，降低成本。

11.1.3　管事部的主要职责

管事部需要进行餐具清洁工作和机器设备的保养工作，确保服务区域的所有用品充足，保持厨房区域的清洁卫生，并完成上级部署的其他工作。

11.1.4　采购部的主要职责

采购部需要调查各部门物资需求及消耗情况，制订物资采购计划，并进行采购工作。熟悉餐饮部所需各类物资的名称、型号、规格、单价、用途和产地及各种物资的供应渠道和市场变化情况。按计划完成各类物资的采购任务，并在预算内尽量减少开支。检查购进物资是否符合质量要求。

11.1.5　宴会部的主要职责

制订宴会部的市场营销计划，积极开展各种宴会促销活动，确保经营预算和目标的实现；负责大型宴会的洽谈、设计组织与安排工作，并参与大型活动的接待服务。

11.2 餐饮部门工作人员的岗位职责

11.2.1 餐饮总监的岗位职责

餐饮总监隶属于酒店总经理，在总经理的领导下，全面负责酒店餐饮管理工作。其具体岗位职责如下：

①参与酒店发展战略的制订。

②为酒店战略发展提供相关专业咨询。

③了解市场动态，预测市场变化。

④协助总经理制订餐饮各部门经营策略。

⑤制订和完善下属各部门的岗位工作说明书、工作程序与标准以及部门内部规定。

⑥指导下属部门制订工作计划，并督导其执行。

⑦培训下属部门经理，监督、指导和评估其工作。

⑧协调下属各部门的工作。

⑨督导餐饮服务。

⑩进行出品质量和成本控制，提高餐饮部经济效益。

⑪处理突发事件，维护宾客及酒店利益。

⑫自我管理。

11.2.2 餐饮部经理的岗位职责

餐饮部经理隶属于餐饮总监或酒店总经理，在餐饮总监或酒店总经理的直接领导下，全面负责餐饮部的日常服务与管理工作，完成上级交办的其他任务。其具体岗位职责如下：

①全面负责餐饮部的经营管理工作，直接对餐饮总监或总经理负责。

②负责制订餐饮部年度和月度计划，组织、督促完成各项任务和经营指标，并对月度、年度经营情况做分析并报总经理。

③制订服务标准程序和操作规程。检查下属各岗位人员的服务态度、服务规程，保证食品的质量，促使本部门做好卫生清洁工作，开展经常性防火和安全教育。

④财务部配合做出每年的预算和月计划，研究如何扩大销售范围和销售量，增加经营收入。

⑤根据市场情况和季节拟订并组织食品的更换计划，控制食品、饮品标准规格和要求，正确控制毛利率和成本。

⑥与人事部配合招聘、挑选、奖励、处罚、晋升、调动、开除餐饮部员工，并负责组织餐饮部员工的业务和卫生知识的培训工作。

⑦制订服务技术和烹饪技术培训计划和考核制度。定期同行政总厨研究菜点，推出新菜单，并有针对性地组织服务人员和厨师外出学习其他单位的先进经验和技术。

⑧了解市场动向和掌握原材料行情，有效控制经营成本，降低营业费用，从而确保营业指标和利润指标的完成。

⑨注意现场管理，经常性地对餐厅、厨房巡视监督，组织 QC(全面质量管理)小组活动，保证各项运作正常。

⑩亲自组织、安排大型团体就餐和重要宴会，负责VIP客人的迎送，处理客人的重要投诉。

⑪主持日常和定期(每周一次)的餐饮部会议，经常检讨业务状况，及时调整、完善经营措施，参加公司部门经理会议。

⑫抓好设备设施的维修保养，确保各种设施处于完好状态，并得到正确使用，防止发生事故。

⑬协调本部门与公司其他部门的关系，做好总经理或副总经理交办的其他工作。

11.2.3 餐厅经理的岗位职责

①全面管理餐厅，确保为宾客提供优质服务，完成每月营业指标。

②每日参加餐饮部例会，并于开餐前召开餐厅班前会，布置任务。

③安排各领班班次，督导领班日常工作，检查每位员工的仪容仪表。

④与厨师长合作，共同完成每月或每日的特选菜单。

⑤掌握全餐厅的经营情况，确保服务质量。

⑥按餐饮特点适时提出食品节建议，制订食品节计划及餐厅装饰计划，并组织实施。

⑦对重要宾客及宴会宾客予以特殊关注。

⑧处理宾客投诉，与宾客沟通，征求其建议。

⑨负责餐厅人事安排及绩效评估，按奖惩制度实施。

⑩督导实施培训，不断提高餐厅服务员的专业技术知识和服务技巧，改善服务态度。

⑪负责餐厅硬件设施的维护和更新。

⑫做好与其他部门间的沟通。

⑬适时填写每日餐厅经理日报表，将餐厅经营情况及发生的特殊事件，包括客人投诉汇报给餐饮总监或总监助理。

11.2.4 餐厅主管的岗位职责

①协助餐厅经理处理餐厅日常事务，包括员工培训，餐厅销售、成本及其他。

②协助餐厅经理控制和分析下列事项：餐饮产品质量、宾客满意度、业务推广、营业成本、卫生清洁状况。

③协助餐厅经理协调及管理餐厅事物，指导餐厅开展快速、有效及礼貌服务。

④与员工建立并保持密切联系。

⑤餐厅经理指导下，使员工认识及了解餐厅，对其表现进行评估，召开职工评议会议。

⑥对餐厅员工举办职工培训班。

⑦餐厅经理不在时，参加每周例会，并提供意见。

⑧餐厅经理不在时，领导餐前会议，保持与厨房的联系工作。

⑨必要时参加对宾客的服务。

⑩确保员工的仪表及制服符合酒店标准。

⑪控制餐厅日常供应。

⑫餐厅经理不在时，处理全部必需的行政事务，包括但不限于下列各项：人员出勤记录、员工排班表、客人记录卡、工作记录。

⑬代表餐厅经理参加餐饮部计划中的预算和目标制订工作。
⑭确保及执行每日盘点。
⑮按要求履行其他职责。

11.2.5 餐厅领班的岗位职责

①在营业时间向服务员布置任务，并督导服务员的工作。
②协调、沟通餐厅、传菜部及厨房的工作。
③营业繁忙时，亲自为宾客服务。
④对特殊宾客及重要宾客给予关注，介绍菜单内容，推荐特色菜点，并回答客人问题。
⑤处理客人投诉。
⑥开餐前检查餐厅摆台、清洁卫生，餐厅用具供应及设备设施的完好情况。
⑦负责餐厅用具的补充并填写提货单。
⑧每日停止营业后，负责全面检查餐厅，并填写营业报告。
⑨定期对服务员及迎宾员进行绩效评估，向餐厅主管提出奖惩建议，并组织实施培训工作。

11.2.6 餐厅服务员的岗位职责

①开餐前做好全面的卫生工作，认真做好自己所负责区域的卫生工作，保证提供幽雅干净的卫生环境。
②服从领班安排，按照工作程序与标准做好各项开餐准备工作。
③开餐后，按服务程序及标准为宾客提供优质服务；准确了解每日供应菜式，与传菜员密切配合。
④尽量帮助宾客解决就餐过程中的各类问题，必要时将宾客问题和投诉反映给领班，寻求解决办法。
⑤当班结束后，与下一班服务员做好交接工作和收尾工作。
⑥迅速补充餐具和台面用品，保证开餐后的整洁和卫生。

11.2.7 迎宾员的岗位职责

①主动问候客人，并介绍餐厅情况。
②为客人引座、选台。
③安排客人就座，呈送菜单。
④为客人保存衣物。
⑤接听电话。
⑥接受和安排预订，进行登记，及时通知全体服务人员。
⑦准备餐厅的装饰花卉。

11.2.8 传菜员的岗位职责

①听从领班布置开餐任务，以及重要客人和宴会的传菜注意事项。
②按照本岗工作程序与标准做好开餐前的准备工作。

③将当日厨师长推荐菜和不能供应的菜通知给餐厅领班。

④根据订单和传菜领班的布置，将菜准确无误传递到餐厅内，向服务员报出菜名及台号。

⑤做好厨房和餐厅内的沟通工作。

⑥传菜过程中检查菜的质量、温度及分量。

⑦用餐结束后，关闭热水器、毛巾箱电源，将剩余的饭送回厨房，收回托盘，做好收尾工作，与下一班传菜员做好交接工作。

读一读

刘小姐是北京某四星级饭店粤菜餐厅的预订员，星期一她接到某旅行社的电话预订，要求安排120位美国客人的晚餐，每人餐费标准40元，酒水5元；其中有5人吃素。时间定在星期五晚18:00，付账方式是由导游员签账单(某些饭店与一些旅行社有合同，可收取旅行社的餐饮结算单，定期结账)。刘小姐将预订人姓名、联系电话、客人人数、旅游团代号、导游员姓名、宾客的特殊要求等一一记录在预订簿上。

星期五18:00该旅游团没有到达。此前刘小姐曾与旅行社联系进行过确认，但都没有更改预订的迹象，因此，刘小姐对其他预订均已谢绝。18:30，该团仍无踪影。刚巧，这天餐厅的上座率非常高，望着那一桌桌上凉菜的餐桌，大家都着急了。餐厅经理急忙作出决定，一方面让刘小姐继续与旅行社联系，一方面允许已经上门没有预订的散客使用部分该团预订的餐桌。并与其他餐厅联系，准备万一旅游团来了使用其他撤台的餐桌。经联系，旅行社值班人员讲，预订没有改变，可能是由于交通堵塞问题造成团队不能准时到达饭店。19:30，旅游团才风风火火地来到饭店。导游员告诉餐厅，有30人因其他事由不能来用餐。还有90人用餐，其中有3人吃素。经理急忙让服务员安排，并回复导游员，按规定要扣除这30人的预订超时和餐食备餐成本费用，比例是餐费的50%。

由于团队到达时间晚，有些预订餐桌没有动，餐厅内散客的撤台率较快，加上旅游团少来了30人，所以90个美国客人到达后马上得到安排。望着这些饥餐渴饮的旅游者，大家终于松了一口气。

评析：

(1)对于团队餐的预订，要做好及时的沟通和跟进。

(2)要学会应变突发事件。

习　题

选择题：

1. 服务员将面包、黄油放在客人的面包盘和黄油碟内的服务必须在西餐宴会开始前(　　)。

A. 3分钟　　B. 5分钟　　C. 7分钟　　D. 10分钟

2. 西餐宴会服务中，服务员为客人上头盆前应该先做的服务是(　　)。

A. 上茶水　　B. 上香巾　　C. 上咖啡　　D. 斟酒

3. 中餐宴会服务中，服务人员需提供勤巡视、勤斟酒、勤换烟缸等服务项目，这个工作环节是(　　)。

A. 菜肴服务　　B. 席间服务　　C. 送客服务　　D. 结束工作

4. 中餐宴会服务过程中，当宾客在席间致辞或举行国宴演奏国歌时，要求服务员(　　)。

A. 正常服务

B. 停止操作，迅速退至工作台静候，待活动完毕后再服务

C. 主席台服务人员停止服务，其他桌服务人员继续服务

D. 尽快为全部宾客斟好酒水，便于上述活动完毕后举杯敬酒

5. 白兰地的颜色来源于(　　)。

A. 人工色素　　B. 橡木桶　　C. 焦糖　　D. 葡萄皮

6. 行销海内外的乌龙茶极品“铁观音”在(　　)特产中独树一帜。

A. 福建　　B. 江苏　　C. 江西　　D. 广东

7. 刀具等所有切割工具应当保持(　　)。

A. 光亮　　B. 锋利　　C. 卫生　　D. 干燥

8. Hot & Sour Soup 是(　　)。

A. 酸辣汤　　B. 热汤　　C. 粟米羹　　D. 酸汤

9. 宴会菜单的英文翻译是(　　)。

A. set menu　　B. a la cart menu　　C. buffet menu　　D. snack menu

10. 牛排的英文是(　　)。

A. Pork Chop　　B. Beef Steak　　C. Lamb Chop　　D. Chicken

11. Recipe 是指(　　)。

A. 菜单　　B. 标准菜谱　　C. 酒水单　　D. 配方

12. 分整形鱼菜时，服务员展示菜肴后将鱼转至分菜处使鱼头朝(　　)尾朝(　　)当着宾客面进行拆分。

A. 右、左　　B. 左、右　　C. 上、下　　D. 前、后

13. 中餐菜单菜品的排列顺序正确的是(　　)。

A. 冷盘、热炒、汤、主食　　B. 冷盘、汤、热炒、主食

C. 主食、冷盘、热炒、汤　　D. 冷盘、热炒、主食、汤

14. 世界著名的两大开胃酒产地是(　　)。

A. 法国　意大利　　B. 法国　英国　　C. 美国　英国　　D. 德国　美国

15. 大圆桌上菜，应将刚上的菜肴用转盘转至(　　)。

A. 主人前　　B. 主宾前　　C. 副主人前　　D. 副主宾前

问答题：

1. 餐厅有哪些主要的岗位？
2. 餐厅经理的职责是什么？
3. 餐厅主管在工作中最重要的环节是什么？

项目 12 餐饮业的发展趋势

☞ **知识目标** 了解餐饮业发展的趋势。

☞ **技能目标** 掌握行业发展的动态。

自 20 世纪末期以来，中国的餐饮行业进入了史无前例的大发展时期。如今的餐饮行业可以说已经步入买方市场阶段，企业之间的竞争从原来的价格竞争发展到现在的质量竞争、品牌竞争，甚至是文化竞争。当今的消费者已经从原来只求温饱的阶段，发展到现在求新、求异、求个性的时代，讲求吃特色、吃氛围、吃环境、吃文化。因此，有理性、有远见的餐饮经营者应敏锐地把握新动向，引导新时尚，在提高餐饮管理水平的前提下，抓住感性消费时代消费者的特殊需求，创造新导向，迎合新形势，这样一方面可以提高餐饮竞争力，另一方面可以赢得经营主动权，为企业创造更大的社会效益和经济效益。这就要求餐饮业者在经营中必须掌握最新的发展趋势，跟上甚至引领新的潮流。展望中国餐饮业发展趋势，具体表现在以下几个方面。

12.1 全新格局，模式新颖

12.1.1 饭店餐饮

高星级饭店的餐饮经营突出精品战略，燕鲍翅和高档海鲜层出不穷，在餐厅装修、菜肴出品、服务水平、营销方式等方面精益求精。低星级饭店和经济型酒店则纷纷弱化餐饮功能，只提供有限的餐饮服务，如只提供早餐或只有一个餐厅，突出客房这一核心产品以降低管理费用。

12.1.2 社会餐饮

社会餐饮蓬勃发展，各种主题餐厅争奇斗艳，满足不同年龄层、不同消费心理、不同消费目的的消费者需求；休闲餐饮以酒吧、咖啡厅、茶餐厅和农家乐等形式适应假日消费和休闲消费的需要，越来越受各类消费者喜爱；而随着生活节奏的日益加快，中西式快餐业蓬勃发展，满足大众快节奏生活的需要。

12.2 餐厅选址，成败关键

饭店业先驱埃尔斯沃思·密尔顿·斯塔特勒曾经说过：“对任何饭店来说，取得成功的三个根本要素是地点、地点、地点。”

现代餐饮企业在投资前应全方位进行深入细致的市场调研。根据地区经济、区域规划、文化环境、竞争状况、消费时尚、地点特征、经济成本、旅游资源、社区服务、能源供应、形象特征和当地人可用性等诸多因素来综合分析和预测本餐饮企业未来可能占领的市场份额，制订可行性经营方案，确定目标市场，进行餐饮定位，对投资前景做定量分析，并付诸实施。其中，餐饮选址至关重要。

选择餐饮场所的地点和确定营业区域要考虑以下因素和趋势：

①餐厅选址应考虑地区规划、能源供应、社区服务姿态、竞争状况等。

②快餐店尽量选在商业繁华区或居民集中地带，以确保客源流量。

③尽量不要选在餐厅成群的区域，但著名的饮食一条街因能吸引大量的游客也可以作为选择，如香港的兰桂坊、广州市东路一带、北京凯宾斯基饭店对面的食街（有“万国料理”之称）、南京山西路狮子桥美食街等。

④独具特色的餐厅地理位置可以稍偏，但应有足够多的停车位。

12.3　中西快餐，深得民心

自从快餐业在1994年被列入国家“八五”计划，各地政府、各企事业单位都把发展餐饮业作为新的经济增长点加以扶植。特别是1997年11月《中国快餐业发展纲要》出台以后，确定了中餐产品标准化、生产工厂化、连锁规范化和管理科学化的发展方向，加快了快餐业的发展。快餐业以价位低、品种全、风味多、变化快、对胃口等特点，在餐饮市场中保持强劲的发展势头。

1987年11月12日，北京前门的繁华商业地段出现了中国第一家肯德基餐厅。到2004年年底，肯德基在中国拥有1200多家连锁店。现在，以肯德基、麦当劳为代表的国际快餐品牌企业在我国迅速扩张，发展速度明显加快，中式快餐已初步形成市场，消费需求不断增加，呈现出海内外、高中低、传统与现代并存，取长补短，互相竞争，共谋发展的市场格局。据统计，快餐业营业收入约占全国食品营业额的1/3左右。

洋快餐秉承标准化质量监控系统，做到口味独一无二、始终如一；以儿童作为目标市场的基准点，以温馨的服务环境为特色，在中国迅速掀起快餐旋风。1996年6月1日，上海人民公园的肯德基分店以39万元的日营业额刷新了肯德基的全球纪录。而中式快餐在洋快餐的冲击和带动下已经迈出了第一步，如被内贸部确认的三大中式快餐：北京全聚德烤鸭，天津狗不理包子，上海荣华鸡，再有后来的北京东来顺，东北李连贵熏肉大饼，西安德发长饺子，广州青萍鸡，上海木子鸡，四川麻婆豆腐、赖汤圆、担担面，都曾是名噪一时的中式快餐品牌。虽然以上快餐最终都未能成为有全国影响力的中式名牌快餐，但它们已经迈出了中式快餐发展的第一步，为以后中式快餐的进一步发展提供了经验借鉴。

随着我国经济的逐步发展，经济活动增多，城乡人均收入持续增加，外加假日消费市场的出现，必然会对快餐业的发展起到有力的推动作用，促使我国快餐业迅速发展。

12.4 经营管理，方式多样

餐饮企业经营方式有独立经营、连锁经营、租贷经营或特许经营。

12.4.1 独立经营

独立经营的单位餐饮企业特点：

①虽然有自己的品牌，但企业影响力受到地域的限制。

②营运费用相对于连锁餐饮企业来说要高，如不能享受到集团大规模采购和广告的优惠，人力资源也无法共享等。

③独立经营的餐饮企业竞争力较差，但经营灵活，调整方便，资本投入相对较小。

12.4.2 连锁经营

餐饮企业连锁经营的特点：

①管理模式统一。连锁店以主店为大本营，在中央管理系统严格的管理下进行投资、采购、出品、服务、销售、业务推广等一系列经营活动，在成本投入方面能够有效地加以控制。

②连锁企业经营的产品可以说是主店产品的"克隆品"，其餐饮产品和餐饮服务能够保持主店的水准，遇到问题时又能及时得到主店管理系统的帮助和解决。

③连锁经营可不断增强本餐饮系统集团在市场上的竞争能力。由于其分布地点大多位于新城旺地和繁华的商业地带，加之企业品牌鲜明，传播速度极快，能迅速拓展业务，可形成规模经营。

④营销计划和促销活动同步展开。各连锁经营店分摊广告宣传费用，能在进一步挖掘潜在客源市场的同时，有效调节各店之间的需求平衡，使本系统在市场的调节和引导下良性发展。

12.4.3 特许经营

通过出让特许经营权或租贷经营权，一些知名的餐饮公司得以在全球推广他们的产品，并统一规格、统一市场形象、统一服务方式。大多数特许经营店是各地区当地企业或私人投资者向知名品牌餐饮母公司购得商标使用权。母公司有责任对投资者在可行性研究、建筑设计、设施配备、人员培训、广告宣传、原料采购、管理制度、操作规程和质量控制等方面给予咨询和支持。其特点：投资者走捷径，共享品牌和市场，有强大的支持系统。但要支付昂贵的品牌使用费。

目前，在我国肯德基、麦当劳、硬石餐厅等除了由外资自主经营外，各城市的投资者还可以申请加盟特许经营。

12.5 主题餐饮，彰显文化

(1)地域文化

如北京的全聚德、杭州的楼外楼等餐厅，通过特色菜肴和就餐环境等体现了独特的地域文化。

(2)时空文化

如模仿知青生活的龙江餐厅遍布各地，很容易使纠缠着穿越时空，置身于当时的生活场景。

(3)历史文化

如宫廷餐厅，从餐厅装饰、就餐用具、员工服饰、菜肴点心等方面展现某一时期的历史文化。

(4)乡土文化

如在全国各地盛行的农家乐，体现了当地的各种乡土文化。

(5)都市文化

如以摇滚乐为主题，被誉为主题餐厅之父的硬石餐厅(Hard Rock Cafe)于1971年6月14日在英国伦敦海德公园旁开张，旋即在全球掀起主题餐饮的热潮。

12.6 错位经营，全面发展

高档饭店的餐饮经营，其规模和经营水准代表了我国目前餐饮界的最高水平，在当地发挥着领导美食潮流、影响餐饮时尚的巨大作用；注重追求文化品位、体现个性魅力、升华美食理念，是它们的共同特点。它们的菜肴制作集特色创新于传统经典，款客服务赋超常值于标准规范，营造气氛赋主题概念于典雅装潢，宣传促销赋承诺回报于消费者。高档餐饮企业设备设施先进，技术力量雄厚，信息来源广泛，形象设计完美，这些明显的行业优势有利于加强地区之间和国家之间的餐饮企业合作。美食节的成功策划与举办，一方面为餐饮市场注入了新鲜的血液，扩大了客源市场；另一方面又有效地推动了餐饮文化多元化的发展进程。高档饭店餐饮客源市场以社会名流、专家学者、高档商务客人为主。他们在消费的同时也潜移默化地带动了其他领域的经济增长。所以说，高档餐厅在社区的政治、经济、文化活动中扮演着重要的角色。

强调制作迅速、服务简单的餐厅，包括大众餐厅、快餐厅，是在传统餐厅的基础上，降低运营成本，如降低设备和餐具的档次、降低服务的要求，来适应工薪阶层和大众消费。因为大众化消费比较稳定，并且极具消费潜力。“民以食为天，经营以民为本”，所以，从现实和长远的观念来看，大众化永远是餐饮消费市场的主旋律。目前，适合大众消费的餐饮场所已占据了较大比例的市场份额，它们凭借着合理的定价策略、整洁宽松的就餐环境、可口卫生的菜肴、优良快捷的服务、诚实可靠的信誉，吸引了众多消费者。

大众化消费比较稳定，并且具备极其丰富的消费潜力。目前，许多中、低档餐饮场所已占据了较大比例的市场份额，它们凭借着充足的客源市场、合理的定价策略、整洁宽松的就餐环境、可口卫生的菜肴、优良快捷的服务、诚实可靠的信誉，走上了良性发展的轨道。中低档餐饮企业在获得最大经济效益的同时，还扮演着向大众传播餐饮文化的角色，让人们了解美食、钟情美食、享受美食。所以，从现在和长远的观念来看，大众永远是餐饮消费市场的主旋律。

在目前及今后的餐饮市场中，高、中、低档餐饮企业各具特色、错位经营、和平共处、共同发展。

读一读

我国餐饮业的发展趋势

我国餐饮业的多种经济形式，多种风味，多种经营模式，加上不断发展和竞争，其格局必然在不同时期呈现出不同的合理的结构。但是，民族的、科学的、大众的是这一格局的核心和主流，也是我国餐饮业发展的必然趋势。

首先，中华民族五千年的历史，56 个民族，八大菜系，不同的烹饪工具、烹调方法、调味技巧、吃的礼仪和饮食风俗等构成了我国的饮食文化，为我国具有中华民族特色的餐饮提供了丰富的资源。为开拓市场、走向世界创造了有利的条件。同时，对产品类型、品种、营养、保健等方面不断创新：一是要将传统美食与现代生活节奏、现代口味、现代服务理念相结合；二是要将民族文化与外来文化相结合，外来资金、风味、经营模式对中国餐饮业是一种很好的补充。

其次，餐饮业的发展必须不断改变传统的生产方式与经营模式。通过实行规模化经营和科学化管理，加大科技开发力度，使我国餐饮行业发展取得新的突破，这将是行业发展与进步的方向。餐饮业的科学化主要包括工艺科学化和管理科学化。生产方式科学化的含义在于将传统的手工艺与现代食品加工技术相结合，即应用食品科学原理，按照营养均衡的要求组合原料，使加工过程原料的营养损失最少，不产生有毒有害物质，加工成本低，产品的感官状态最好。管理科学化的内涵在于建立现代企业制度，探索出适合自身的管理模式，具有“以人为本”的经营理念，包括产品的生产、质量、卫生等，职员的岗位培训，服务的规范性，商品管理体系，财务管理体系等方面。

最后，马斯洛需求层次理论指出了人类需求的金字塔式的层次性，饮食需求按人群构成来看，大多数处于需求的中低层次，面向大众不仅是市场的需求，也是社会主义的经营方向。中国的餐饮业面向大众是永恒的主题。人民大众是我们餐饮市场的消费主体，消费内容随着经济水平的提高而提高。大众化餐饮市场是一个潜在的大市场，开拓大众化餐饮市场将是餐饮业发展的重点。这种大众化存在差异性，表现在不同发达地区的水平不同；这种大众化具有时代性，表现在不同发展时期的内容不同。

习 题

1. 餐饮业发展的趋势有哪些？
2. 餐厅选址应该注意什么？
3. 主题餐饮有哪些特点？

模块5　餐饮服务所需的基本技能

项目13　托盘服务

☞ **知识目标**　掌握托盘服务的基本常识。

☞ **技能目标**　熟练操作托盘。

基本理论

托盘服务是餐厅服务员在餐厅中用托盘送食物、饮料、餐具等的服务过程。在餐饮服务中，服务员常用左手托盘，右手为客人服务。

托盘是餐厅服务人员在餐前摆台准备、餐中提供菜点酒水服务、餐后收台整理时必用的一种服务工具。餐厅常用的托盘主要有不锈钢及胶木两大类，以胶木托盘为佳。在服务程序中，托盘又指托着托盘为客人服务。托盘操作包括理盘、装盘、托盘、卸盘几项。托盘操作应严格按规范要求进行，以确保操作安全。

13.1　托盘的种类及用途

13.1.1　按材质分类

托盘可分为胶木、金属、木质等制品。

(1)胶木托盘

目前这类托盘为大多数餐厅所采用，尤其是抗滑性托盘，更为大家所喜爱，其主要优点是：硬度高、质轻、静音、易清洗、不易传染病菌且价格合理。

(2)金属托盘

此类托盘最常见的是不锈钢托盘、银托盘及金托盘，为一般高级餐厅所采用。因其价格较高，且易在表面留下指印，故操作时必须小心谨慎。

(3)木质托盘

此类托盘盛行于早期传统餐厅，目前除少数餐厅为了凸显特色外，已较少采用，其主要原因为：保养维护若不当，容易发霉，有碍卫生，且价格昂贵，无法为一般餐厅接受。

13.1.2 按形状分类

托盘分为圆形、方形和椭圆形托盘。

(1)圆形托盘

圆形托盘直径一般为40~60cm，用途广泛，因一般中西餐厅的餐具造型多为圆形，固使用圆形托盘较为合适。此外，圆形托盘重心居中，较易掌握，操作起来得心应手；圆托无方向性，使用起来无需调整方向，取用方便、有效率。

(2)方形托盘

方形托盘尺寸一般为33~83cm，适于搬运较多量的餐具盘碟和菜肴。使用者多半用双手握托盘两短边，如此可放置较重或较多的餐具，在空间配置上得以充分利用。

(3)椭圆形托盘

这种形状的托盘多半在高级餐厅或酒吧使用，直径一般为40~60cm，主要用来端送菜肴和饮料给客人食用。使用起来与圆托盘雷同，只是两端空间较狭窄，且具有方向性，使用起来要稍微注意。

13.1.3 按规格分类

托盘可分为大、中、小托盘及异形托盘。

大方形托盘和中方形托盘一般用于运送菜点、酒水和盘碟等较重的物品；大圆形托盘和中圆形托盘主要用于斟酒、展示饮品、传菜、分菜、送咖啡、冷饮等；小圆形托盘主要用于递送账单、信件，收款等；异型托盘主要用在特殊的鸡尾酒会或其他庆典活动上。

13.2 托盘的操作方法

根据端托物品的不同重量及托盘的不同用途，托盘端托服务可分为两种：轻托和重托。

轻托又称胸前托，适宜端托体积较小、重量轻的物品。因为所托物品越轻，端托操作时，托盘容易发飘不易端托平稳，因此，在轻托服务操作时，准备工作非常重要。重托又称肩托，是指对较大且生的物品的端托。重托端托需要餐厅服务员有一定的臂力和技巧。

无论是轻托还是重托端托服务，都有理盘、装盘、托盘三大步骤。每个步骤均应按服务规范中的卫生要求去做，即在整理托盘前，将托盘进行洗涤、消毒，同时操作人员的手也要进行消毒后方可实施理盘、装盘、端托服务，以免造成对食品的污染。

13.2.1 理盘

理盘就是根据所托的物品选择适用的托盘。

码放物品前，对于没有防滑处理的托盘，在托盘内应铺垫潮湿干净的餐巾或托盘垫布。垫布的大小要与托盘相适应，垫布的形状可根据托盘形状而定，但无论是方形、圆形垫布，其外露部分一定要均等，使整理铺垫后的托盘既整洁美观又方便适用。

整理托盘时应注意托盘的平整，因为有些托盘使用一段时间后，就会出现变形，如金属类的托盘边沿容易变形。托盘的底变形不平，不但影响美观，而且存在安全隐患。有些塑料托盘使用一段时间后容易出现变色或斑痕。一旦出现了清理不掉的斑痕，再继续用其为客人端送物品时，一来不雅，二来容易引起客人对仪器的卫生安全产生疑虑，因此，这类托盘应停止使用。

13. 2. 2　装盘

装盘就是根据物品的形状、大小及取出的先后顺序，进行合理的装盘码放。装盘是端托的关键环节。

(1)轻托物品的装盘

轻托物品的装盘，一般均要求单件平摆(餐碟、汤碗除外)，并根据所用托盘的形状码放。用圆形托盘时，码放的物品应呈圆形，用长方形托盘时，码放的物品应横竖成行，但无论使用哪种托盘，均应将物品按重量的大小和高低由托盘的中心部位向四周依次放置，摆放均匀，以保持重心平衡。如同时端托的物品重量和高度不等时，应将较高的物品放于托盘的中心部位，摆放分布得当，这样装盘既安全稳妥又便于端托服务。

(2)重托物品的装盘

重托物品装盘时，要把托盘内的物品分类码放，并使物品的重量在托盘内分布均匀，并注意把所托物品按其高矮、大小摆放协调，物体较高或较重者，应摆于托盘的中心位置，切忌将物品无层次地混合摆放，以免出现倒、掉而造成损失。装盘时，还要使物与物之间留有适当的间隔，以免端托行走时发生碰撞而产生声响或造成端托不稳。

13. 2. 3　端托服务

13. 2. 3. 1　轻托

轻托(胸前托)是托送较轻的物品和用于对客服务(如上菜、斟酒)时的操作，所托重量一般在 5 kg 以下。轻托一般多用中、小型托盘。

①理盘　根据所托的物品选择托盘，洗净擦干。

②装盘　根据物品形状、体积和使用先后，合理摆放整齐，横竖成行。以安全、稳妥、便于运送和取用为宜。

③起托　用左手，左手上臂自然下垂，小臂垂直于左侧，肘部离腰部 15 cm，掌心向上，五指分开，以大拇指指端到手掌的根部和其余四指托住盘底，手掌自然形成凹形，掌心不与盘底接触，平托于胸前，略低于胸部。

④行走　行走时要头正肩平，上身挺直，目视前方，脚步轻快稳健，思想集中。随着步伐移动，托盘会在胸前略自然摆动，但以菜汁、酒水不外溢为限。

托盘行走常用步伐可以归纳为以下 6 种：

常步：步履均匀而平缓。端托一般物品时使用常步。

快步(疾行步)：步履稳、快而动作协调。端送火候菜或急需物品时，保证在菜不变形、汤不洒的前提下，以最快的速度走路。

碎步(小快步)：步距小而快的中速行走。适用于端送汤汁多的菜肴及重托物品。

跑楼梯步：身体向前弯曲，重心向前，用较大的步距，一步跨两个台阶，一步紧跟一步，上升速度快而均匀，巧妙地借用身体和托盘运动的惯性，既快又节省体力。

垫步(辅助步)：侧身过时右脚侧一步，左脚跟一步。端送物品到餐厅前欲将所端物品放于餐台上时应采用垫步。

巧步：托盘行走时，突遇走来宾客或遇到其他障碍，需要临叶停滞或放慢脚步，灵活躲闪，避免发生冲撞。这种步伐还可用来防止运动中的盘面由于突然停止而使酒水、汤汁由于惯性溢出。

⑤落托与卸盘　到达目的地时，要略屈膝弯腰，左手的托盘轻轻地放在工作台边，同时左、右手将托盘移放至工作台上，然后依次清理盘内物品。

13.2.3.2 重托

重托(肩上托)用于托运较重的菜点、酒和盘碟，所托重量一般在 5 kg 以上。目前餐厅中一般都用小型手推车来运送大量物品。重托一般使用方托盘。

除起托要求与轻托有区别外，重托其余步骤的要求与轻托都一样。

起托的操作要求：用双手慢慢地将托盘的边移至工作台外，用右手拿住托盘的一边，左手伸开五指，掌心向上平托住盘底，掌握好重心后，用右手协助左手向上托起，同时左手向上弯曲臂时，向左后方旋转 180°，擎托于肩外上方，做到盘底不搁肩，盘前不靠嘴，盘后不靠发，右手或自然摆动，或扶位托盘的前内角，并随时准备排阻他人的碰撞。起托时，左脚朝前伸出一小步，用双手将托盘移至工作台边，用右手慢慢地把托盘移(放)到左手或左肘上，用右手调整托盘上各种物品的位置，确保托盘安全平衡。

13.2.4 端托服务应注意的问题

13.2.4.1 端托姿势

端托姿势的正确与否直接影响服务人员服务动作是否美观。端托姿势主要体现在起托及端托上。

起托时，正确的姿势是：服务员站于距操作台 30 cm 处(按身高来调整距离)，双脚分开，双腿屈膝，腰与臂呈垂直下坐势，上身呈略向前倾状站稳，伸出左手，掌心向上，指尖向前与操作台平行，伸出右手拉拿托盘的边缘，将托盘移向左手掌及小臂处，待托实后，双脚并拢并收回右手，同时身体恢复直立状，托盘起托后，大臂呈垂直状，大臂与小臂呈 90°，使托盘置于身体左侧胸前。端托时，做到站稳、端平、托举到位、高矮适中。

13.2.4.2 端托卫生

端托时要注意卫生。轻托时，所托物品要避开自己的鼻口部位，也不可将所托物品置于胸下。端托中需要讲话时，应将托盘托至身体的左外侧，避开自己的正前位。重托时，端托姿势要正确，托举到位，不可将所托物品贴靠于自己的头颈部位。

13.2.4.3 端托安全

①端托时，左手端托，右手下垂，除了起托和落托时右手扶托外，其他时间禁止右手扶托。右手扶托危害有三点：一是不雅观；二是容易遮挡行走视线；三是容易造成端托失误。

②端托时，目光应平视前方，切勿只盯托盘；端托中需拿托盘内所托物品时，应做到进出有序，确保所托物品的平衡。

③需用托盘垫布时，垫布置于托盘正中，四角下垂应相等。

④端托时，即使再急，也不能抢路，不能不让路，不能跑步行进。

13.2.4.4　操作要求

①托盘臂力练习　可利用砖等重物练习。重量从半块、一块到两块，时间从3分钟到5分钟，循序渐进。

②托盘站立、下蹲等训练，注意姿态要优美。

③轻托行走练习　托重量5 kg左右、重心较低的物品；托重量5 kg左右、重心较高的物品(如各种酒瓶)；托盘交叉行走练习。走“S”形路线或避开障碍物练习；利用楼梯练习托盘行走，保持托盘平稳；托盘接力赛：将参加实训者分组，用最短的时间完成接力赛，且途中托盘内酒水不洒、酒瓶不倒、姿态优美、动作规范的组获胜，可在途中设置障碍物或走“S”形路线，以增加难度。

④托盘服务练习　可以在以后斟酒、摆台或其他操作时练习，主要感受托盘内物品变化时重心的改变。

读一读

某酒店宴会大厅正在举行隆重的宴会，客人在舒缓的音乐声中自由交谈、轻松就餐。这时，一位男服务生用大方托盘托着装有饮料的杯子向客人走来，一不小心，托盘上的饮料杯翻倒，全部洒在邻近的一位客人身上，响声惊动了所以客人，大家目光一齐投向这位客人……最终，引起顾客投诉。

评析：

(1)正确使用托盘，是每个餐厅服务员应具备的基本技能，可以为餐饮服务的物品托运提供便利，提高餐饮服务的工作效率，规范餐饮服务、美化服务姿态。

(2)使用托盘服务前，服务人员必须要掌握理盘、装盘、起盘、行走、落盘五个步骤及其要领。从托盘的选择、清理到托盘托送方法都要一丝不苟，尽量避免服务事故的发生。

练一练

实训项目名称：托盘。

学时数：2学时。

实训目的：了解托盘的种类及用途，掌握托盘的基本操作程序和方法。

能力训练要求：

①较强的动手能力。

②较强的理解能力。

实训环境：模拟餐厅实训室。

实训方法和步骤：

轻托又叫胸前托，通常使用中、小圆托盘或小方托盘上酒、上菜。因为盘中运送的物品重量较轻，一般在5kg以内，所以我们称这种方法为“轻托”。又因盘子平托于胸前，所以又称为“平托”或胸前托。

①理盘　选择合适的托盘，将托盘洗净擦干，在盘内垫上用盘巾，铺平拉直，盘巾的

四边与盘底对齐，力求美观整洁。为避免盘内的物品滑动，也可将盘巾适当蘸些水，使盘巾半干半湿。

②装盘　根据所盛物品的形状、体积、重量以及先后使用顺序合理安排，注意所有物品平均而且要重量平衡摆在托盘上，以便安全稳妥，便于运输。

③起盘　完成装盘后，开始托起行走。托盘从桌面起托时应注意正确的姿势，注意手脚身体的配合动作。

④行走　指服务员托起托盘走动时的动作。

⑤落盘　当物品送到餐厅时，小心地放在一个选择好的位置，双手将托盘端至桌前，放稳后再取物品，从托盘两边交替拿下。

习　题

1. 托盘的种类有哪些？
2. 托盘的操作程序与方法？
3. 托盘的注意事项有哪些？

项目14　口布折花

☞ **知识目标**　熟悉口布折花的重要性。

☞ **技能目标**　掌握口布折花的基本技能；每人至少可以折10种以上花型。

基本理论

口布折花是餐前的准备工作之一，主要工作内容是餐厅服务员将口布折成各式花样，插在酒杯或水杯内，或放置在盘碟内，供客人在进餐过程中使用。口布折花是餐饮服务的重要技能之一，美观的口布花本身就是餐桌上的装饰品，再加上服务人员的优质服务，能够给客人一种招待细致入微的感觉。由于口布直接接触客人的手和嘴，因此在卫生程度上要特别注意。当前口布折花的趋势是美观大方、造型简单，因为复杂的口布折花不仅费时费力，而且由于多次折叠中接触口布，不可避免地会带来卫生问题。

14.1　口布的作用与种类

14.1.1　口布的作用

口布又名餐巾，是餐厅中常备的一种卫生用品，又是一种装饰美化餐台的艺术品。

口布的主要作用有以下几方面：

(1)口布是餐饮服务中的一种卫生用品

宾客用餐时，餐厅服务员将口布放在宾客的膝上或胸前，口布可用来擦嘴或防止汤汁、酒水弄脏衣物。

(2)口布可以装饰、美化餐台

不同的口布花形，蕴含着不同的宴会主题。形状各异的口布花摆放在餐台上，既美化了餐台，又增添了庄重热烈的气氛，给人以美的享受。

(3)口布花形可以烘托就餐气氛

如把口布折成喜鹊、和平鸽等花形，能表达欢快、和平、友好，给人真诚、喜悦之感；折出比翼齐飞、心心相印的花形送给一对新人，可以表示出永结同心、百年好合的美好祝愿。

(4)口布花形的摆放可标出主宾的席位

在折口布花时应选择好主宾的花形，主人花形高度应高于其他花形高度以示尊贵。

14.1.2　口布的种类

(1)按质地分

可分为棉织品口布和化纤织品口布。棉织品口布吸水性较好，去污力强，浆熨后挺括，造型效果好，但折叠一次成型，效果才最佳；化纤织品口布色泽艳丽，透明感强，富有弹性，如一次造型不成，可以二次造型，但吸水性差，去污力不如棉织品。

(2)按颜色分

口布颜色有白色与彩色两种。白色口布给人以清洁卫生、恬静优雅之感。它可以调节人的视觉平衡，可以安定人的情绪。彩色口布可以渲染就餐气氛，如大红、粉红色口布给人以庄重热烈的感觉；橘黄、鹅黄色口布给人以高贵典雅的感觉；湖蓝色口布在夏天能给人以凉爽、舒适之感。

14.2 口布折花的运用

口布花型的选择和运用，一般应根据宴会的性质、规模、规格、冷菜名称、季节时令、来宾的宗教信仰、风俗习惯、宾主座位的安排、台面的摆设需要等方面的因素进行考虑。

总体原则如下所述：

①根据宴会的性质来选择花型　如以欢迎答谢表示友好为目的的宴会口布花可设计成友谊花篮及和平鸽等。

②根据宴会的规模来选择花型　一般大型宴会可选用简单、快捷、挺拔、美观，相同或类似的花型。小型宴会可以同一桌上使用各种不同的花型，形成既多样又协调的布局。

③根据花式冷拼选用与之相配的花型　如冷拼是“游鱼戏水”，口布花则可以选用“金鱼”造型。

④根据时令季节选择花型　用台面上的花型反映季节特色，使之富有时令感。

⑤根据宾客身份、宗教信仰、风俗习惯和爱好来选择花型。

⑥根据宾主席位的安排来选择花型　宴会主人座位上口布花称为主花，主花要选择美观而醒目的花型，其目的是使宴会的主位更加突出。

14.3 口布折花摆放的艺术性

口布折花在台面上具有抽象性和形象性，要每个花型都发挥其作用，餐厅服务员就要了解每个花型的最佳观赏位置，在摆放时应讲究以下几点：

①主花要摆插在主位　主花摆在主位，一般的口布花摆在其他宾客席上，但要高低均匀，错落有致，达到一种视觉艺术的美。

②口布折花将观赏面朝向宾客　摆放口布折花，要使宾客正面观赏，如孔雀开屏、和平鸽等花型，要将正面朝向宾客。适合侧面观赏的，要将最佳观赏面朝向宾客。

③相似花型错开摆放　在一个台面上，摆放不同品种花型时，形状相似的花型要错开，对称摆放。

④恰当掌握杯内口布花的深度　口布折成花型后，放入杯内的深度要适中。杯内的部分要折叠整齐规范。

⑤摆放距离均匀　各种口布花之间的间距要均匀，做到花不遮餐具，不妨碍服务操作。

14.4　口布折花发展新趋势

（1）线条简洁、明快、挺括

因为这类花型折叠所需要的时间短，速度快，而且这种花型散开后，口布褶皱少，实用方便。

（2）趋向盘花

因为杯花是用手将花插入杯中的，所以折花之前手要严格消毒。因为用盘花可减少手握杯的环节，满足宾客清洁卫生的心理。因此，现在逐渐向盘花方向发展。

14.5　口布折花的注意事项

①注意操作卫生。操作前应洗净双手，在干净的操作台面或在消毒过的托盘中进行。

②操作时不允许用嘴叼、口咬、下巴按，尽量不要讲话，以免唾液飞沫飞溅在口布上。

③放花入杯时，要注意卫生，手指不允许接触杯口，杯身不允许留下指纹。

④口布折花放置在杯中高度的1/3处为宜。

⑤简化折叠方法，减少反复折叠次数。

14.6　口布折花主要技法

14.6.1　叠

叠是基本的口布折花手法，几乎所有的折花都要用到。将口布一折为二，二折为四或折成三角形、长方形、正方形等多种几何形状。

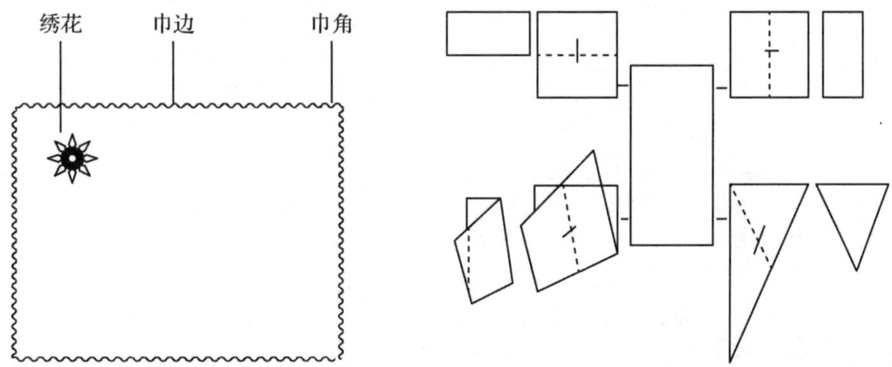

具体要点：折叠是要熟悉造型，看准角度一次叠成，如有反复，会留下折痕，影响到花型的挺括、美观。

14.6.2　推

推是折裥（打折）时运用的一种手法，就是将口布折成褶裥的形状，使花型层次丰富、紧凑、美观。折裥时，用双手的拇指、食指分别捏住口布两头的第一个折裥，两个大拇指相对成一线，指面向外；再用两手中指按住口布，并控制好下一个折裥的距离，拇指、食指的指面握紧口布向前推折至中指外，用食指将推折的裥挡住，用中指控制下一个折裥的距离。三个手指如此互相配合，要求均匀整齐，距离相等，每裥的高低、大小、宽度根据花型的不同需要而定。推折又可分为直线推折和斜线推折。两头一样大小的用直线推折，一头大一头小或推折半圆形或圆弧形的用斜线推折。

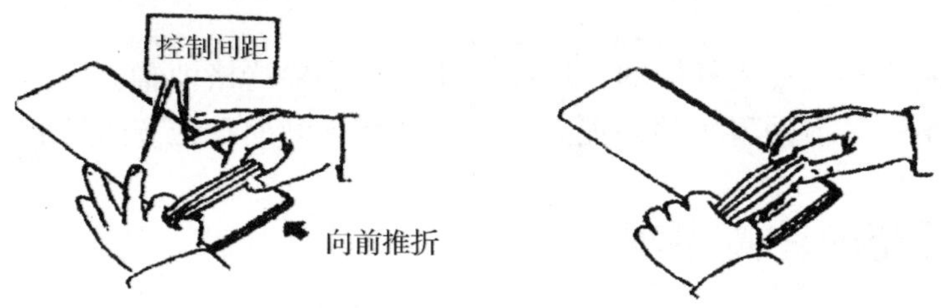

具体要点：折裥时，工作台面要干净，否则推折时会发涩，影响效果，还会破坏口布。折时注意用拇指、食指紧紧握裥向前推，用中指控制间距，不能向后拉折，否则不能很好地控制折裥距离的大小。要求对称的折裥应从中间分别向两边推折。

14.6.3 卷

卷是用大拇指、食指、中指三个手指相互配合，将口布卷成圆筒形并制出各种花型的一种手法。

卷分为直卷和螺旋卷两种。直卷时将口布两头一起卷拢，操作时要卷得平直，两关大小一样。螺旋卷就是将口布一头固定，只卷一头；或是一头多卷一头少卷，形成的卷筒一头大、一头小。

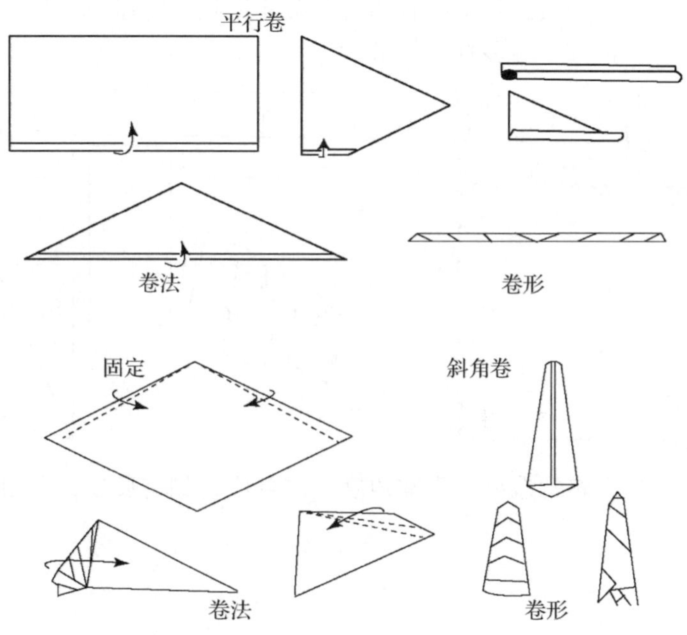

具体要点：螺旋卷时要注意使用技巧，会用拇指控制卷的速度和卷筒粗细。无论哪种卷法，口布都要卷得紧凑、挺括，否则会松软无力，容易弯曲变形而影响造型。

14.6.4　穿

穿是将口布先折好后攥在左手掌心内，用筷子一头顶住身体，另一头穿进口布的褶缝里，然后用右手的大拇指和食指将筷子上的口布一点一点向后拨，直到把筷子穿出口布为止。穿好后，先将口布插入杯中，然后再把筷子抽掉，否则皱折易松散。

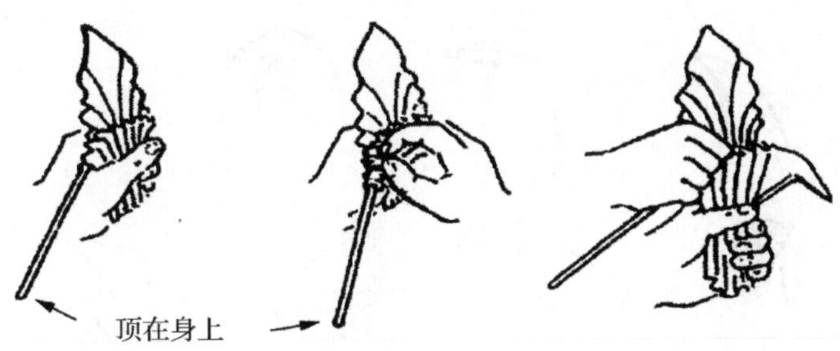

具体要点：穿时要注意左手攥住口布，不要散形。穿好的褶裥要平、直、细小、均匀。

14.6.5　翻

翻大多用于折花鸟的造型。翻是指将口布的巾角从小端翻折至上端、两侧向中间翻折、前面向后面翻折，或是将夹层里面翻到外面等，构成花、叶、芯、翅、头颈等形状。

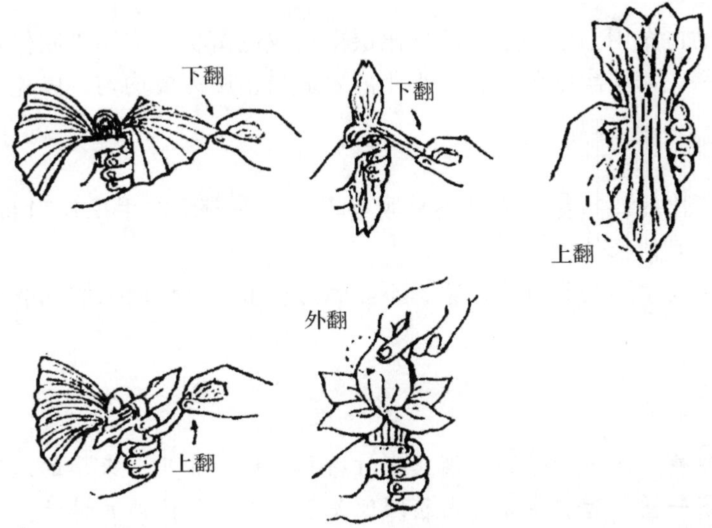

具体要点：翻时要注意叶子对称，大小适宜，距离相等，形象逼真，自然美观。

14.6.6　拉

拉是在翻的基础上，为使口布造型挺直而使用的一种手法，如折鸟的翅膀、尾巴、头颈，花的茎叶等。一般在口布花半成形时进行，把半成形的口布花攥在左手中，用右手拉出一只角或几只角来。通过拉的手法可使折巾的线条曲直明显，花型挺括而有生气。

具体要点：拉时要注意用力均匀，大小比例适当，不要猛拉，否则会破坏花的造型。

14.6.7　捏

捏主要用于鸟的头部造型。操作时先将口布的一角拉挺做颈部，然后用一只手的大拇指、食指、中指三个指头捏住鸟颈的顶端，用食指将巾角尖端向里压下，用中指与大拇指将压下的巾角捏紧，捏成一个尖嘴，作为鸟头。

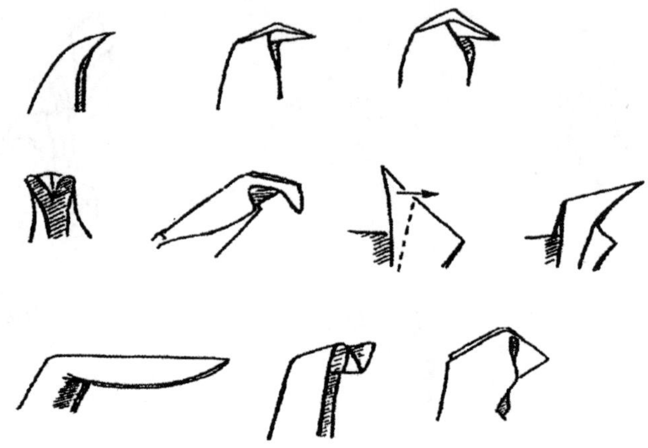

具体要点：捏鸟头注意棱角分明，其大小形状要根据鸟体、鸟翅而定，比例合适。

14.6.8　掰

掰是将叠好的口布用右手一层一层掰出层次，成花蕾状。多用于制作花瓣时使用。

具体要点：掰花瓣层次要分明，大小距离要适当，用力要均匀，以免花型松散。

14.6.9　攥

攥是为了使折出的口布花半成品不易脱落走样，一般用左手攥住口布的中部或下部，然后再用右手操作其他部位。

具体要点：攥在手中的部分应攥紧，不能因为右手的操作而松散或散形。

隆冬的一个傍晚，某市中心的大酒店张灯结彩，热闹非凡。来华的法国、日本、英国等各国商人正汇聚一堂，听取某大公司总经理关于寻求合作伙伴的讲话。

会后，客人被请到了大宴会厅，宴会厅布置高雅、华丽，每张餐桌上都摆有非常漂亮的餐巾花型，有孔雀开屏、彩凤翼美、芬芳壁花、双叶荷花等，客人在迎宾小姐的引领下走到餐桌旁，可迎宾小姐发现有数名英国和日本的客人不肯就座，而且表现出不高兴的样子，迎宾小姐不知所措赶忙去找部门经理……

(1)为什么英国、日本的客人不肯入座?

(2)餐巾折花除了能正确操作外，还应掌握哪些方面的知识?

因为在英国，人们认为孔雀是祸，是淫妇的代称，孔雀开屏被认为是自我吹嘘的表现，所以英国客人认为这个饭店在侮辱他。

练一练

实训项目：口布折花。

实训项目名称：口布折花。

学时数：4 学时。

实训目的：掌握口布折花的基本技法并能折至少 10 款花。

能力训练要求：

①较强的动手能力。

②较强的理解能力。

实训过程：

①实训开始应从基本功的规范性入手，不应追求花型的多样化。实训过程的不同时间段提出不同的要求。

②折叠口布花质量与速度训练(如 5 分钟内折叠 10 种造型不同的杯花；在 3 分钟内折 6 种造型不同的盘花)。

③百变口布折花比赛：比质量、比速度、比创新，并相互点评。

④围绕不同餐饮活动的主题设计口布花(如百年好合、寿比南山、春意盎然等)。

实训环境：模拟餐厅实训室。

实训方法和步骤：以非洲香蕉为例。

①将餐巾沿对角线折叠成等边三角形。将三角形的两底角向顶角折叠，折成正方形。

②将下面的角向上翻折至离顶角有一小段距离。

③将刚折上来的角往下翻折至底边中心。用左手将翻折下的顶角固定在底边中心，然后准备翻面。一手按住三角形，另一手将一边底角向中间折入约底边长的1/3。同样处理另一边的角。两个折起的角是可以插到一起的。

④右手四指插入底部将之撑成圆筒形，然后把两边露出的小角往下翻，整理成型。

习　题

1. 口布的种类有哪些?
2. 口布花的造型有哪些?
3. 口布折花的基本技法有哪些?
4. 口布折花的注意事项有哪些?

项目 15　中西餐摆台

☞ **知识目标**　掌握餐具基本类型及中西摆台常识。

☞ **技能目标**　掌握中餐摆台技能；掌握西餐摆台基本技能。

15.1　中餐餐具

①餐碟　是目前普遍作为宴会中吃冷、热菜和接骨、刺等的盘。一般选用直径为 7 英寸(1 英寸 =2.54 cm)的圆盘。

②筷子　筷子种类很多，有象牙筷、红木筷、黄杨木筷、漆筷、竹筷等。平时一般使用漆筷，宴会则使用红木筷、象牙筷等。

③筷架　为提高宴会的规格，增强宴会桌的气氛，用筷架将筷子前端架起，避免筷子与台面接触，以保证用具清洁卫生。筷架有瓷制、木制、竹制、金属等制品，造型各异。

④汤勺　瓷制的汤勺一般放在汤碗里，用来喝汤、吃甜品或带有汤汁的菜肴。金属制长柄汤勺主要作为公用勺，摆放在架上备用。

⑤汤碗　是专门用来盛汤或吃带有汤汁菜肴的小碗。

⑥调味碟　是盛放辣酱、姜汁等调味品的小碟。

⑦杯具　包括烈性酒杯、红葡萄酒杯、黄酒杯、饮料杯等。

⑧其他用具　包括公架、酱醋壶、盐胡椒盅、茶杯及杯垫、牙签、烟灰缸等物品。

15.2　中餐摆台要求

摆台是服务人员根据就餐人数和规格，将各种餐具规范有序地铺设到餐桌上的服务工作。各地区、各饭店摆台方式大体相同，但有些饭店也会根据实际就餐情况规范自己的摆台方式，最终目的都是方便客人就餐和服务。

15.2.1　中餐摆台种类

中餐摆台有两种：便餐摆台和宴会摆台。

15.2.2　准备工作及注意事项

①检查周围就餐环境卫生是否符合要求，餐桌餐椅是否牢固安全，摆台餐用具是否

齐全。

②摆台前将双手洗净消毒。

③检查台布是否干净，是否有损坏、褶皱。

④检查餐具、玻璃器皿、调味品等是否有损坏、污迹及手印，是否清洁光亮。如发现有，要及时更换。

⑤宴会摆台要了解就餐客人的人数、国籍、菜单等基本情况。

⑥摆台时，要求餐具图案对正，距离均匀，合格标准，整齐美观。

⑦摆放餐具既要做到清洁卫生，又要有艺术性；既要方便宾客使用，又要便于服务人员服务。

⑧折叠餐巾花要注意客人的风俗习惯，避其忌讳。

15.2.3　中餐摆台拿取餐具的具体要求

(1)中餐摆台要求

①餐具摆放要求相对集中，整齐一致，配套齐全。

②餐具摆放距离相等，图案、花纹对正，符合规范。

③涉外宴会摆台要求符合各国、各民族的礼仪习俗，席位安排根据对方传统习惯规定。

(2)中餐拿取要求

①拿取餐具一律使用托盘。

②拿酒杯、水杯时应握住杯脚部分；拿取银器或不锈钢器皿时，应拿柄部及边沿；拿瓷器时，应尽量避免手指与边口的接触，减少污染；落地后的餐具，未经清洗消毒不得继续使用。

15.3　中餐摆台

15.3.1　中餐宴会摆台

(1)席位安排

宴会座次安排是根据宴会的性质、主办单位和主人的特殊要求及出席宴会的客人身份确定其相应的座位。座次安排必须符合礼仪规格，尊重风俗习惯，便于席间服务。

①确定主人位置　主人位置的安排原则是面向正门，使主人能纵观全局。多桌宴会各桌主人位置的确定有两种方法：各桌的主人位置与主桌的主人位置相同并朝向同一个方向；各桌主人位置与主桌主人位置遥相呼应，即台形的左右边缘桌次主人位相对并与主桌主人位成90°，台形底部边缘桌主人位与主桌主人位相对，其他桌次的主人位与主桌的主人位相对或朝向同一方向，如图15-1所示。

②宾客的座次安排　正式宴会一般均安排座次，有的只安排部分宾客的座次，其他人员可自由入座。大型宴会事先将宾客的桌号打印在请柬上，使宾客根据桌号和座卡迅速找到自己的座位。

座卡通常由酒店根据主办单位提供的主人和来宾的身份、地位、年龄等信息填写，要

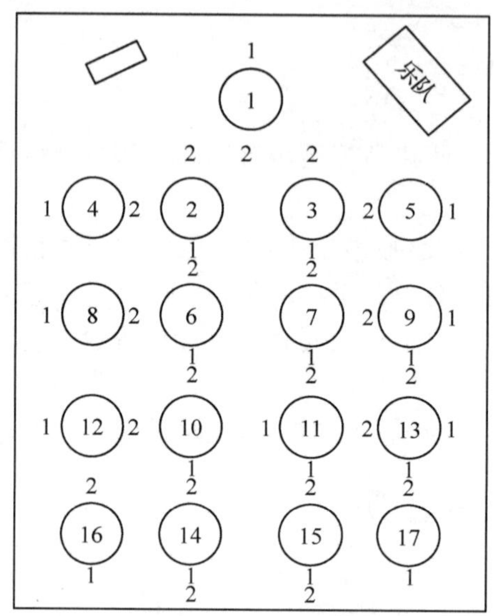

图 15-1　宴会座次安排

求字迹清楚，可用毛笔、钢笔或打印，一般中方宴请将中文写在上方，外文写在下方；若外方宴请则将外文写在上方，中文写在下方。

10 人正式宴会座次安排是：主人坐在厅堂正面，副主人与主人相对而坐。主人的右左两侧分别安排主宾和第二主宾座席，副主人的右左两侧分别安排第三宾和第四宾的座席，主宾、第三宾的右侧为翻译的座席。也可安排为主人的左侧是第三宾，副主人的左侧是第四宾，其他座位是陪同、翻译席，如图 15-2 所示。

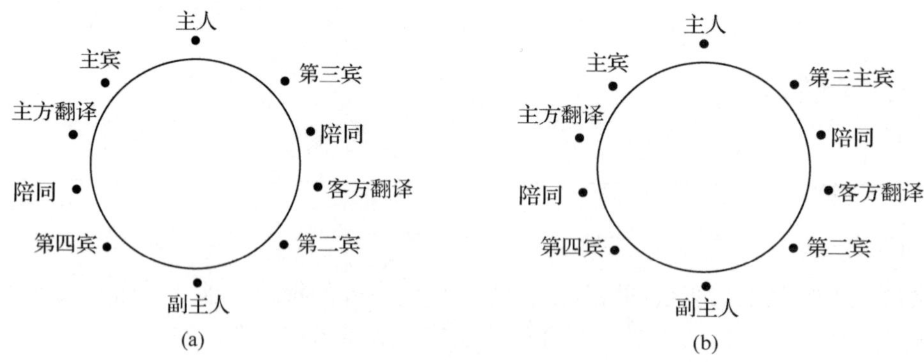

图 15-2　10 人正式宴会座次安排

中国传统宴会 12 人台席位安排是：婚宴、寿宴的座次安排应遵循中国传统的礼仪和风俗习惯，一般原则是“高位自上而下，自右而左，男左女右”，如图 15-3 所示。

在国际交往中，若主宾身份高于主人，为表示对宾客的尊重，可把主宾安排在主人席位上，而主人则坐在主宾的席位上。主宾有夫人参加宴会，而主人的夫人未能出席时，可以请身份相当的妇女坐在副主人位。

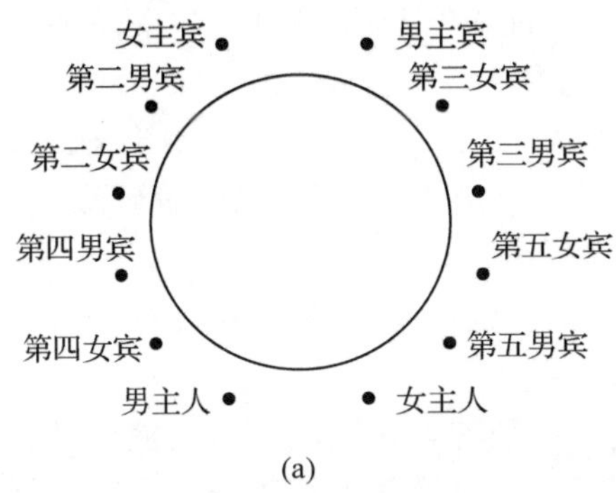

(a)

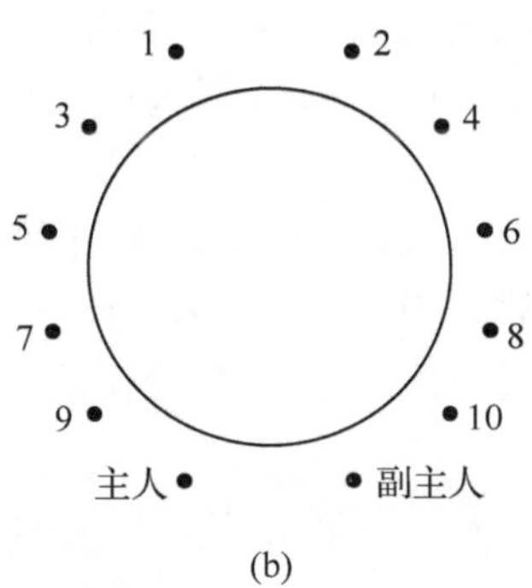

(b)

图 15-3　中国传统宴会 12 人席位安排

(2)整理餐椅

按宴会出席人数配备餐椅，以 10 人台为例，餐椅摆成三二式，即正副主人侧各放三把餐椅，另两侧各放两把餐椅，椅背在一条直线上。

(3)铺台布

常用的方法有推拉式、抖铺式、撒网式三种。

①推拉式　服务员站在主人或副主人位，右脚在前，左脚在后，身体略向前倾。将台布纵向打开，用双手将台布逐渐向两侧拉开，再用拇指与食指捏住台布靠近身体一侧的边缘，其余三指将台布平行打折2~3 次，然后用两手臂力将台布沿着桌面向胸前合拢，并迅速沿桌面用力向前推出，再缓慢拉回到位。此法多用于场地狭窄、客人就座等候用餐等情况。

②抖铺式　服务员双手将台布打开，平行打折后将台布捉拿至胸前，身体呈正位站立式，利用双腕的力量，将台布向前一次性抖开并平铺于餐桌上。此法适用于较宽敞的餐厅或四周无客人就座的情况。

③撒网式　服务员用双手将台布打开，平行打折后将台布提拿至胸前，左臂微抬，呈左低右高之式。上身向左转，下肢不动，当腰部向右扭动，身体恢复正位站立姿势时，将台布斜着向前撒出去。在台布逐渐下落时，拇指与食指捏住台布靠近身体侧的边缘，调整好台布最后的落定位置。

铺台布前应仔细检查台布，不洁或破损的不能使用。铺台布时要动作连贯、干净利落、一次到位，注意用力得当，避免台布与地面接触。

铺好的台布正面朝上，平整无折皱，中心线对准正、副主人位，十字中心点居桌中，台布四角对准桌脚，四周下垂均等。

(4)放转盘

放上转盘底座及转盘，并居于台面中心。检查其转动是否灵活，有无摆动、杂音等。

(5)围桌裙

中餐宴会常用桌裙美化餐台。操作时应从陪同和翻译位开始，按顺时针方向绕台进行。要求桌裙边缘与桌面平齐。

(6)摆餐具

①摆餐碟　左手下垫餐巾将餐碟托起，从主人位开始按顺时针绕台依次摆放。餐碟边距桌边 1.5 cm，碟中图案或店徽要端正，餐碟之间距离相等。

②摆汤碗、汤匙、味碟　在餐碟中心与桌面中心连线的左右两侧分别摆放汤碗和味

碟，二者之间距离 1 cm，横向直径在一直线上，且该线与餐碟中心和桌面中心的连线垂直。汤碗距餐碟 1 cm，汤匙放在汤碗中，匙柄朝左。

③摆筷架、长柄勺、筷子、牙签　汤碗与味碟横在一条直线上。摆筷架，长柄勺、筷子放在筷架上(或勺柄与餐碟相距 3 cm)，筷尾距桌边 1.5 cm，并与餐碟纵向直径平行。袋装牙签放在勺子与筷子中间，并与勺柄末端平齐。

④叠餐巾花　动作娴熟，造型美观，突出正、副主位，注意客人的风俗习惯，避其忌讳。

⑤摆酒具　在餐碟中心与桌面中心的连线上，汤碗与味碟的前方摆放红葡萄酒杯，其左右两侧分别摆放水杯和烈酒杯，三杯横向直径成一直线并平行于汤碗与味碟横向直径的连线。

⑥摆茶碟、茶杯　茶杯扣放在茶碟里，杯耳朝右。茶碟边距筷子及桌边均为 2 cm。

⑦摆公用餐具　在正、副主人杯具的前方，各摆放一个筷子架或餐盘，其上横放公用筷和公用勺，筷子靠近桌心，筷尾朝右，勺柄朝左或右，匙、筷中心点在台布中线上。

(7)摆餐椅

椅背中心对准餐碟中心，椅间距离相等；椅面前端与台裙或下垂的布相切，椅背绕成圆形。

(8)复查摆台

全部餐用具摆好后，再次检查、整理，注意整体效果。

①摆台前，服务员要洗手消毒，检查有无破损或不洁的餐具，如发现要及时更换。

②摆台时，从主人位开始按顺时针方向依次进行。

③摆放餐具时要轻拿轻放，注意碟碗拿边、勺拿柄、杯拿下半部或杯柄。

④各种餐具、酒具的摆放要相对集中。

⑤餐用具摆放的尺寸应以方便宾客为原则，兼顾美观性。有些酒店已将餐碟、筷尾等与桌边的距离调到 3~5 cm。

15.3.2　中式零点摆台

①铺台布　按中餐铺台布方法铺好台布。

②骨碟定位　均匀摆放于 10 座的席位上，距桌边 2 cm。

③摆放汤碗、汤勺　汤碗距骨碟 1 cm，左上方 45°，汤匙把朝左。

④摆放筷子、筷架　筷架放于骨碟右侧，筷子放于筷架上，筷尾距桌边 2 cm，距骨碟 1 cm。

⑤摆放水杯、红酒杯、白酒杯　红酒杯距骨碟 1 cm，水杯距红酒杯 1 cm(左侧)，白酒杯距红酒杯 1 cm(右侧)，三种酒杯成一直线。

⑥公用餐具的摆放　正、副主人位前各摆一套，餐具应放于碟上，中间放筷子，入口端在右边；上放勺、把朝右，下放叉，把朝右。牙签盅摆置于主宾、主陪中间，距离转盘边缘 3 cm。

具体操作要求见表 15-1。

表 15-1 中餐主题宴会摆台操作程序及标准

项 目	操作程序及标准	备注
台布	台布定位准确，十字居中，凸缝朝向主副主人位	
	下垂均等，台面平整	
桌裙或装饰布	桌裙长短合适，围折平整或装饰布平整	
	四周下垂均等	
餐椅定位	从主人位开始拉椅定位	
	座位中心与餐碟中心对齐	
	餐椅之间距离均等	
	餐椅座面边缘距台布下垂部分距离 1.5 cm	
餐碟(或装饰盘)定位	餐碟定位、标志对正	
	碟间距离均等，相对餐碟与餐桌中心点三点一线	
	距桌沿 1.5 cm	
	拿碟手法正确(手拿餐碟边缘部分)、卫生	
味碟、汤碗、汤勺	味碟位于餐碟正上方，相距 1 cm	
	汤碗摆放在味碟左侧 1 cm 处	
	汤碗、味碟的中心点在一条水平直线上	
	汤勺放置于汤碗中，勺把朝左，与餐碟平行	
筷架、筷子、长柄勺、牙签	筷架摆在餐碟右边，位于筷子上部1/3处	
	筷子、长柄勺搁摆在筷架上，长柄勺距餐碟 3 cm	
	筷尾距餐桌沿 1.5 cm，筷套正面朝上	
	牙签位于长柄勺和筷子之间，牙签套正面朝上，底部与长柄勺齐平	
葡萄酒杯、白酒杯、水杯	葡萄酒杯在味碟正上方 2 cm	
	白酒杯摆在葡萄酒杯的右侧，水杯位于葡萄酒杯左侧，杯肚间隔 1 cm	
	三杯成斜直线，与水平线呈 30°，如果折的是杯花，水杯待餐巾花折好后一起摆上桌	
	摆杯手法正确(手拿杯柄或中下部)、卫生	
餐巾折花	花型突出主位，符合主题、整体协调	
	折叠手法正确、卫生、一次性成形、花型逼真、美观大方	
菜单、主题名称牌	菜单摆放在筷子架右侧，位置一致(两个菜单则分别摆放在正副主人的筷子架右侧)	
	主题名称牌摆放在花瓶(花篮或其他装饰物)正前方、面对副主人位	
酒水斟倒	从主宾位开始，顺时针为邻近的 5 位客人斟倒酒水	
	将红、白酒瓶放在托盘内，端托斟酒姿势规范	
	斟倒酒水时，酒标朝向客人，在客人右侧服务	
	斟倒酒水的量：白酒 8 分满；红葡萄酒 5 分满	
	斟倒酒水时每滴一滴扣 1 分，每溢一滩扣 3 分(本项扣分最多 4 分)	

（续）

项　目	操作程序及标准	备注
主题创意	台面设计主题明确，创意新颖独特，具有时代感	
	主题设计能紧密围绕主题	
	主题设计外形美观，具有较强观赏性，主题设计规格与餐桌比例恰当，不影响就餐客人餐中交流	
	现场制作中心艺术品	
台面用品	台面用品颜色、规格统一，整体美观，具有强烈艺术美感	
	布草色彩、图案与主题相呼应	
	台面用品、布草（含台布、餐巾、椅套等）的质地环保，选择符合酒店经营实际	
菜单设计	菜单设计的各要素（如颜色、背景图案、字体、字号等）合理，与主题一致，菜单整体设计与餐台主题相统一，外形有一定艺术性	
	菜品设计（菜品搭配、数量及名称）合理，与主题一致	
	菜品设计能充分考虑成本等因素，符合酒店经营实际	
服装	选手服装及装饰符合酒店工作要求	
	服装设计与主题呼应	
总体印象	操作过程中动作规范、娴熟、敏捷、声轻	
	操作过程中注意卫生，姿态优美	
	操作规范，表现出良好的职业素养	
	主题设计具有可推广性	

15.3.3　理解中餐座次安排

中餐座次的安排主要体现在宴会座次的安排。要根据参加宴会的人数安排桌次，合理地确定各桌位置；突出主桌，在宴会厅内开辟主通道，以便于宾客和服务员行走；根据参加宴会宾主的身份来确定其相应座位。

（1）座次安排

宴会座次安排原则：主人座在厅堂正面，副主人与主人相对而坐；一般在主人右侧安排主宾，副主人右侧是次宾，主人左侧是第三宾客，副主人左侧是第四宾客，其他座位为陪同席。目前，主宾席位排在主人的右侧，主要遵循“右为上，右为尊”的习惯。

（2）桌次安排

宴请时除了要注意席位安排以外，还应当认真安排好桌次，因为中餐宴请时非常讲究桌次。桌次的排位原则：

①中心第一　即安排时要突出主桌。主桌放在上首中心，以突出其设备和装饰；必要时主桌的台布、餐椅、餐具的规格应高于其他餐桌。

②高近低远　即桌次的高低决定客人身份的高低，以离主桌位置的距离而定，近者高，远者低。

③先右后左　即以面向正门而定，右为尊，左为卑，也就是主人右席的地位高于主人左席的地位。

④方便合理 指桌次布局时留有通道，方便客人进出和服务人员服务操作。

15.4 西餐摆台

15.4.1 西餐摆台种类

西餐摆台有两种：零点摆台和宴会摆台。

15.4.2 准备工作及注意事项

①检查周围就餐环境是否符合卫生要求，餐桌餐椅是否稳固安全。

②摆台前将双手洗净消毒，准备各类餐具、玻璃器皿、台布、餐巾或餐巾纸等。

③检查台布是否干净，是否有损坏、褶皱。

④检查餐具、玻璃器皿、调味品等是否有损坏、污迹及手印，是否清洁光亮。如有要及时更换。

⑤摆台时，按照一铺台布，二拉椅，三展示盘，四调料用具、烛台，五餐具摆放，六酒水杯、盘花的程序进行。

⑥摆放餐具时应注意手拿瓷器的边沿、刀叉匙的把柄、酒具的下半部分。

⑦操作顺序从主位开始，顺时针依次摆放。

⑧托盘姿势要正确，不搁臂、不碰胸、腰，操作时要拉开、端稳，行走轻松自然。

15.4.3 摆台要求

①餐盘正中，左叉右刀，叉尖朝上，刀刃朝盘，从里向外。

②各种餐具横竖成线，距离均等。

③餐具齐全，配套分明，整齐划一，美观实用。

西餐摆台具体的标准见表 15-2。

表 15-2 西餐摆台标准及要求

项　目	项目评分细则	备注
台布	台布中凸线向上，两块台布中凸线对齐	
	两块台布面重叠 5 cm	
	主人位方向台布交叠在副主人位方向台布上	
	台布四边下垂均等	
	铺设操作最多 4 次整理成形	
席椅定位	摆设操作从席椅正后方进行	
	从主人位开始按顺时针方向摆设	
	席椅之间距离基本相等	
	相对席椅的椅背中心对准	
	席椅边沿与下垂台布相距 1cm	

（续）

项　目	项目评分细则	备注
装饰盘	从主人位开始顺时针方向摆设	
	盘边距离桌边 1 cm	
	装饰盘中心与餐位中心对准	
	盘与盘之间距离均等	
	手持盘沿右侧操作	
刀、叉、勺	刀、勺、叉由内向外摆放，距桌边距离符合标准(标准见“注”)	
	刀、勺、叉之间及与其他餐具间距离符合标准(标准见“注”)	
面包盘、黄油刀、黄油碟	摆放顺序：面包盘、黄油刀、黄油盘	
	面包盘盘边距开胃品叉 1 cm	
	面包盘中心与装饰盘中心对齐	
	黄油刀置于面包盘右侧边沿1/3处	
	黄油碟摆放在黄油刀尖正上方，相距 3 cm	
	黄油碟左侧边沿与面包盘中心成直线	
杯具	摆放顺序：白葡萄酒杯、红葡萄酒杯、水杯(白葡萄酒杯摆在开胃品刀的正上方，杯底中心在开胃品刀的中心线上，杯底距开胃品刀尖 2 cm)	
	三杯成斜直线，向右与水平线呈 45°	
	各杯身之间相距约 1 cm	
	操作时手持杯中下部或颈部	
花瓶(花坛或其他装饰物)	花瓶(花坛或其他装饰物)置于餐桌中央和台布中线上	
	花瓶(花坛或其他装饰物)的高度不超过 30 cm	
烛台	烛台与花瓶(花坛或其他装饰物)相距 20 cm	
	烛台底座中心压台布中凸线	
	两个烛台方向一致，并与杯具所呈直线平行	
牙签盅	牙签盅与烛台相距 10 cm	
	牙签盅中心压在台布中凸线上	
椒盐瓶	椒盐瓶与牙签盅相距 2 cm	
	椒盐瓶两瓶间距 1 cm，左椒右盐	
	椒盐瓶间距中心对准台布中凸线	
餐巾盘花	在装饰盘上褶，在盘中摆放一致，左右成一条线	
	造型美观、大小一致，突出正、副主人	
倒水及斟酒	为三位客人斟倒酒水(其中餐台长边 2 人，短边 1 人)	
	口布包瓶，酒标朝向客人，在客人右侧服务	
	倒水及斟酒的顺序为：水、白葡萄酒、红葡萄酒	
	斟倒酒水的量：水 4/5 杯；白葡萄酒 2/3 杯；红葡萄酒 1/2 杯	
	斟倒酒水时每滴一滴扣 1 分，每溢一滩扣 3 分	
托盘使用	餐件和餐具分类按序摆放，符合科学操作	
	杯具在托盘中杯口朝上	

（续）

项　目	项目评分细则	备注
总体印象	台席中心美化新颖、主题灵活	
	布件颜色协调、美观	
	整体设计高雅、华贵	
	操作过程中动作规范、娴熟、敏捷、声轻，姿态优美，能体现岗位气质	

注：1. 装饰盘；2. 主菜刀(肉排刀)；3. 鱼刀；4. 汤勺；5. 开胃品刀；6. 主菜叉(肉叉)；7. 鱼叉；8. 开胃品叉；9. 黄油刀；10. 面包盘；11. 黄油碟；12. 甜品叉；13. 甜品勺；14. 白葡萄酒杯；15. 红葡萄酒杯；16. 水杯。

各餐具之间的距离标准：(1)1、2、4、5、6、8 与桌边沿距离为 1 cm；(2)1 与 2，1 与 6，8 与 10，1 与 12 之间的距离为 1 cm；(3)9 与 11 之间的距离为 3 cm；(4)3、7 与桌边的距离为 5 cm；(5)6、7、8 之间，2、3、4、5 之间，12 与 13 之间的距离为 0.5 cm；(6)14、15、16 杯肚之间的距离为 1 cm。

餐具的作用

俗话说“人靠衣装，佛要金装。”好的菜品也一定要有好的包装，这包装，就是菜品的盛器，当然也包括盛载茶水、芥末、小食、酱醋的杯碟。

行业里所说的各种出品的“卖相”，也包括了盛器的因素。中小餐馆虽然不需像高档大酒店那样讲究盛器的精致，但是也绝不能马虎随便。正因为相当数量的小餐馆不太注意盛器的选择和维护，所以，如果有哪间小餐馆能够在盛器上讲究一点那么它就会显得突出，引人注目，给人留下深刻的印象。因为盛器的选择代表了一种品味和品位，在一定程度上也标识着餐馆的可信度。现在中小餐馆用餐的人，虽然他们不一定能经常上得起大酒店，但并不意味着他们就不讲究品味和品位。

实训项目：中餐摆台、西餐摆台。

实训目的：掌握各类中餐摆台的基本程序、方法和要求，台面撤换餐具及翻台的基本技能。

能力训练要求：

①三种铺台布方法。

②餐碟定位准确性。

③餐具、酒具摆放的规范性和熟练性。

实训环境：餐厅实训室。

1. 中餐摆台要求是什么？
2. 简述中餐摆台的程序。
3. 简述西餐摆台的程序。

项目16 斟 酒

☞ **知识目标** 了解并熟悉酒水的种类。

☞ **技能目标** 掌握酒水斟倒的基本技能。

基本知识

给顾客斟倒酒水或饮料是餐厅服务员的重要工作内容之一。餐厅服务员给顾客斟酒时，斟酒操作动作要正确、迅速、优美、规范，这样会给顾客留下美好的印象。餐厅服务员娴熟的斟酒技术及热忱周到的服务，会使参加饮宴的顾客得到精神上的享受与满足，同时还可以增添热烈友好的饮宴气氛。因此说，斟酒服务操作技术不仅需要服务者有广博的酒品知识和服务技术，还要具备相当文化知识和表演天赋。

16.1 斟酒准备

16.1.1 准备酒杯

餐桌上晶莹美观的各式酒杯，不仅能增添餐厅用餐的气氛，还能使酒水的特性得以更好地发挥。如将葡萄酒杯做成郁金香花型，是考虑到当酒斟至杯中最大面积处时，可使酒与空气充分接触，能将酒的香味完全释放出来。啤酒杯的容量大、杯壁厚，这样可较好地保持啤酒的冰镇效果；中国烈性酒杯容量较小，使杯中酒更显名贵与醇正。服务员应根据酒类品种配备酒杯，并检查酒杯的洁净及完好程度。

16.1.2 准备酒水

(1)基本准备

①开餐前备齐各种酒水。

②检查酒水质量，如发现瓶子破裂或酒水有悬浮物、浑浊、沉淀物应及时调换。

③擦拭瓶身，并分类摆放在酒水车上或酒水服务台上。

(2)最佳饮用温度

服务员要了解各种酒品的最佳奉客温度，并采取升温或降温的方法使酒品温度适合饮用。

①冰镇(降温) 许多酒的最佳饮用温度要求低于室内温度。啤酒的最佳饮用温度为4~8℃，白葡萄酒的最佳饮用温度为8~12℃，香槟酒和有汽葡萄酒的最佳饮用温度为4~8℃。要求对酒进行冰镇处理，这是向客人提供优质服务的一个重要内容。

冰镇的方法包括如下几种：冰块冰镇，将酒瓶放入盛有冰块的冰桶中10分钟左右，即可达到冰镇的效果；冰箱冷藏，啤酒和饮料需提前放入冰箱冷藏室，使其缓缓降至饮用温度；溜杯，除了对饮用酒进行降温处理外，对盛酒杯具也要进行降温处理。其方法是服务员手持酒杯的下部，在杯中放入 1 块冰快，转动杯子，使冰块沿杯壁滑动，以降低杯子的温度，常用于调制鸡尾酒。

②温酒(升温)　某些酒品需要在常温以上饮用更有滋味，如中国黄酒、日本清酒等，在饮用前应温热。

温酒的方法有水烫、烧煮、燃烧、将热饮料注入酒液或酒液注入热饮料中升温 4 种。

水烫法是将酒倒入温酒壶，再将温酒壶放入热水中升温。烧煮法是将酒倒入耐热器皿，直接置于火上升温。燃烧法是将酒倒入杯中，然后将杯子置于酒精内，点燃酒精升温。

注入法是将热饮注入酒液或将酒液注入热饮中升温。水烫法和燃烧法一般是当着客人的面操作。

16. 1. 3　示酒

示酒标志着斟酒服务的开始。示酒的方法是：服务员站在点酒客人的右侧，左手托瓶底，右手扶瓶颈，商标朝向客人，请客人辨认(表示对客人的尊重，核实有无差错)。

如果使用托盘托送多种酒水、饮料，应先略弯身，将托盘中的酒水、饮料展示在宾客的眼前，示意让宾客选择自己喜爱的酒水及饮料。待宾客选定后，服务员直起上身，将托盘托移到宾客身后。托移时，左臂要将托盘向外托送，避免托盘碰到宾客。然后从托盘上取下宾客所需的酒水进行斟倒。

16. 1. 4　开酒瓶

(1)葡萄酒开瓶

开瓶时尽量避免晃动瓶身，动作要准确、敏捷和果断。方法是：用开瓶刀割取下包装签封，用餐巾擦拭木塞顶部可能附着的霉或灰尘；将开瓶钻垂直钻入木塞内，轻轻将酒塞拔出，用力不得过猛，以防瓶塞断裂，此过程严禁转动或摆动酒瓶，以防酒中沉淀物泛起；用干净的餐巾擦拭瓶口，将拔出的木塞交与点酒的宾客。嗅辨瓶塞插入瓶内的部分，以检查瓶中酒是否有质量问题。开瓶后的封皮、木塞、盖子等杂物，可以放在小盘子里，操作完毕一起带走。万一软木塞有断裂危险，可将酒瓶倒置，用内部酒液的压力顶住木塞，然后再旋转酒钻。

(2)香槟酒开瓶

香槟酒开瓶方法是左手斜拿酒瓶，拇指压住塞顶，右手拧开铁丝并取下，用干净餐巾包住瓶塞顶部，左手依旧握瓶颈，右手握住塞子的帽形物，轻轻转动上拔，靠瓶内的压力和手拔的力量把瓶塞取出来，再保持倾斜数秒，防止酒液溢出。尽量避免瓶塞拔出时发出声音，尽量避免晃动。瓶口应对向无人区域，以防瓶塞飞出伤人。

(3)易拉罐饮料开启

左手托盘，在客人右侧用右手开启，不可对着客人开罐。开启啤酒和汽水前不可晃动易拉罐，避免液体外喷。

(4)铁盖饮料开启

用托盘将饮料托送至工作台，当众用扳手开启。

读一读

2001 年 6 月，上海浦东某外方管理的大酒店内，中国与中亚五国多边签字仪式结束，六国首脑手握装满香槟酒的商用香槟杯相互碰杯祝贺，细心的电视观众发现，他们碰杯时动作显得有些拘谨，杯与杯相接触时，首脑们小心翼翼的。请你分析这是为什么？

练一练

实训项目名称：斟酒。

实训目的：掌握各类斟酒的基本程序、方法和要求及相关的基本技能。

能力训练要求：各种酒类的基本斟倒方法。

实训环境：餐厅实训室。

习　题

1. 斟酒前的准备工作有哪些？
2. 简述斟酒服务的程序。

项目 17　上菜与分菜

☞ **知识目标**　掌握上菜与分菜的基本理论。

☞ **技能目标**　熟练操作常见菜品的上菜与分菜。

17.1　上菜服务

上菜服务是为宾客就餐服务的重要环节，也是餐厅服务人员必须掌握的基本技能之一。上菜具有一定的技巧和规则。

①上菜位置在陪同右边，在零点上应灵活掌握，以不打扰客人为宜，但严禁从主人和主宾之间上菜。

②上菜应按照顺序进行，冷菜—热菜—汤—面点—水果(要先冷后热，先高档后一般，先咸后甜)。

③宴会在开餐前 8 分钟上齐冷盘，上冷盘的要求：荤素搭配，盘与盘之间间距相等，颜色搭配巧妙；所有冷菜的点缀花垂直冲向转盘边缘，待客人入座 10 分钟后开始上热菜，并要控制好出菜和上菜的快慢。

④在零点，客人点了冷菜应尽快送上，点菜 10 分钟时要上热菜，一般要在 30 分钟内上完。

⑤上菜时应用右手操作，并用"对不起，打扰一下"提醒客人注意。将菜放到转台上(放菜时要轻)并顺时针转动转台，将所上的菜，转至主宾面前，退后一步，报菜名如："宫保鸡丁，请品尝"，并伸手示意，要声音洪亮，委婉动听，上每道菜时都要报菜名，视情况做适当介绍。

⑥上菜要掌握好时机，当客人正在讲话或正在互相敬酒时，应稍微停一会，等客人讲完话后再上，不要打扰客人的进餐气氛。上、撤菜时不能越过客人头顶。

⑦在上菜过程中如有新菜需上而转盘无空间时，应巡视台面情况。菜点剩的较少时可征询客人的意见："先生(小姐)这道菜可以给您换一个小盘吗?"同类菜品征询客人的意见："这道菜可以给你合盘吗?"已所剩无几的菜可征询客人的意见是否可以撤掉，客人同意后说谢谢。菜已经凉了的情况下征询客人的意见："这道菜可以给您加热一下吗?"

⑧上特色菜时，应用礼貌用语："各位来宾，这是特色菜×××，请您品尝并多提宝贵意见。"此间视情况对特色菜品给予适当介绍。

⑨菜上齐后应用礼貌用语，"您的菜已经上齐了"。

⑩上菜要注意核对台号、品名，避免上错菜；上菜的过程中要不推、不拉、不摞、不压盘子。随时撤去空菜盘，保持餐桌清洁、美观。

17.2 上菜时机

一般应根据餐别、各地的上菜规矩和习惯、宾客的要求和进餐的快慢灵活掌握。

①零点餐上菜时机冷菜应尽快送上，冷菜吃到剩1/3～1/2时上热菜。一般在30分钟左右上完全部菜品，也可根据宾客要求灵活掌握。

②宴会上菜时机冷菜可在宴会开席前10分钟左右摆上餐桌；宾客入席后，传菜员即可通知厨房准备出菜，当冷菜吃去1/2左右时，开始上第一道热菜；如有宾主祝酒词，通常在第一道菜基本吃完后，主人出来讲话，这时应把宾主讲话的大概时间通知厨房，控制好上菜节奏。随时注意宾客的进餐情况，避免出现空盘、空台、菜品堆积现象。

17.3 上菜顺序

中餐上菜顺序原则上根据宴会的种类、各地传统习惯和宾客的要求灵活安排，既不可千篇一律，又要按照相对稳定的上菜顺序来进行。一般原则是：先上冷菜后上热菜；上热菜时先上高档菜、重点菜，后上一般菜；先上本店名菜和时令菜，后上其他菜；先上咸味菜，后上甜味菜；先上浓味菜，后上淡味菜；适当穿插一些汤汁较多的烩、煮菜；点心一般穿插于大菜之间上，也有的在宴会即将结束时上；宾客就餐即将完毕时上水果。

零点餐上菜顺序没有严格的规定。可在遵循本原则的前提下，结合菜点烹制先后及进餐情况灵活掌握。

中餐宴会上菜的顺序是：第一道冷菜，第二道主菜（较名贵的菜），第三道热菜（有若干个，无规定顺序），第四道汤菜，第五道甜菜（随上点心），最后上水果。有些地方则是先上冷菜，再上汤，后上主菜和其他热菜。

17.4 要领

①仔细核对台号、品名和分量，特别是一桌多档的更要注意核对，以免出错。

②认真把关，如颜色、形状、卫生、数量是否符合标准，原材料是否新鲜，盛器是否合适等，如发现问题，立即采取措施。

③整理台面，留出空间。如果是满桌，应征求宾客意见后大盘换小盘、合并或帮助分派，严禁盘子叠盘子。

④带有佐料的菜肴时，要先上佐料后上菜，一次上齐，切勿遗漏。

⑤上需用手剥食的菜肴后，应及时提供洗手盅，盅内盛装温茶水（七成满左右），并对客人说："请用洗手盅。"同时为客人更换一次香巾。

⑥菜时要报菜名。用转盘上菜时，应将菜肴转至主宾面前，再报菜名；名菜、特色菜应简单介绍风味特点、食用方法、烹调方法或历史典故等。

⑦每次上菜前一般要说"先生（女士），请慢回身"；上第一道热菜时说"对不起，让您

久等了”；所有菜肴上齐后应礼貌地告诉主人：“您的菜上齐了，请慢用。”并问宾客还需要什么食品或是否需要其他服务。

⑧如果有小孩同桌就餐，一定要将热菜、汤羹远离孩子并提醒成年人注意。

⑨干锅、锅仔等用酒精加热的菜肴在上菜时要注意安全，避免烫伤或翻洒事故。

⑩如某道菜迟迟未上，应及时向厨房查询，并向客人表示歉意：“对不起，耽误了您很长时间。”

⑪上芡汁较多或粒状菜肴时需加公用勺。

17.5　上菜的注意事项

①服务人员要端平走稳，轻拿轻放。

②切不可从宾客肩上、头顶上越过，以免发生意外。

③忌“推”和“蹴”，保持盘底、盘边干净。

④拇指不可伸到菜盘内。

17.6　菜肴的摆放格局

摆菜的基本要求是讲究造型艺术、注意礼貌、尊重主宾、方便食用。

①摆放的形状要讲究艺术性，即“一中心、二直线、三三角、四四方、五梅花”，并注意盘间距离相等。

②主冷菜、大菜中的头菜、汤菜，如炖品、暖锅、火锅、砂锅等，一般应摆在餐桌中间位置。

③各种菜肴要对称摆放。注意颜色、形状、盛器等对称和荤素、口味的搭配。

④菜肴看面朝向主宾。主冷菜、头菜的最佳欣赏面朝向主宾，其他菜的看面朝向四周，如烤乳猪、冷碟孔雀开屏等，其头部都朝向主宾。

⑤上一道菜，都要先将餐桌上的菜肴进行一次位置调整，将剩菜移向副主人一边，新菜放在主宾的面前，以示尊重。

⑥上整形菜。我国传统的礼貌习惯是“鸡不献头，鸭不献尾，鱼不献脊”，即上菜时将其头部一律向右，脯(腹)部朝主宾，或根据当地的上菜习惯来摆放。

⑦如一桌有几批客人，各自的菜肴摆放要相对集中，相互间要留有一定的距离。

⑧长盘要横向朝主人。

17.7　特殊中式菜肴的上菜与服务方法

(1)原盅炖品菜肴

将炖品上桌后当着客人的面启盖，以保持炖品的原味，并使香气在席上散发。启盖时要将盖子翻转过来再移开，以免水滴落在宾客身上。

(2)有包装的菜肴

上泥包、纸包、荷叶包菜肴，要先将菜肴上桌让客人观赏后，再拿到备餐台上当着客人的面去掉包装，以保持菜品的香味和特色，并确保餐桌卫生。

(3)拔丝类菜肴

上菜前先将凉开水碗和分菜筷子摆在转盘上。用汤碗盛装热水，将装有拔丝菜的盘子搁在汤碗上用托盘端送上桌，以防糖汁凝固。

(4)有声响的菜肴

①锅巴类菜肴　将锅巴与汤汁分装两处，以最快的速度端上桌，随即把汤汁均匀浇在锅巴上，使之发出声响。这一系列动作要连贯，否则此菜将失去应有效果。服务时要注意安全。

②铁板类菜肴　铁板温度极高，操作时注意不要被烫伤，上桌后应提醒客人往后避让。左手掀起菜盖，右手将菜肴均匀倒在铁板上，迅速盖上菜盖，稍候片刻后，揭起菜盖并翻转过来，以免水滴在餐桌或宾客身上。

(5)清蒸大闸蟹

吃大闸蟹时必须上姜醋并略加白糖，以利去寒去腥；同时上蟹钳、洗手盅和小毛巾；吃完后要为每位宾客上一杯糖姜茶暖胃。

(6)易变形的油炸菜

油炸菜肴一般需配番茄酱或花椒盐；上菜要迅速，以保持菜肴的形状和风味。

(7)吃清蒸水产类菜肴

此类菜需配姜醋汁，上菜速度要快，否则冷却后有腥味。

(8)生日蛋糕

先插好并点燃蜡烛，减弱餐厅光线，用托盘或餐车送上蛋糕，以烘托气氛。按来宾的人数切分蛋糕，注意要将最好看的那一份分给过生日的人，并为客人送上擦手毛巾。

17.8　分菜基础知识

17.8.1　分菜方式

①桌上分让式　是指服务员用左手将菜品托起，右手持分菜工具将需要分让的菜品派送到客人餐盘中的一种分菜方法。此方法适用于分热炒菜和点心。

②旁桌分让式　是指服务员将客人的菜品摆放到餐桌展示后，再移向工作台上为客人分让菜品的一种方法。此方法适用于分整形菜品。

③二人合作式　是由二人合作将菜品派入客人盘中的分菜方法。此方法适用于客人较多的宴会。

④台分菜法　是服务员将菜品上桌展示后，在转台上为客人分让菜品的一种方法。此方法适用于分让冷菜。

17.8.2　分菜顺序

桌上分让式分派菜品时，服务员站在客人的左侧操作，按先宾后主的顺序依次分派。采用旁桌分让式分让菜品时，服务员在备餐台上进行分派菜品，然后将分好的菜品按顺时针方向先宾后主的顺序依次送上。

17.8.3　分菜要求

①分菜应从主宾开始，按顺时针方向依次进行。

②分菜工具通常使用服务叉、匙，分汤、羹时使用长柄汤匙，分鱼、面条等时还需要用刀、筷子等。

③分菜应主动、迅速，不能等客人开始食用后再分菜。

④主菜时不要将手伸入客人的盘碟中或将汤汁带出盘碟外面，以免滴在客人身上或餐桌上。

⑤尽量做到一勺准、一叉准，菜量尽量分到均匀一致，不要让客人有厚此薄彼的感觉。切忌出现一碟分两勺或多分后收回的现象。

⑥菜完毕后，根据不同菜品的数量应有一定余量，以示菜品丰盛，也可让喜欢该菜的人添加。如是高档菜肴，应一次分均、分光。

⑦分菜时应均匀，包括荤素搭配均匀、汁菜搭配均匀等。头、尾、骨、刺等不能分给客人。

17.9　分菜程序与标准

17.9.1　桌上分让式

服务员将菜盘底部垫上干净的餐巾，左手托起，右手持分菜叉匙，站在客人的左后侧。左脚向前伸入两椅之间，左手持菜盘向前为客人展示菜品，将匙面向上，用右手食指和拇指夹住叉柄，其余三指夹住匙柄，身体稍向前倾，用匙叉将菜品夹起，派入客人餐盘中，分让菜品时尽量做到等量均匀，注意不要将汤汁洒在客人的身上。

17.9.2　旁桌分让式

服务员向客人展示介绍菜肴后，移向工作台，用分菜的标准方法将菜肴分到准备好的餐具中，把分好的菜品放到托盘上，按先宾后主的顺序从客人左侧依次送上。

17.9.3　二人合作式

两位服务员共同完成分菜服务。其中一位值台员站在上菜口展示介绍菜肴后，将菜品摆放到自己的面前，右手持公用筷，左手持长把公用勺，由另一位服务员将每位宾客的餐碟移到分菜值台员近处或转台上，由分菜值台员进行分派，然后另一位服务员将分派好的菜品从客人左侧依次为客人送上。

17.9.4　转台分菜法

服务员将菜品向客人展示介绍后，右手持握服务叉匙从转盘上将所上菜品按先宾后主的顺序依次分入客人的餐碟中，边走边转边分。分菜完毕（剩 1/5 左右），整理余菜，放上服务叉匙，转至主宾面前，请客人慢用。

17.10　特殊菜品的分菜方法

①分让鱼类菜肴　服务员左手用服务叉按住鱼头，右手持餐刀先在鱼颈和鱼尾处各切一刀，然盾顺着鱼脊从头向尾划开，将鱼肉从中间剥开，顺鱼骨分放两侧，剔去中间鱼骨刺，再将两侧的鱼肉回复原样，浇上原汁，待鱼汁浸透鱼肉后，再分块进行分让。

②分让冬瓜盅　分让冬瓜盅要特别小心。首先用汤勺轻轻地把冬瓜盅面上的火腿茸刮到汤里，然后用汤勺轻轻地刮下部分瓜肉，将汤料、瓜肉均匀地分给客人，最后用刀、叉将冬瓜上半部约 3 cm 左右的瓜皮削去，便于第二次分让。由于分让后的瓜皮很薄，容易破裂，所以必须横切去上部瓜皮后再进行二次分让。

③分让拔丝类菜肴　拔丝类甜菜，必须配上凉开水。分让时用公用筷将甜菜夹起，迅速放入凉开水中浸一下，然后送入宾客餐盘中，分让的动作要连贯、快速，做到即拔、即浸、即食。

17.11　分菜的注意事项

①分菜时，所需的餐用具应干净卫生、无破损、无污染。

②分菜时注意手法卫生。手不要接触到菜品，如有需要接触的菜品，应戴上一次性手套进行操作。

③分菜时，分菜工具不能在盘底刮出很大响声，以免影响宴会用餐气氛。装盘时，要保持餐具内外的整洁、美观、大方。

④分菜时，切忌将掉在桌上的菜品拾起分给宾客，应用干净的布巾包好拾起拿走。

⑤分送菜品时，不可越位(即隔人上菜)，更不可从客人肩或头上越过。

⑥分菜时，要做到心中有数，将菜肴优质的部分分让给主宾和客人。

⑦遇有儿童参加的宴会，应先分给儿童，然后按顺序进行常规服务。

⑧遇有老年人参加的宴会，应采用快分慢撤的方法进行；或在分菜时先少分，然后酌情添分。

案例 1

某四星级酒店里，富有浓郁民族特色的贵妃厅热闹非凡，30 余张圆桌座无虚席，主桌上方是一条临时张挂的横幅，上书“庆祝××集团公司隆重成立”。今天来此赴宴的都是商界名流。由于人多、品位高，餐厅上自经理下至服务院从早上开始就换地毯、装电器、布置环境，宴会前 30 分钟所有服务员均已到位。

宴会开始，一切正常进行。值台员早已接到通知，报菜名、递毛巾、倒饮料、撤盘碟，秩序井然。按预先的安排，上完“红烧海龟裙”后，主人要祝酒讲话。只见主人和主宾离开座位，款款走到话筒前。值台员早已接到通知，在客人杯中已斟满酒水饮料。主人、主宾身后站着一位漂亮的服务小姐，手中托着装有两杯酒的托盘。主人和主宾简短而热情的讲话很快便结束，服务员及时递上酒杯。正当宴会厅内所有来宾站起来准备举杯祝酒时，厨房里走出一列身着白衣的厨师，手中端着刚出炉的烤鸭向各个不同方向走出。客人不约而同地将视线转向这支移动的队伍，热烈欢快的场面就此给破坏了。主人不得不再一次提议全体干杯，但气氛已大打折扣了。客人的注意力被转移到厨师现场分割烤鸭上去了。

评析：

涉外酒店因其豪华高贵的气派，其功能早已超出向客人提供住宿、饮食、休息等基本服务的范畴。酒店的餐厅更是面向社会。酒店现在往往是当地名流雅士最爱光顾的交际场所，大型会议、重要活动、婚礼宴请越来越多地安排在酒店举行，以示举办者的热情、气派与品位。

大型宴会有其自身的服务规范，从零点餐厅调往宴会厅的服务员必须经过培训，了解宴会服务的程序和标准。

按大型宴会要求，在有人致词时，除了要做好本例中已介绍过的那些程序外，还需通知厨房，这期间不能送菜出来，即使菜已煮好，也因采取措施保温，例如加上保温盖等，宴会厅内不准有人随便走动，也不可讲话或发出其他声音，以显示酒店对参加宴会主宾的尊重。在客人发表演讲或祝酒讲话时，服务员通常应站立两旁，保持端正的姿势，与他人一起聆听讲话，此时的厅内除讲话声外不允许有其他的杂音。

本例中酒店的服务总的说来还不错，只是厨房在不应出菜的时候出了菜，这便严重影响了所有出席者对本次宴会的评价，从而可能影响饭店的声誉，令人扼腕叹息。

案例2

一家老小，三世同堂，聚在一家酒店给老人过七十大寿，甚喜甚欢，临近宴会结束，餐厅经理领着众多员工推出生日蛋糕，齐唱生日快乐歌，客人很是感动。老人吹蜡烛之后，请员工帮忙分一下蛋糕，小王用器具把蛋糕上的巧克力老寿星造型轻轻取下，置放到过生日的老人面前，一句：祝您寿比南山，福如东海，然后熟练地把蛋糕分割给每一位客人。老人深深的凝聚着眼前的寿星造型，激动的直夸小王会干事儿。老人满意，一家人也就满意了。

评析：

其实小王并没有做多么惊人之举，只是细心地把保留具有代表意义的寿星造型保留给了老人，让老人感觉到一丝惊喜。

练一练

训练1：练习桌上分菜

①具体要求：按餐厅中级服务师考证标准，在规定时间内能熟练、规范、卫生地进行操作，并注意面部表情与服务敬语的使用。

②物品准备：分菜叉匙，装有花生的菜盘，餐巾布。

③场地：中餐实训室。

④桌上分让式操作程序与标准，见下表。

桌上分让式操作程序与标准

分菜方式	程序与标准	补充说明
桌上分让式	①服务员将菜盘底部垫上干净的餐巾；②左手托起菜盘，右手拿分菜叉匙，站在客人左后侧，左脚向前伸入两椅之间；③左手持菜盘向前为客人展示菜品，将匙面向上，用右手食指和拇指夹住叉柄，其余三指夹住匙桶，身体稍向前倾，用匙叉将菜品夹起，派入客人餐盘中；④分让菜品时尽量做到等量均匀，注意不要将汤汁洒在客人的身上	①分菜时呼吸要均匀；②头离客人不要太近；③分让菜肴要均匀、动作要娴熟；④操作手法要卫生

训练2：练习分鱼

①具体要求：能熟练、快速、卫生地完成为客人分鱼，并保持鱼形的完整与美观。

②物品准备：分菜叉、刀、匙，餐巾布，新鲜且蒸好的鱼。

③场地：中餐实训室。

④分鱼具体程序和方法，见下表。

分鱼具体程序和方法

菜式	具体分菜程序和方法
分让鱼类菜肴	①服务员先将鱼身上的配料拨到一边，左右手各持叉和刀；②左手用服务叉按住鱼头，右手持餐刀先在鱼颈和鱼尾各切一刀；③顺着鱼脊从头向尾划开，露出整条鱼骨；④将鱼肉从中间拨开，顺鱼骨分放两侧，剔去中间鱼骨刺；⑤再将两侧的鱼肉回复原样，浇上原汁，使鱼汁浸透鱼肉，尽量保持鱼的原形；⑥如需分菜，用餐刀将鱼肉切成若干块，按宾主先后进行分派。如鱼块带鳞，应将带鳞部分紧贴餐碟，鱼肉朝上

习 题

1. 简述上菜和分菜的顺序。
2. 简述上菜和分菜的注意事项。

项目18　其他服务技能

☞ **知识目标**　餐饮服务的其他技能。

☞ **技能目标**　掌握迎接宾客、递送餐巾及香巾服务等操作流程。

18.1　迎接宾客

①一般用餐，在宾客到来之前(开餐前5分钟)，要有一两名迎宾员在门口迎接；如有VIP客人，餐厅负责人应带领一定数量的服务员在宾客到来之前站在餐厅门口迎接。要站姿优美、规范，精神饱满。

②当宾客走向餐厅约1.5 m处时，应面带笑容，拉门迎宾，热情问候："您好，欢迎光临!"或"小姐(先生)，晚上好，请问后面还有人吗?（以便迎候指引）"或"您好，请问您预订过吗?"同时用靠门一边的手平伸出厅门，请宾客进入餐厅。

③如果是男女宾客一起进来，要先问候女宾，然后再问候男宾。见到年老体弱的宾客，要主动上前搀扶，悉心照料。

④如遇雨天，要主动收放宾客的雨具。假如宾客戴着帽子或穿有外套，应在他们抵达门口处，协助拿衣帽，并予以妥善保管。对女士应说："我们可以帮您拿外套吗?"对男士应说："我们可以替您拿帽子和大衣吗?"

⑤对已预订的宾客，要迅速查阅预订单或预订记录，将宾客引到其所订的餐桌。如果宾客没有预订，应根据客人到达的人数、宾客喜好、年龄及身份等选择座位。如果宾客要求到一个指定的位置，应尽量满足其要求，如被占用，领台员应作解释、致歉，然后再带他们到满意的位置去。靠近厨房出入口的位置往往不受人欢迎，对那些被安排在这张餐桌就餐的宾客要多说几句抱歉的话。

⑥在选定餐桌，引领宾客入座时，领台员应说："请这边来。"如果桌子需要另加餐具、椅子时，尽可能在宾客入席之前布置妥善，不必要的餐具及多余的椅子应及时撤走。为儿童准备的特别的椅子、餐巾、餐刀等也应在宾客入席之前完成。

⑦宾客走近餐桌时，领台员应以轻捷的动作，用双手拉开坐椅，招呼宾客就座。顺序上应先主宾后主人，先女宾后男宾。如人数较多，则应先为年长的女士服务，然后再为其他女士入座服务。可能的话，把女士的座位安置在面对餐厅的内侧而避免面对墙壁。

招呼宾客就座时动作要和宾客配合默契，待宾客屈腿入座的同时，轻轻推上坐椅，推椅动作要适度，使宾客坐好、坐稳。

18.2 入座服务

①宾客入座后，值台服务员上前微笑问候，表示欢迎。应及时递上毛巾，递送香巾时要招呼宾客："先生(小姐)，请!"

②征询宾客喝什么茶或喝什么酒水，并主动介绍茶叶和酒水品种。

③松餐巾、去筷套：在问喝什么茶时按规范给宾客松开餐巾花，使用敬语；去筷套时应将筷子拿起取下筷套，再将筷子放在筷架上。这些动作一般在宾客右边进行。

④在宾客右边进行茶水服务，使用敬语。毛巾、茶都要用托盘端送，递进时要从主宾开始从右向左依次进行。送茶时切忌手指接触杯口，动作要轻缓。

⑤服务调味：从主宾开始问调味用酱油还是醋，在宾客右边倒入调味品，以1/3为宜。

⑥视就餐人数进行撤位或加位，操作时均要求使用托盘，并将餐具摆放在托盘上。在不违反操作规范的前提下，尽量将几件餐具一起收起或摆放，以节约时间和少打扰宾客。

18.3 落餐巾

宾客就座后，值台服务员应从主宾位置开始，顺时针方向为宾客落餐巾，没有客人就座的餐位暂时不落。

一般情况下，应在右侧为宾客落餐巾；在不方便的情况下，可以在宾客左侧为其落餐巾。

落餐巾时站在宾客右侧拿起餐巾，将餐巾在客人后侧打开，并注意右手在前、左手在后，将餐巾轻轻铺在宾客腿上。若需左侧落餐巾时，应站立于宾客左侧，并左手在前、右手在后，以免胳膊肘抬到宾客胸前，有失礼貌。

18.4 香巾服务

宾客入座后，提供第一次香巾服务；上完带有骨渣骨刺的菜肴后，可提供第二次香巾；宾客用完餐，上水果拼盘之前，可提供第三次香巾。

上香巾时从主宾开始，站在客人右侧顺时针方向派发，并礼貌地对宾客说："请用香巾。"客人用过的香巾，应及时将其撤走。

18.5 撤换餐用具

18.5.1 撤换餐碟

在客人用餐过程中，服务员应不断巡视自己的服务区域，如发现客人餐碟中的骨刺残渣超过碟面的1/3，应及时更换餐碟。撤换餐碟的具体要求为：

①撤换餐碟时，服务员应左手托托盘，将干净的餐碟整齐地叠放在一起，从客人右侧撤下脏碟，换上干净餐碟。

②应右撤右上，并注意脏碟中的骨刺残渣不要掉在地上或污染托盘中的干净餐碟。

③撤换餐碟前应征询客人意见："对不起，请问可以换碟吗?"待客人许可后再撤换。

④撤换餐碟后，服务员应做好下一道菜肴的上菜准备。

18.5.2　撤换烟灰缸

撤换烟灰缸的具体要求为：

①当桌面烟灰缸中有两个以上烟蒂时，应为客人及时撤换烟灰缸。

②撤换烟灰缸时，服务员应左手托托盘，将干净的烟灰缸整齐地叠放在托盘内，行走至需撤换烟灰缸的餐桌旁，轻声说"对不起"，以示提醒。

③用右手将一只干净的烟灰缸覆盖在脏烟灰缸上，一起移入托盘，再将另一只干净烟灰缸放回餐桌原处。再次说"对不起"，以表示打扰客人的歉意。

18.5.3　撤换其他餐用具

具体要求有：

①客人用水果前，应将擦手毛巾递与宾客，客人用过后应及时用毛巾夹将毛巾取下餐台。如用毛巾碟，应一同取走撤下。客人用餐完毕离席后，应在撤餐具前先将餐巾撤离餐台。

②宴会进行到最后时，应是上水果及茶的阶段。在上水果碟前，应将餐台上的小件餐具进行清理，即将吃菜点用的骨碟、小汤碗撤掉，换摆水果碟及果刀、果叉。

③上水果前，可将餐台上的残菜盘撤净，如有必要，可做简单的餐台清理，而后将果盘摆放于餐台当中。

④收拾台布是撤台工作的最后一道程序。餐台的各种餐饮用具撤清后，首先应注意一下台布上是否有烟蒂、残菜等，如有，应先清理再撤台布。如台布上洒有大量的液体，应采取晾台的方法，待台布干后再卷叠，以免造成台布发霉。

18.6　结账服务

餐饮服务工作中必须掌握的其他一些技能，如茶水服务、毛巾服务、接受点菜、结账、收台等。

18.6.1　结账的种类

①现金结账　适用于店外的零散客人和团队客人。

②支票结账　适用于大企业、大公司的长期包餐或大型宴会、旅游团队用餐。

③信用卡结账　适用于零散客人。

④签单　适用于住店客人、与饭店签订合同的单位、饭店高层管理人员及饭店的VIP客人。

18.6.2　结账的要求

①结账中出现的问题会影响客人对饭店的印象，影响整体服务质量。

②要注意结账的时机　服务人员不可催促客人结账，结账应由客人主动提出，以免造成赶客人走的印象，同时递送账单要及时，不可让客人等候过长。

③要注意结账的对象　尤其是在散客结账时，应分清由谁付款，如果搞错了收款对象容易造成客人对饭店的不满。

④要注意服务态度　餐饮服务中的服务态度要始终如一，结账阶段也要体现出热情和有礼貌的服务风范。绝不要在客人结账后就停止为其服务，马上去撤台收拾，而应继续为其服务，直至客人离去。

读一读

某晚，餐厅包间内一席普通的家宴正在进行，在祥和的用餐气氛中。服务员小李看到老先生不停的用小勺翻搅着碗中的稀饭，对着鸡鸭鱼肉直摇头。这是怎么回事呢？是我们饭菜做的不合品味？不对呀，其他人不正吃的津津有味吗？小李灵机一动，到后厨为老先生端上一碟小菜——榨菜丝。当小李将榨菜丝端上桌后，老先生眼前一亮，对着小李不停的称赞："小姑娘，你可真细心，能够看出我对咸菜感兴趣，不简单。"老先生的老伴连忙说："这里的服务跟其他地方就是不一样，我们没说到的小姑娘们都能想到、做到，以后有时间我们要经常到这里来。"

评析：

在对客服务中，小李为客人提供了满意的服务，给他们无微不至的关心，让他们在酒店比在家感到方便。因此我们需要时时注意客人的用餐情况，把事情做到客人开口之前，为客人提供"满意＋惊喜"的服务，是我们持续改进服务质量的根本。

练一练

实训项目名称：撤换餐具。

实训目的：掌握撤换餐具的基本程序、方法和要求及相关的基本技能。

能力训练要求：要注意撤换餐具的时机把握，关键训练学生的应变能力。

实训环境：餐厅实训室。

习　题

1. 迎宾时要注意什么？
2. 什么情况下为客人撤换餐具最合适？
3. 常见的结账方式有哪些？

模块6　中餐服务

项目19　中餐厅概述

☞ **知识目标**　认识并了解中餐厅。

☞ **技能目标**　熟练掌握中餐厅菜肴类型。

基本理论

19.1　中餐厅经营特色

中餐厅是专门为客人提供中式菜点、饮料和服务的餐厅，是向国内外宾客宣传中国饮食文化和展示饭店水准的主要场所。其建筑装潢应突出中国民族风格；以提供中式菜点为主，传统菜与创新菜结合；在服务中体现中华民族传统文化特色和热情、好客的美德。

19.2　中餐厅环境氛围

19.2.1　中餐厅的装饰与布置

优美的用餐环境不仅能增进客人的食欲，促进餐饮销售，而且也能表现餐饮文化，突出餐厅特色。中餐厅的装饰布置要依据中国传统的进餐心理，突出宴饮时的愉悦心情，如富有民族风格的灯饰和中式家具，盆景、盆栽的陈设，结合室外中国式的庭园景色，让客人感受到浓郁的中国风情。中餐厅还可以依据传统手法，在餐厅门上悬挂匾额，书以厅名，厅内主墙面悬挂大型国画，但其主题内容、艺术风格必须与餐厅的格调相协调。

19.2.2　服务人员的着装及服务要求

中餐厅服务人员的服装要根据中餐厅的特点选用中国传统民族服装，如女服务员穿着中式大襟上衣或丝绒旗袍，充满着古色古香的风韵。同时，中餐厅服务人员应根据中国地域差异采取富有地方特色的服务方式。

19.2.3 音乐佐餐

随着社会的进步和人民生活水平的提高，音乐佐餐成为提高饭店知名度、显示饭店文化品位的强有力的竞争手段。音乐佐餐的形式主要有三种：

①背景音乐　中餐厅应播放适合于中餐厅氛围的中国民乐，以满足客人在特殊就餐环境下的心理需求。

②民族乐器演奏　中餐厅以演奏中国民族乐器为主，多采用现场演奏佐餐的方式，以增添餐厅内欢乐与祥和的气氛，陶冶人们的情操。

③歌舞伴餐　在餐厅的舞台上演唱中国民歌，表演民族舞蹈、杂技、魔术等，也可与美食相得益彰。

19.3 中餐厅销售方式及服务

中餐厅的销售方式有零点餐、团体包餐、宴会等。不同的销售方式其服务特点、服务要求也有很大差异，不同的销售方式有不同的服务规程，餐厅服务员必须严格执行各种服务规程，做到服务标准化、布置规范化、操作程序化，以礼貌、热情、主动、周到的接待服务，为饭店创造良好的声誉和经济效益。

19.4 中式菜肴类别

19.4.1 按类别分类

(1)菜系分类法

菜系是中国菜肴不同风味流派的代称。菜系具有明显的地区特色和民族特色，前者称为地方菜系，后者称为民族菜系。各菜系特点主要表现在以下几个方面：有独特的烹调方法；有特殊调味品和调味手段；有品类众多的烹调原料；有从低到高、从小吃到宴席等一系列的风味菜式。

(2)菜式分类法

菜式是指菜品分类方式。多指菜品的品种花色，包括烧烤菜式和火锅菜式等，也可指菜品的原料系列，如海鲜菜式、蔬菜菜式、花卉菜式和山珍菜式等。

(3)菜种分类法

菜种是指菜品风格结构的种类。包括都市菜、乡土菜、民间菜、民族菜、古代和近代宫廷菜、古代和近代官府菜、地方菜等。

19.4.2 按菜品风味分类

(1)地方风味

地方风味包括城市风味(如广州风味、扬州风味)和以省为界线划分的传统风味(如广东风味、江苏风味)。

(2)民族风味

民族风味主要是指以兄弟民族饮食文化及其习俗为特色的菜品风味。

(3)其他风味

其他风味包括古代宫廷风味，古代官府风味，佛教、道教寺院风味和民间家庭风味等。

读一读

一位翻译带领4位德国客人走进了西安某三星级饭店的中餐厅。入座后，服务员开始让他们点菜。客人要了一些菜，还要了啤酒、矿泉水等饮料。突然，一位客人发出诧异的声音。原来他的啤酒杯有一道裂缝，啤酒顺着裂缝流到了桌子上。翻译站起身把服务员叫到一旁说："这里的餐具怎么都有毛病？这可影响外宾的情绪啊！"

"这把餐具早就该换了，最近太忙还没来得及更换。您看其他桌上的餐具也有毛病。"服务员红着脸解释着。

"这可不是理由啊！难道这么大的饭店连几套像样的餐具都找不出来吗?"翻译有点火了。

"您别着急，我马上给您换新的餐具。"服务员急忙改口。翻译和外宾交谈后又对服务员说道："请你最好给我们换个地方，我的客人对这里的环境不太满意。"

经与餐厅经理商洽，最后将这几位客人安排在小宴会厅用餐，餐具也使用质量好的，并根据客人的要求摆上了刀叉。望着桌上精美的餐具，喝着可口的啤酒，这几位宾客终于露出笑容。

评析：

餐前准备时，服务员需要认真检查餐具；当客人到来时，要根据客人的情况提供个性化服务；当客人提出问题，应该积极地去解决问题，必要时可以提供增值服务，来提升客人的满意度。

习 题

1. 中餐厅的特点是什么？
2. 中餐厅环境氛围如何去营造？
3. 中餐厅的菜肴分为哪几类？

项目 20 中餐零点服务

☞ **知识目标** 掌握中餐零点服务的流程及注意事项。

☞ **技能目标** 掌握中餐厅零点服务的技能。

20.1 中餐零点服务的流程

20.1.1 餐前准备

按中餐零点要求摆好台，工作台备足各种用品用具；熟悉当天菜品及酒水的供应品种和数量，准备好各种小票；整理好个人仪容仪表，做好自查，接受领班检查。

20.1.2 入席服务

开餐前 10 分钟，值台员面带微笑地站在规定位置上迎候客人；见到客人到来，要主动迎上前问候，应用礼貌用语“先生(小姐)中午(晚上)好，欢迎光临”，同时接过客人衣帽、物品，依次放好，拉椅让座，用礼貌用语“您请坐”(如有小孩，应立即送上童椅)。

20.1.3 餐中服务

①送上热毛巾，应用礼貌用语“请用香巾”，在客人的右面斟倒第一杯礼貌茶。

②请客人点菜，问酒水。

③填写完点菜单(一式三联)，第一联交收银员，第二联让收银员盖过章后，由传菜员交厨房或酒吧作为取材料和饮料的凭证，第三联交传菜员划单用，此联可留存，作为查阅资料。电子点菜直接确认即可。

④上菜 点菜后 10 分钟要出第一个热菜，热菜由传菜员送进餐厅，再由值台员把菜送上桌，并报菜名(按上菜服务要求进行操作)；每上一道菜，要在该台的菜单上划去此菜名；上第一道热菜时，在客人只吃饭，不用酒的情况下，主动征询客人是否上面点；上带壳的食品，要跟上毛巾(或洗手盅)；上带汁的菜或大盘菜时，要加公勺。

⑤席间服务要求 服务员要严守自己的工作岗位，按站立要求站立，面带笑容，并在客人的餐桌旁边离客人桌面 1.5m 处巡视，用眼光注视全部客人的情况，出现问题及时处理，以便随时为宾客服务；及时为客人添斟酒水，更换餐碟，如客人的餐碟有 1/3 杂物，要及时撤换；服务中要保持转台、餐台的整洁；点菜后 30 分钟，应检查客人的菜是否上齐；客人进餐中，应主动征求客人意见，是否需要加些什么；要经常为客人加满茶水，饭

后要换上热茶；客人吃完饭，主动为客人介绍水果和饭后甜点。客人席间离座，应主动帮助拉椅、整理餐巾；待客人回座时应重新拉椅、落餐巾；宾客祝酒时，服务员应立即上前将椅子向外稍拉，坐下时向里稍推，以方便客人站立和入座；根据客人要求上饭、面点、汤，要先分汤，再将面点规整地摆上转台；上水果前，撤去所有餐具，换上干净盘子，视情况摆上刀、叉等，端上水果，并说："水果拼盘，请慢用。"整个服务过程，值台员必须坚守岗位。

20. 1. 4　餐后服务

①客人用餐完毕，送上香巾，并征求客人意见(零点服务相同)，对客人提出的意见要虚心接受，记录清楚，并感谢："非常感谢您的宝贵意见。"为客人拉开坐椅让路，递送衣帽、提包，在客人穿衣时主动配合协助；送客道别(按送客服务规范进行)。

②收台工作：客人离开后，要及时翻台；收台时，按收台顺序依次先收玻璃器皿、银器、口布、毛巾、烟缸，然后依次收去桌上的餐具；整理清洁宴会厅，使其恢复原样。

20. 2　中餐零点午、晚餐服务程序

中餐的午、晚餐比较正式和隆重，消费水平相对较高，因此对于餐厅而言，午、晚餐的服务是非常重要的，服务程序比早餐复杂、烦琐。

20. 2. 1　餐前准备

①餐前短会　通报当日客情，分配任务，强调当日营业注意事项、VIP宾客的接待要求等。

②清洁工作　按餐厅卫生要求进行清扫整理。

③准备物品　备好酒水、饮料、茶叶、开水、各种佐料、开餐物品，将服务用品、备用餐具摆放在规定的位置，要求摆放整齐美观，方便使用。

④铺设餐台　按照午、晚餐摆台的规范进行。

⑤了解情况　服务员要了解当天菜肴和酒水的供应情况，包括时令菜、风味菜、当日厨师长特别推荐菜，特别是当日急推菜、断档菜等，以便做好解释和推销工作。

⑥检查设备　开餐前1小时检查所有电器设备是否正常，发现问题及时报修。

⑦全面检查　准备工作完毕，要对餐厅环境布置与卫生、餐具的配备与摆放、设备运转情况及宾客预订落实、服务员仪容仪表等项目进行全面检查，之后进入营业状态。

20. 2. 2　开餐服务

(1)热情迎宾

①开餐前5分钟，服务员各就各位，准备迎接客人。

②当客人进入餐厅时，迎宾员面带微笑，礼貌问候，并问清是否有预订和用餐人数后，按规范引领宾客到合适的餐位。

(2)合理引座

引领座位时要注意如下情况：

①一张餐桌最好是安排同一批就餐的宾客。

②要按照一批客人的人数多少去安排大小合适的餐桌。

③服饰漂亮的客人可以安排在餐厅中心引人注目的位置。

④情侣尽量安排在安静及景色优美的餐位。

⑤老年人及身体欠佳的客人，尽可能安排在远离空调吹风口及距餐厅门口较近位置。

⑥将残疾客人尽可能安排在能挡住残疾部位且方便客人就餐的位置。

⑦若是一批外向型的客人，应安排在包房或餐厅靠里面的地方，以免干扰其他客人。

⑧若有儿童就餐，要及时送上儿童椅，并换上不易打碎的餐具。

⑨对带宠物来餐厅的客人，应婉言告诉客人宠物不能带进餐厅。

⑩先到餐厅的客人尽量安排在靠窗口或靠门口区域的餐位，以便招徕客人。

⑪餐厅客满时，可为在休息厅等候用餐的客人提供菜单和酒水服务。迎宾员要注意根据客人到达和登记的先后次序，安排他们入座就餐。如果客人不愿意等候，主动帮助联系本酒店的其他餐厅，尽量安排客人在本酒店就餐。

(3)拉椅让座

迎宾员将客人带到合适的餐台后，值台服务员应主动上前问好并协助迎宾员为客人拉椅让座。

(4)餐前服务

①增减餐位　服务员视客人人数多少，增减餐椅，增撤餐酒具。

②递送菜单　当客人入座后，迎宾员打开菜单的第一页，站在客人的右后侧，按先宾后主，女士优先的原则，依次送菜单。

③递巾送茶　服务员及时送上香巾，问茶并按需开茶，逐位斟倒礼貌茶。

④铺放餐巾，撤筷套　将餐巾解开铺在客人双膝上，如客人一时离开，可铺在餐碟底下。撤筷套要在客人右侧进行。

⑤上调味品　上调味品时需在客人的右侧服务。斟倒量以味碟的 1/3 或 1/2 满为宜。

⑥收香巾　用毛巾夹收走香巾。

餐前服务过程中，如客人示意点菜，则应先接受客人点菜，然后再提供相应的餐前服务。服务时从主宾开始，按顺时针方向依次进行。

(5)接受点菜、点酒水，开单

送单服务员在为客人点菜前，要通过看、听、问等方法，了解客人的身份、职业、就餐目的、消费水平及就餐时间的急缓程度等情况，以便有针对性地为客人服务。

开完点菜单和酒水单，服务员要迅速将订单送至各部门，以减少客人等候的时间。

20.2.3　就餐服务

(1)上酒、上菜与分菜

①根据所点酒水摆上相应的酒水杯；从主宾开始问斟酒水后，征求客人的意见将茶杯撤走。

②冷菜尽快送上，以免客人久等。

③第一道热菜一般在 10 分钟以内出菜，上菜速度根据客人的就餐快慢而定。

④上菜前要核对桌号、菜肴名称、卫生情况，以免出错。

⑤所有热菜加盖后，由传菜员传至餐厅，再由值台服务员端菜上桌。

⑥每上一道菜都要报菜名，简单介绍风味特点，重点菜肴介绍吃法；如有佐料要同时跟上。

⑦上热菜时，要加公用勺和公用筷；上汤时，配公用勺，为宾客分汤；上需用手剥食的食品时，要跟上洗手盅和毛巾，并说明洗手用途。

(2)席间服务

①在客人点菜后30分钟，检查菜肴是否上齐。若未上齐，应及时查询催菜，尽量减少客人的候餐时间，同时向客人道歉。随时斟酒倒茶。

②客人席间离坐，上前帮助拉椅、撤餐巾，回座时再帮助拉椅、递铺餐巾。

③客人点的菜已销售完，应及时通知客人，向客人道歉并征求客人意见，是否需要换别的菜，并向客人推荐类似的菜肴。

④如果客人进餐中提出加菜时，应主动了解其需要，快速开单下厨，给予满意处理。

⑤菜单落好后，如客人嫌等菜时间太长，提出不要时，服务员按下述办法处理：如该菜还未做，可为客人取消；如菜已送上餐桌，应向客人解释并介绍该菜品的特点，请客人品尝；如经动员后客人仍不想要，服务员应礼貌地向客人说明需收回该菜的损失赔偿费，并立即退回厨房处理。

⑥客人点菜后因有急事要离开，提出退菜时，首先和厨房联系，取消未做的菜肴，尽快传上已做好的菜肴，迅速为客人打包；或征求客人意见是否同意将食品保留等待办事完毕再吃，但要先办理好付款手续。

⑦当客人对菜肴的质量有意见时，服务员应冷静考虑，认真对待，确有质量问题，在诚恳道歉后及时加以妥善解决。

⑧二次推销。根据客人用餐情况，及时向客人推荐菜肴、酒水和饮料。

⑨菜上齐后，向客人介绍甜品、水果。

⑩及时撤去空盘、空瓶，勤换烟灰缸，更换餐碟、香巾，保持台面整洁。

⑪客人用餐完毕，撤走餐台上除烟灰缸、牙签、茶具和有饮料的水杯以外的其他餐具。

20.2.4　餐后服务与结束工作

(1)结账服务

客人示意结账后，服务员按规范递送账单进行结账服务。

(2)征求意见

客人即将离开餐厅时，服务员要主动征求客人的意见，并礼貌致谢。

(3)热情送客

客人起身离座，应主动上前拉椅，并提醒客人带好随身物品或打包食品，向客人致谢并道别。

(4)餐后结束工作

当客人离开后，要再次检查客人是否有遗留物品。检查是否有未熄灭的烟头，并迅速清理餐桌。先整理餐桌椅，再按餐巾、香巾、酒水杯、刀叉筷匙小件餐具、汤碗及餐碟等个人餐具、公用大餐具、台布的顺序分类收拾。台面清理干净后，重新按规范摆台，迎接下一批宾客。

当餐厅全天营业结束，宾客全部离开餐厅后，服务员要做好以下结束工作：

①清洁场地　按规定要求收拾餐台，清扫地面，重新铺上台布，整理餐椅。

②分类送洗　当天用的台布、餐巾要及时送洗衣房洗涤。餐用具送洗涤间清洗、消毒。

③整理餐用具　尚未使用的餐用具要归类存放；花瓶、台号及调味品盛器要擦洗干净；转盘要重点擦洗，不留油渍和水迹；点菜单、笔、菜单等放在统一位置；清点并补充备餐台内的物品。

④作小结　每天工作结束后，服务员要整理宾客意见，填写工作记录，以利今后工作的提高。

⑤安全检查　注意是否有烟蒂等火种存在，关闭门窗和所有不用的电器设备，确保餐厅安全。待领班和主管全面检查后，才能离开餐厅。餐厅结束工作与餐前准备工作一样，必须分工负责，责任落实到人。

读一读

及时推销

一个人在繁华的牛津大街上被公共汽车撞倒了，马上就有一群人围观。那个人神情恍惚地坐起来说："我是在哪里呀？"

"先生，这是您正需要的东西。"一个街头书摊贩说："伦敦地图，一张才七便士！"

习　题

1. 中餐零点的服务程序有哪些环节？
2. 席间服务中有哪些注意事项？
3. 说说零点服务中安全检查的重要性。

项目21 团体餐服务

☞ 知识目标 掌握中餐团体餐服务的流程及注意事项。

☞ 技能目标 掌握中餐团体餐服务的技能。

基本理论

21.1 团体餐服务的特点

团体餐服务是指对各类旅游团队和参加会议的团体宾客用餐的服务方式。其特点如下：

①用餐标准统一，消费水平通常低于宴会和零点。

②菜式品种统一，但要注意每天不重复。

③用餐时间统一，人数集中，准备工作充分。

④服务方式统一，出现特殊情况，进行特殊照顾。

21.2 准备工作

基本要求同零点服务，但还需注意：

①开餐前，值台员要准确掌握每个团体餐的用餐人数、抵离日期、就餐标准、接待规格、就餐时间，了解客人的特殊需求和饮食禁忌，熟悉当日菜单品种，以便对有特殊要求的客人提供针对性的服务。

②按用餐标准布置餐桌，准备好各种调料和服务用品。

③不同团队餐台相对分隔，团体餐台相对固定，给客人以稳定感。

④准备好酒水、茶、香巾等。

⑤放好冷菜。

⑥备好主食。

21.3 团体餐开餐服务步骤

①客人到达餐厅时，迎宾员要问清团队或会议名称，主动迎宾领座。

②客人入座后，值台员要端茶递巾。

③值台员及时通知厨房出菜。

④给客人斟倒酒水和饮料。

⑤上热菜时报菜名，适当分派菜肴，同时上主食。

⑥勤巡台、勤斟茶水，添加主食，同时注意台面清洁，撤走空盘，菜上齐后告知客人菜已上齐。

⑦客人用餐结束后，值台员可征询意见并礼貌送客。

21.4 团体餐结账服务

不同形式的团队其结账方式也有所不同，具体如下：

（1）旅游团队

①结账前值台员要与旅游团领队或导游一起清点人数，结账时一般会按人数结算。

②旅游团队用餐完毕后，值台员应从收银台取出结账单，交给旅游团的领队或导游签单。

③由收银台将结账单金额转入旅游团在饭店的总账中，最后由饭店向旅行社统一结账。

（2）会议团队

①会议团队用餐结束后，餐厅收银员应根据会议团队的预订标准和客人的实际人数开具结账单，请会务负责人在账单上签字。

②由收银员交前厅收款处计入会议团队总账，最后由饭店向会议主办单位或个人统一结账。

21.5 团体餐服务的注意事项

①针对不同的团体餐进行不同的用餐环境布置，如会议包餐的环境要布置得朴素大方，旅游团体餐的环境要布置得热烈、欢快，并能体现当地民俗风情。

②团体餐的用餐形式可分为合食、分食两种。合食一般为四菜一汤、五菜一汤或六菜一汤；分食为每人一菜一汤、二菜一汤或三菜一汤。

③团体餐计划中酒水有数量上的控制，对客人超标的酒水要求应满足，但值台员需礼貌地向客人解释差价并现付。

④团体餐的主食有米饭、包子、花卷等，个别客人有特殊要求应尽量满足。

⑤会议团队是按事先安排好的日程进行集体活动的，一到就餐时间，客人会集中进入餐厅。因此，服务员要提前15分钟上冷菜，并注意荤素、色彩搭配得当。

⑥旅游团队抵、离和外出活动时间较难掌握，经常不能准时在规定的时间内进餐。因此，要加强与包餐单位、陪同的联系，做到客人进入餐厅就能迅速就餐，且要保持饭菜的温度。

⑦团体餐一般要等客人到齐后再上菜，不能提前上菜、上饭。若客人是凭餐券就餐，应按桌点齐人数并收取餐券，然后上菜、上饭，要注意做好对先入座客人的解释工作。

⑧要事先了解团体餐的结账方式，便于正确、准确、快速地为客人提供结账服务。

读一读

小江在带团中常碰到有的客人不愿随团就餐，原因是团队餐不好吃。遇到这样的情况，小江一般是说服，并根据其要求与餐厅联系，在口味上尽量符合其要求，或者在客人愿意支付额外点菜费用情况下，让其自行点菜。但一次在一个浙江团中，在距吃晚餐只有半个小时不到的时间，几乎所有的游客都不愿意去已订好的餐厅，一致要求导游另找一家上档次的江浙菜馆，并表示多余的费用自己承担。小江感到很为难，他说："现在退餐又订餐，肯定来不及了，原订的餐要承担100%的退餐费，且改订另一家餐厅不知还能否订得上?"客人领队道："你先联系了再说。"小江先与原订餐餐厅联系，对方表示承担损失可以退餐，至于新的就餐地点小江一时也确定不了去哪家，更没有联系方式，于是还是努力说服客人，并保证明天的午餐一定提前安排，总算让客人很不乐意地接受了。次日因行程紧，而景点沿线又没有合适的江浙菜馆，客人要求仍未得到满足，终于导致客人拒绝用餐并投诉导游。

评析：

按旅行社的一般安排，除了早餐在原宾馆用餐(当然也有个别旅游团在外面用餐)，其余的中、晚餐都在宾馆外面不同的餐馆用餐。因此，导游员在订餐时，除了考虑不同的餐馆用餐质量外，还应根据客人要求和口味情况考虑该餐馆的特色和风味是否适合客人，当客人有意见和要求时，应本着合理而可能的原则去满足和实现。小江怕麻烦，没有满足客人的要求，之后仍未努力去改进，本来不大的事变成了大事，这是不应该发生的失误。

习　题

1. 团体餐服务的特点有哪些?
2. 团体餐开餐服务的步骤有哪些?
3. 说说团体餐服务的注意事项?

项目 22　中餐宴会服务

☞ **知识目标**　掌握中餐宴会服务的流程及注意事项。

☞ **技能目标**　掌握中餐宴会服务的技能。

22.1　宴会的分类

宴会类型复杂，名目繁多。从规格上分，有国宴、正式宴会、便宴。从进餐形式上分，有立式宴会和坐式宴会。从宴会的餐别上分，有中餐、西餐、自助餐和鸡尾酒会等。从举行宴会的时间上分，有早宴、午宴和晚宴。从宴会的用途上分，有欢迎宴会、答谢宴会、告别宴会、招待宴会等。此外，还有各种形式的招待会及民间举办的婚宴、寿宴、筵席等。

22.1.1　国宴

国宴是国家元首或政府首脑为国家庆典活动或为外国元首、政府首脑的来访，以示欢迎而举行的正式宴会，是一种规格最高最为隆重的宴会形式。宴会厅内悬挂国旗，设乐队演奏国歌及席间奏乐，席间有致词或祝酒，菜单和坐席卡上均印有国徽，出席者的身份规格高，代表性强，宾主均按身份排位就座，礼仪严格。

22.1.2　正式宴会

正式宴会是仅次于国宴的一种高规格的宴会，是指在正式场合举行的十分讲究的礼节程序，而且气氛较隆重的大型宴会。这种形式除不挂国旗、不演奏国歌以及出席者规格低于国宴外，其余的安排大致与国宴相同。宾主同样按身份排位就座，礼仪要求也比较严格，席间一般都有致词或祝酒，有时也安排乐队演奏席间乐。

22.1.3　便宴

便宴是非正式宴会，这种宴会没有正式宴会那么复杂、烦琐，形式简便，不拘严格的礼仪，不用排席位，不作正式致词或祝酒，宾主间较随便、亲切，用餐标准可高可低，宜用于日常友好交往，多用于招待熟识的亲朋好友。

22.1.4　招待会

招待会是一种灵活便利、经济实惠的宴请形式，常见的有冷餐会、鸡尾酒会、茶话会。

(1)冷餐会

冷餐会是一种立餐形式的自助餐，不排座位，但有时设主宾席。供应的食品以冷餐为主，兼有热菜。食品有中式、西式或中西结合式，分别以盘碟盛装，连同餐具陈设在菜台上，供宾客自取。酒水饮料则由服务员端至席间巡回敬让。由于冷餐会对宾主来说都很方便，特别是省去了排座次，消费标准可高可低，丰俭由人，参加人数可多可少，时间也较灵活，宾主间可以广泛交际，也可以与任何人自由交谈，拜会朋友。这种形式多为政府部门或企业、银行、贸易界举行人数众多的盛大庆祝会、欢迎会、开业典礼等活动所采用。

(2)鸡尾酒会

鸡尾酒会也是一种立餐形式，具有欧美传统的集会交往特点，在中国一般称其为酒会。以供应酒水为主，略备各种小食(如三明治、炸薯片等)。鸡尾酒会和冷餐会一样，都不需排座次。酒会举行的时间较为灵活，中午、下午、晚上均可，有时也在正式宴会前举行，请柬往往注明整个活动延续的时间，宾客可在其间任何时候到达或退席，来去自由，不受约束。这种宴会的形式也比较活泼，便于宾客广泛接触交谈。

(3)茶话会

茶话会又称茶会，是一种经济简便、轻松活泼的宴会形式，多为举行纪念和庆祝活动所采用。会上一般需准备茶、点心和数样风味小吃、水果等。茶会所用的茶叶、茶具要因时、因事、因地、因人而异，客厅也应布置得幽静、高雅、整洁，令人耳目一新。

22.2　宴会的主要特点

宴会与一般就餐在菜点和饮料上没有本质区别，但在菜点的品种和质量上，服务程序和内容上存在着差异。宴会的主要特点如下：

①根据主办方的要求，事先制订计划，对宴会的每一个环节作细致、周密的安排。

②要根据宴会设计师的要求，对环境进行精心设计和布置，并体现出隆重、高雅、舒适、整洁、热烈的气氛。

③接待服务讲究礼仪和服务细节。

④菜肴有一定的数量和质量要求。

⑤主办人须事先预订。

22.3　宴会服务的基本步骤

中餐宴会服务可分为四个基本步骤，分别是宴会前的组织准备、宴会前迎宾、宴会就餐服务和宴会结束工作。

22.3.1　宴会前的组织准备工作

(1)掌握情况

接到宴会通知单后，餐厅服务员应做到“八知”“五了解”。

“八知”为：知主人身份，知宾客国籍，知宴会具体规格，知开餐时间；知菜式品种及烟酒茶果，知主办单位或主办宾客房号、姓名，知收费办法，知邀请对象。

“五了解”为：了解宾客风俗习惯，了解宾客生活忌讳，了解宾客特殊需要，了解宾客进餐方式，了解主宾和主客(如果是外宾，还应了解其国籍、宗教信仰、禁忌和口味特点)的特殊爱好。

对于规格较高的宴会，还应掌握下列事项：宴会的目的和性质，宴会的主题名称，有无席次表、席位卡，有无音乐或文艺表演，有无司机用餐等。

(2)明确分工

对于规模较大的宴会，要确定总指挥人员。在人员分工方面，要按照宴会要求，对迎宾、值台、传菜、酒水供应、衣帽间及贵宾室等岗位人员，明确分工和具体任务要求，将责任落实到人，做好人力物力的充分准备，同时根据每个人的特长来安排，以使所有人员达到最佳组合，保证宴会善始善终。

(3)布置宴会厅

宴会厅的布置应该充分考虑到宴会的形式、宴会的标准、宴会的性质、参加宴会的宾主的身份的有关情况，对宴会的举办场地进行科学的布置和精心设计。

例如我国的美食从来都讲究进餐环境的气氛和情调，因而在场景布置方面，应根据宴会性质和档次的高低来进行，要体现出既隆重、热烈、美观大方又有我国传统的民族特色。

举行大型隆重的正式宴会时，一般在宴会厅周围摆放盆景花草，或在主台后用花坛画屏、大型青枝翠树盆景装饰，用以增加宴会的隆重、热烈气氛。

对于一般婚宴，则在靠近主台的墙壁上挂“囍”字，贴对联；对于寿宴，则挂“寿”字等烘托喜庆的主题。

中餐宴会通常要求灯光明亮以示气派，但国宴和正式宴会则不要求张灯结彩或做过多的装饰，而要突出严肃、庄重、大方的气氛。宴会厅的照明要有专人负责，宴会前必须认真检查一切照明设备及线路，以确保不发生意外；宴会期间要有专人值班，一旦发生故障即刻组织抢修。

正式宴会设有致词台，致词台一般放在主台的后面或右侧，装有两个麦克风，台前用鲜花围住。扩音器应有专人负责，事前要检查并试用，防止发生故障或产生噪音；临时安装的电线要用地毯遮盖好，以防发生事故。

国宴活动要在宴会厅的正面并列悬挂两国国旗，正式宴会应根据外交部规定决定是否悬挂国旗。国旗的悬挂按国际惯例以右为上、左为下。由我国政府宴请来宾时，我国的国旗挂在左边，外国的国旗挂在右边；来访国举行答谢宴会时，则相互调换位置。

宴会厅的室温要注意保持稳定，且与室外气温相适应。一般冬季保持在20~24℃，夏天保持在22~26℃。

台型布置注意突出主桌，按照台型布置原则即“中心第一，先右后左，高近远疏”来设计、安排。桌椅排列要整齐，并留有宾客行走和服务通道。在台型布置中还应注意到一些西方国家的习俗，如不突出主台、提倡不分主次的习俗。酒吧台、礼品台、贵宾室、工作台等要根据宴会的需要和宴会厅的具体情况灵活安排。

(4)熟悉菜单

服务员应熟悉宴会菜单和主要菜肴的风味特色，以做好上菜、派菜和回答宾客对菜点提出询问的思想准备。同时，应了解每道菜点的服务程序，保证准确无误地进行上菜服务。

对于菜单，应做到能准确说出每道菜的名称、风味特色、配菜和配食佐料、制作方法，并能准确服务菜肴。

(5)准备物品与摆台

按宴会规格和摆台要求进行宴会摆台。宴会菜单每桌一至两份，置于台面，重要宴会则人手一份；要求菜单封面精美整洁，字体规范。根据菜单要求准备分菜用具和各种服务用具。根据菜肴准备相配的佐料。开餐前根据宴会通知单要求备好酒水、香烟、茶叶、小毛巾等。

(6)摆放冷盘

大型宴会开始前15分钟左右摆上冷盘，然后根据情况可预斟葡萄酒。冷菜摆放要注意色调和荤素搭配，保持冷盘间距。如果是各式冷菜则按规范摆放，冷菜的摆放应能给顾客赏心悦目的艺术享受，应为宴会增添隆重而又欢快的气氛。

准备工作全部就绪后，宴会管理员要做一次全面的检查。及时召集餐前会，保证宴会顺利按时地进行。

22.3.2 宴会迎宾工作

①根据宴会的入场时间，宴会主管人员和迎宾员提前在宴会厅门口迎候宾客，值台服务员站在各自负责的餐桌旁准备服务。

②宾客到达时，要热情迎接，微笑问好。将宾客引入休息室稍作休息。回答宾客问题和引领宾客时注意用好敬语，做到态度和蔼、语言亲切。主动接过衣帽和其他物品，斟倒茶水或饮料，送上小毛巾。根据宴会的具体要求，也可直接将宾客引到宴席就座。

22.3.3 宴会就餐服务

(1)入席服务

当宾客来到席前时，值台服务员要面带微笑，拉椅帮助宾客入座，先宾后主、先女后男；待宾客坐定后，帮助宾客落餐巾、松筷套，拿走台号席位卡、花瓶或花插，撤去冷菜的保鲜膜。

(2)斟酒服务

为宾客斟酒水时，要先征求宾客意见，根据宾客的要求斟各自喜欢的酒水饮料。应从主宾开始先斟葡萄酒(提前斟除外)，再斟烈性酒，最后斟饮料；葡萄酒斟七分满，烈酒和软饮料斟八分满。

宾客干杯或互相敬酒时，应迅速拿酒瓶到台前准备添酒。主人和主宾讲话前，要注意观察每位宾客杯中的酒水是否已准备好。在宾、主离席讲话时，服务员应备好酒杯斟好酒水供客人祝酒。

(3)上菜、分菜服务

根据宴会的标准规格，按照宴会上菜、分菜的规矩进行上菜、分菜。可用转盘式分菜、旁桌式分菜、分羹分叉派菜，也可将几种方式结合起来服务。

(4)席间服务

宴会进行中，要勤巡视，勤斟酒，勤换烟灰缸，并细心观察宾客的表情及需求，主动提供服务。

①保持转盘的清洁。

②宾客席间离座，应主动帮助拉椅、整理餐巾；待宾客回座时应重新拉椅、落餐巾。

③宾客席间站起祝酒时，服务员应立即上前将椅子向外稍拉，坐下时向里稍推，以方便宾客站立和入座。

④上甜品、水果前，送上热茶和小毛巾；撤去酒杯、茶杯和牙签以外的全部餐具，抹净转盘，服务甜点和水果。

⑤宾客吃完水果后，撤去水果盘，送上小毛巾，然后撤去用甜点和水果的餐具，摆上鲜花，以示宴会结束。

22.3.4 宴会结束工作

(1)结账服务

上菜完毕后即可作结账准备。清点所有酒水、香烟、加菜等宴会菜单以外的费用并累计总数。宾客示意结账后，按规定办理结账手续，注意向宾客致谢。大型宴会上，此项工作一般由管理人员或引宾员负责。

(2)热情送客

主人宣布宴会结束时，服务员要提醒宾客带齐自己的物品。当宾客起身离座时，服务员应主动为宾客拉椅，以方便宾客离席行走，视具体情况目送或送客人至门口。衣帽间的服务员根据取衣牌号码，及时、准确地将衣帽取递给宾客。

(3)收尾工作

在宾客离席时，服务员要检查台面上是否有未熄灭的烟头、是否有宾客遗留的物品。在宾客全部离去后，立即清理台面。先整理椅子，再按餐巾、小毛巾、酒杯、瓷器、刀叉的顺序分类收拾。贵重物品要当场清点。

收尾工作完成后，领班要做检查。大型宴会结束后，主管要召开总结会，服务员要关好门窗。待全部收尾工作检查完毕后，全部工作人员方可离开。

服务标准

(1)开餐前的准备工作程序与标准

程　序	标　准
1. 开餐前的卫生工作	(1)台面上清洁工作：玻璃转盘正反面干净无污迹，且居于圆桌正中；转动底盘转动自如 (2)沙发及座椅清洁工作：沙发、座椅洁净、无杂物及油迹；沙发坐垫无破损 (3)服务工具的清洁 A. 冰箱架干净、无灰尘、无污迹；冰箱内外干净、无异味、无污迹 B. 酒车干净无灰尘，金属扶手光亮无污迹，更换干净的铺垫口布 C. 茶车干净无灰尘，茶叶罐干净无破损，更换干净铺垫口布，茶壶干净光亮，加热器清洁无污迹 D. 领位台干净，无污迹；各类物品摆放整齐，菜单、酒水单干净、整齐，无污迹，无破损；衣帽间清洁，整齐，无杂物 (4)检查公共区域的卫生工作：地毯、展示柜、屏风、玻璃镜、玻璃窗、乐池、花木摆设要清洁，摆放有序；若发现问题，及时通知公共区域主管

（续）

程　序	标　准
2. 餐具、用具的清洁工作及准备	(1)服务边柜内用具和餐具的清洁和补充 A. 边柜的清洁：取出边柜内剩余的餐具、用具并清点数目；将抽屉中和柜中更换干净的口布；用干净的擦布擦拭边柜外侧及柜门直至干净，无油迹，污迹和其他异物 B. 餐具的补充：检查餐具，确保干净，无破损、无水迹；要根据餐厅座位补充足量的骨盘，鱼翅碗、银勺和银筷架、豉油碟、小瓷勺、烟缸、洗手碗等餐具摆放整齐、有序 C. 补充开餐用具：在边柜抽屉里放充足的食品订单、饮品订单、结账夹、火柴及牙签 D. 补充布巾：边柜内放充足大台布，小台布及叠好的口布 (2)银器的清洁擦拭 A. 银盘清洗后立即用擦布擦干净，整齐地摆放在银器柜中 B. 银勺清洁后浸入60℃的热水中泡2~3分钟；将浸洗过的银勺擦干净；检查银勺是否有氧化点或被腐蚀的痕迹，若有此情况，需送管事部做银器打磨或做特殊处理；擦拭过的银勺要用手拿龙面勺柄，不可用手指触到勺上面；将银勺整齐地摆放在银器抽屉里；定期送管事部做银水洗涤及银面打磨 C. 银筷架清洗擦干净后放入托盘，避碰撞，整齐地摆放在银器抽屉中 (3)玻璃器皿的清洁、消毒、擦拭 A. 送管事部清洗后取回，清点数目 B. 将清洗后的高脚杯、饮料杯等玻璃器皿放入80℃的热水中浸泡1分钟 C. 擦拭高脚杯和饮料杯：将高脚杯布对角拉开，左用拿住一角，把高角杯底座放在左手擦布内，用右手拿起擦布的另一角并用擦布包住右手进入水杯中，然后左右手合作转动水杯，直至水杯擦干净，最后擦拭杯底部；用相同的方法擦拭饮料杯 D. 在灯光下检查擦过的玻璃器皿，确保干净，无水迹，无破损 E. 将擦拭干净的玻璃器皿分类整齐有序地摆放在边柜内或酒车内，拿玻璃器皿时，手指不能接触上端，必须拿高脚杯的高脚部位和饮料杯底部位
3. 布巾的准备	(1)小毛巾的准备 A. 将从布巾室领取回的干净小毛巾浸泡在热水中，拧开后对折成长方型，再卷紧成圆柱形 B. 将卷好的小毛巾整齐有序地摆放在毛巾炉内保温 C. 将毛巾夹和毛巾竹船清洗干净，放在固定位置备用 D. 小毛巾的温度要达到40℃，并且干净无味 (2)更换布巾和小毛巾 A. 分类清点用过的布巾和小毛巾的数目并记录，口布10个一捆系好，清洁布巾车后，把用过的布巾和小毛巾放入 B. 到领位台抽屉内从布巾夹上取出上次的布巾欠单，将清点过的布巾和小毛巾送至布巾室更换 C. 清布巾室清点并填写布巾欠单，写清各类布巾的数目；将上次的布巾欠单交给布巾室，按所欠数目领取干净的布巾和小毛巾，并清点无误 D. 将新领回的布巾和小毛巾分类整齐有序地放在服务边柜内，布巾欠单放回领位台抽屉内的布巾夹内
4. 中餐摆台	(1)中餐零点方台摆台标准 A. 选择尺寸合适、干净、无破损、熨烫平整的台布；手持台布立于餐桌上侧，将台布抖开，台布凸线要向上，正对台的中央，四角均匀下垂 B. 方台一侧摆放四套餐具，中央放花瓶 C. 每套餐具摆放：先放银盘，距台边10 cm，上面摆放骨盘餐巾；银盘左前方摆放鱼翅碗，距银盘0.5 cm，碗中放汤勺，勺柄向左；银盘另上侧放水杯，右侧与水、酒杯正对处放银筷架，银筷架上平等摆放银勺和带有标志的筷子，中间可放牙签 (2)中餐宴会摆台标准 A. 中餐宴会席位圆台摆设形式(参考宴会服务部分) B. 中餐宴会席位长方台摆形式(参考宴会服务部分) C. 中餐宴会圆台摆台标准：抖台布，台布凸线正对圆台中央；先摆银盘，距台边1 cm，上面放

（续）

程　序	标　准
4. 中餐摆台	骨盘，再放折花的口布；银盘正前方摆豉油碟，距0.5 cm；在豉油碟右侧正前方依次摆放水杯、白葡萄酒杯、茅台杯；在水、酒杯的下方摆放银筷架；并平行放置银勺和筷子，两者之间或放牙签；筷架右上方摆放烟缸，下放垫盘，烟缸内放火柴，酒店标志向客人；水杯与豉油碟之间可放菜单
5. 开餐前的日检查与每日餐前会	(1)开餐前的日检查 A. 开餐前1小时，打开所有照明设备，检查各种设施、设备是否正常；检查空调设备，确保餐厅温度在20~24℃之间；检查背景音乐是否正常 B. 主管按每日检查表，逐项检查并认真记录，发现问题及时报修解决 (2)召开每日餐前会 A. 每日餐前会由经理或副经理主持 B. 餐前会主要内容有：检查服务员仪表、仪容，检查出勤情况，介绍酒店及餐饮部的活动，特别是与本餐厅有关的活动；传达酒店或餐饮部的新指示；介绍酒店客源情况；介绍当时厨房供应情况及特式菜，介绍当日短缺菜品；进行人员分工，特别提示宴会或预订要求；指出服务中存在的问题和要达到的目标 C. 每天要事先准备餐前会提示

(2)中餐零点服务程序与标准

程　序	标　准
1. 接受预订	(1)接受客人当面预订 A. 当客人来到餐厅时，公关员向客人表示问候，“Good morning(g/a. g/e), sir/madam.”得知客人订餐时，主动报告自己姓名并表示愿意提供服务 B. 礼貌地询问客人姓名、房间号码、联系电话、用餐人数、用餐时间、特殊要求；若客人是宴会预订，则主动、热情地提供宴会预订服务 C. 重复客人预订之内容，让客人确认 (2)接受客人电话预订 A. 按接听电话的要求，向客人表示问候，并主动为客人提供服务 B. 按上述标准为客人做好预订服务并确认 (3)做服务准备 A. 通知当班主管，按预订人数摆台 B. 将客人特殊要求通知厨师长
2. 迎接客人	(1)迎接服务 A. 公关员面带微笑，迎上前两步欢迎客人的到来。“Good morning(g/a. g/e), sir/madam, Welcome to……” B. 若知道客人的姓名或职务，要称呼其姓名或职务，若是VIP，经理必须在门口恭候迎接 C. 确定客人是否有预订，若有预订把客人引至安排好的餐台或安排好的雅座单间；若客人未预订，可立即做预订，若客人不吸烟，可引领至不吸烟区就座 D. 协助客人在衣帽间存放衣物，并将取衣牌礼貌地交给客人；提醒客人保管好自己贵重的物品 (2)引领就座 A. 公关员根据客人数目，右手持与人数相当的菜单，在客人左前方1.5 m处，引领客人进入餐厅并前后照应 B. 在为客人准备好的餐台前，以手势(掌心向上，四指并拢自然伸直)指示方向并说：“This way please, sir/madam.” C. 当客人想选定某一餐台已经有预订时，礼貌地告诉客人，“对不起，这个座位已经有了预订，请您这边坐。”并征求客人对所安排座位的意见，“Would you like here, sir/madam?” D. 公关员协助客人就座，双手轻稳地拉出椅子，待客人到位后，用双手提起椅子两边，再用膝盖顶回椅子，使椅子对准餐位，让客人坐稳；就座次序应先女后男，先长后幼，先客后主；若有儿童就餐，主动安排童椅，并注意椅面是否清洁 E. 公关员告知部长客人就餐人数，主人姓名、房间号码，以便在服务时称呼客人姓名

（续）

程　序	标　准
3. 展示菜单及酒水饮料单	（1）铺餐巾 A. 客人落座后，侍应生应该按礼宾次序为客人铺餐巾 B. 一般主动站立在客人右侧为客人铺餐巾，面向客人，双手持餐巾，右手在前，左手在后，将餐巾铺在客人腿上，并说："Excuse me，sir/madam. Here is your napkin." C. 注意餐巾不可有污迹，无破损；为儿童铺餐巾时，要征询家长的意见，铺餐巾时，侍应生不可将自己臂的肘部送到客人胸前 （2）展示菜单及酒水饮料单 A. 公关员在开餐前认真检查菜单、酒水饮料单，确保干净、整洁、无破损，保证相应的数量，并在第一页配有厨师长的特荐菜单 B. 客人落座后，公关员站在客人右侧，按礼宾次序，为客人依次展示菜单、酒水饮料单；打开菜单第一页，双手持菜单或酒水饮料单，右手在上，左手持菜单或酒水饮料单下角，将单正对客人递上，"Excuse me，sir/madam，Here is your menu."简明地向客人推荐销售
4. 酒水饮料服务	（1）小毛巾服务 A. 客人落座后，按照礼宾次序为客人提供热毛巾服务 B. 将毛巾箱内折好的热毛巾，摆放在托盘上，送至客人手上；把热毛巾摆放在骨碟的右侧并说："Excuse me，sir/madam. Here is your hot towel，please" C. 客人用过热毛巾后，侍应生可询问客人，"Excuse me，sir/madam May I take it?" D. 客人用餐中间需要或客人用餐毕，再提供热毛巾服务 （2）问饮料及酒水 A. 提供迎宾茶服务，站在客人右后方，距其一步距离，用轻柔、甜润的语言向客人问茶，"先生/女士，请问您饮用什么茶，我们这里有……"，"我们这里为您备用××茶、××茶……" B. 在客人需要其他饮料和酒水时，可以根据客人的国籍、民族、性别及年龄，向其推荐饮料和开胃酒，"Excuse me，sir/madam，Would you care of some drinks?"推荐要有礼貌，有分寸 C. 填写饮料、酒水单：酒水单夹中放置饮料及酒水单，左手托夹右手书写；工整清楚地写清客人姓名、台号、客人人数、饮料或酒水名称、数量及日期；若客人较多，可用画图定位的方法记住每位客人所点的饮料及酒水，以便准确服务 D. 重复客人订单的内容，得到客人确认并向客人致谢 （3）饮料及酒水服务的一般标准 A. 客人对饮料及酒水确认后，侍应生到酒吧取饮料或酒水，从客人确认到饮料或酒水送到餐台不得超过5分钟 B. 根据客人的座次，将第一客人的饮料或酒水放置托盘的远离身体一侧，主人的饮料放在托盘的里侧，以便于服务且准确 C. 客人的饮料及酒水杯要按标准摆放地，上饮料酒水要按礼宾次序；倒饮料时，左手托盘，右手持客人点用的饮料或酒水，在客人右侧，右腿在前并迈出半步，身体前倾，轻稳地将其倒入杯中，"Excuse me，sir/madam，Here is your……"；同一桌客人的饮料或酒要在同一段时间内完成服务；避免coke、beer等含气体的饮料及酒水溢出 D. 上小食芥酱：从客人右侧上吃芥酱，确保新鲜，不变质；向客人介绍，"这是广东粤菜的芰头，请您慢用" E. 随时观察客人杯中饮料或酒水饮用情况，待剩下1/3体积时，立即礼貌地询问客人是否需要添加，"Excuse me，sir/madam，Would you like one more?"若客人需要添加，可开具饮料单，立即送上饮料或酒水，若客人不需要再添加饮料或酒水，待客人饮用完，征询客人意见撤下空杯 （4）中国茶服务 A. 中国茶文化十分丰富，不同的菜系的服务方式、特点不同，但其有基本的传统服务方式，体现热情、礼貌、典雅 B. 准备好茶车，放置一定种类的中国名茶，提供足量的三件套茶杯，在长嘴铜水壶内注满开水并加热保持温度 C. 客人点茶后，可以用中式茶壶沏一壶茶，为客人服务；侍应生用一餐盘托住茶壶，倒茶时用餐盘接住从壶嘴流下来的剩余茶水，再用干净布巾擦净壶嘴上剩余的茶水滴

（续）

程　序	标　准
4. 酒水饮料服务	D. 客人点茶后，亦可由茶师当场为客人冲茶；在三件套茶杯中放适量的茶叶，左手持茶杯，右手用铜壶将开水注入茶杯4/5处；盖上茶杯盖后请客人品茗 E. 随时为客人添加开水；当茶已淡后，可主动询问客人是否需要重新冲一杯 (5)啤酒服务(参阅酒水部“啤酒服务标准”)
5. 点菜服务	(1)为客人点菜 A. 部长负责为客人点菜：当客人在饮用饮料、开胃酒时，可主动询问客人是否点菜，“Excuse me, sir/madam, May I take your order, now?” B. 点菜：站立在客人右后方，距客人一步，手持菜单夹要正确；语言轻柔、甜润，面带微笑并注视对方；注意观察客人身份、国籍、民族、年龄、性别、健康情况，分析客人饮食习惯；有意识向客人推荐销售菜品，“我们今天特意为您准备有×××菜……” “请问您有什么特别中意喜欢的菜品吗?”“我们的厨师长特意推出时令菜×××，特菜×××，请您品尝”；可为客人介绍菜品系的特点，简要介绍菜品的主、配料，味道及制作方法；菜品应从中档菜介绍起；必要时向客人提出建议，考虑菜量大小(单位有例、中、大、斤、两、只、碟、窝、半打等)和食品搭配(海鲜类、肉类、蔬菜类搭配，味道、浓烈、清淡的搭配)；推荐补养菜品，适合不同年龄、性别的菜品；告诉客人某些菜品制作时间长，需要等候的时间；点菜时要耐心，一视同仁，不可有轻蔑的表示 C. 填写菜单：写清楚客人姓名、人数、台号、日期、送单时间、部长姓名；写清客人点的菜品、数量、单位。食品单填写有序，冷菜、汤、热菜、小吃、炒饭或妙面、甜食等 D. 重复订单内容，请客人确认并致谢 E. 将菜单收回，放置在服务边柜上；将订菜单入单，送至厨房(酒吧)、传菜员、收款处 (2)上豉油和撤筷子套服务 A. 侍应生左手持干净的口布，右手持豉油壶，按礼宾次序为客人上豉油于豉油碟内，“Excuse me, sir/madam, Here is your soy sause”；豉油量以至碟的1/3容量为准；不可将豉油滴在台布上或客人身上，豉油壶不可从客人眼前掠过；每倒一次豉油，立即用口布擦净壶口上的豉油 B. 倒豉油是一个信号，说明此餐台已点菜完毕 C. 站在客人右侧，礼貌地提示客人，为其撤下筷子套；拿起配有套的筷子，左手拿住筷子下端1/3以下部位，将筷子从套中取出，轻放在筷架上，筷子上的酒店标志一致向上，空套取走放置托盘内；检查筷子是否有污，是否边脚有破损；不可忙乱地将筷子掉在地上，若出现此情况，向客人道歉并立即重换新筷子
6. 饮食服务	(1)传菜及上菜服务 A. 传菜台上放置一定数量的干净无损的长托盘和圆托盘；准备干净无污迹的与菜品相配套的银托盘；准备定量的干净无损的餐具；将米饭保温备用 B. 传菜员接到订单后，检查订单是否已盖章，明确订菜品的台号、客人人数及侍应生姓名；掌握订单上是否有特殊要求，将特殊要求告诉厨师长并将结果转告侍应生 C. 通知冷菜单制作冷菜，确保冷菜在5分钟内送至餐厅 D. 为客人传送热汤至服务台 E. 传递热菜时，在厨房做好后的2分钟内送至餐台上；传热菜顺序可以按客人要求传送；一般按先传高档菜如鱼翅、鲍鱼、大虾等，后传鸡、鸭、肉类等，最后传蔬菜、炒菜；小吃可随热菜相应地送入餐厅 F. 接到甜食单后，请厨师制作，10分钟内送至餐厅 G. 食品送进餐厅，传菜员要准确告诉侍应生菜品名称及台号 H. 侍应生站在客人右侧，左手托盘，右手拿配有银托的菜品，放在餐台上，报上每一道菜的名称及掌故沿革，“先生/女士，现在可以上菜吗?”“这是您点的×××菜，请慢用”；需要跟汁的菜同时上汁，征询客人意见后可以给客人分菜，可以给客人起鱼骨刺；需要在餐台上加工服务时，动作要轻、稳、敏捷；侍应生要站立服务，选择适当位置，关注客人用餐情况，有意识地为客人服务

（续）

程　序	标　准
6. 饮食服务	I. 避免在主宾、主人、女士、儿童位置上菜；上菜时注意客人可能突然出现的动作，防止碰到菜盘，出现服务事故；若出现菜汁洒在客人身上或酒洒在台面情况时，不必慌张，道歉后用干净餐巾或口纸为客人擦干净，男侍应生不要直接给女士擦拭身上菜汁，礼貌地将餐巾递给客人，请客人擦拭，若把客人衣服弄脏，按规定送洗衣中心快洗 J. 托盘的使用标准 ●在餐厅内为客人提供服务，取送各种用具，必须使用托盘 ●使用圆托盘时，左臂肘关节弯曲约90°；左手手指分开，掌心顶住托盘底部中心位置，用拇指下端及另外四个手指下端托住托盘；托盘高度基本与腰部平衡，手托托盘要灵活，左臂可行动自如，不可将左臂紧靠身体 ●使用长托盘时，女侍应生用左手托住长托盘的重心位置，要领基本同圆托盘的使用，右手扶住托盘右沿，长托盘仅位于身体左侧，男侍应生用左手托住长托盘的重心位置，并将托盘托起至左肩以上，保持平衡 ●托盘内物品摆放要有规定，圆托盘内物品要整齐、有序，掌握重心，较重物品摆放在托盘靠近身体的里侧；长托盘内物品摆放重心应与长托盘本身的部位重心重合或接近；托盘内银器及瓷器需分类整齐摆放，且避免彼此摩擦、碰撞；用托盘取送玻璃器皿时，托盘内不可摆放其他种类器皿和用具 （2）白葡萄酒服务 A. 客人订完菜品后，部长可以主动推荐葡萄酒和白酒，介绍酒的产地、年份、味道及酒的特点（要视客人的国籍、身份、性别及点的菜品情况介绍） B. 白葡萄酒展示：客人订酒后，立即去酒吧取酒，不超过5分钟；先在冰桶中放入1/3体积的冰，再放入至1/2体积的清水，放在冰桶架上并配一条叠好的口布条；将白葡萄酒主放入冰桶，商标向上；把准备好的葡萄酒和用具一次拿到餐台主人座位的右侧，并放一豉油碟于主人餐具的右侧；侍应生左手持口布，右手持白葡萄酒，将瓶底部放在条状口布的中间部位，再把条状口布两端拉起至酒瓶商标以上部位，使商标全部露出；右手持用口布包好的酒，左手四个手指尖轻托酒瓶底部，送至主人面前，请主人看清商标，并礼貌地询问主人“Excuse me，sir/madam. May I serve you wine，now?” C. 白葡萄酒开启：得到客人允许后，把酒放回冰桶中，左手扶住酒瓶，右手用酒刀割开铅封，并用一块干净口布把口擦干净，将酒钻垂直钻入木塞，待全部钻入后，轻轻拨出塞，木塞出瓶时不应有声音，且注意不旋转酒瓶；将木塞放入豉油碟里 D. 白葡萄酒服务：侍应生右手持用条状口布包好的酒，商标朝向客人，从主人右侧斟入主人白葡萄酒杯中1/5体积的酒，请其品尝酒质；主人认可后，按礼宾顺序依次为客人斟酒，斟入杯中2/3体积处；每次斟酒完毕时，要轻轻转动一下酒瓶，避免酒滴在台布上；斟完酒后要将酒放回冰桶，商标向上；随时为客人添加酒水，当整瓶白葡萄酒将要倒完时，要询问主人是否再加一瓶；若不添加，待客人饮完酒后，立即将空杯撤掉并致歉意；若再添加，服务同上，并表示谢意 （3）红葡萄酒服务 A. 红葡萄酒的展示：客人订红葡萄酒后，立即去酒吧取酒，不超过5分钟，把红葡萄酒放置在铺上干净口布的红酒篮中，商标向上；侍应生将豉油碟放在主人餐具的右侧，右手提酒篮上端，左手托住酒篮底部，呈45°角倾斜，商标向上，请客人认定商标，并询问客人，“Excuse me，sir/madam. May I serve you wine，now?” B. 红葡萄酒开启：把红葡萄酒立在酒篮中，左手扶住酒瓶，右手用开酒刀割开封纸，并将瓶口擦净；用酒钻垂直钻入木塞，按规定动作取下木塞并放在豉油碟内，放在主人红葡萄酒杯右侧 C. 红葡萄酒服务：侍应生将打开的红葡萄酒放回酒篮，商标向上；右手拿起酒篮，从主人右侧为每位客人斟酒，最后再给主人斟酒，斟入杯中3/5体积处；每斟完一杯酒要轻轻动一下篮，避免酒滴洒在台布上；斟完一轮后，将酒篮放在主人餐具右侧，不可将瓶口对着主人；随时为客人提供酒水的添加服务 （4）加饭酒服务 A. 加饭酒展示：客人订加饭酒后，去酒吧取酒并准备与客人人数相符合的加饭酒杯；准备黄酒壶，冰桶内装1/3体积开水，并将冰桶放在冰桶架上，冰桶上横放一条叠好的口布；用一块口布

（续）

程　序	标　准
6. 饮食服务	垫着加饭酒坛向客人展示，商标向着主人，打开加饭酒，倒入黄酒壶内，再放入盛开水的冰桶中，告诉客人等待加热3分钟后可饮用 B. 加饭酒服务：将加饭酒杯放在客人筷子的右上方；将冰桶架放到主人座位的右侧；加饭酒加热至35℃左右时，开始为客人斟酒；左手拿口布，右手从冰桶中取出黄酒壶，用口布将壶底部擦干净，按礼宾次序为宾主依次斟酒，斟入杯中4/5体积处即可；随时为客人添加酒水，随时更换冰桶中的热水，以保证加饭酒的温度；黄酒壶中酒倒完时，马止将坛中的加饭酒倒入，继续加热；当加饭酒坛中将要倒完时，询问主人是否再加酒，服务标准同上 (5)茅台酒及其他名酒的服务 A. 茅台酒的展示：客人订茅台酒或其他名酒，立即去酒吧取酒，不超过5分钟；准备一块叠成12cm见方的干净口布和与客人人数相符的茅台酒杯；左手掌心放叠好的口布，把茅台酒瓶底放在口布上，右手扶住酒瓶上端，呈45°角倾斜，商标向主人，以展示茅台酒 B. 茅台酒服务：经同意后，在客人面前打开茅台酒；左手持方型口布，右手持茅台酒，按礼宾次序为宾主顺序斟酒，斟入酒杯4/5体积处；每斟完一杯时，轻轻转动瓶口，避免酒滴在台布上，再用口布擦一下瓶口；斟完一轮后，将酒放在主人餐具右侧，随时为客人添加酒水，当整瓶酒将倒完时，可礼貌地询问主人是否再加一瓶，服务标准同上 (6)整鱼的服务 A. 整鱼的展示：要给客人上整鱼时，在餐台上准备与客人人数相符合的餐盆，圆台摆在玻璃转盘上，长方台摆放在第二主人餐具的右前方；再准备一个公用餐盘，上放置一付主、主叉及一只银勺；将整鱼横向摆放在主人面前，鱼头向右鱼尾向左，鱼背不可向主人 B. 分餐服务：侍应生左手持主餐叉，将主餐叉轻放在鱼背上，以免鱼在盘中滑动，但不可插进鱼肉中，用右手的主餐刀在鱼头下面切一刀，在鱼尾上再切一刀，均切到鱼骨刺停止；交主刀从鱼头下每一刀口进入，然后刀刃向左，横向剔下鱼肉，直至鱼尾上刀口处；再把剔下的整片鱼肉平均切成四份，分放在四个餐盘中，将鱼头、鱼骨、鱼山脚刺及鱼尾轻轻挑起，放在鱼盘一侧；再将另一整片鱼肉，平均切成四份，分放在另外四个餐盘内，且鱼皮向上；分好的鱼(八份)按礼宾次序从客人右侧放在银盘上；从第二主人右侧撤下空鱼盘 (7)值台服务 A. 更换骨碟：客人用餐时，随时观察客人餐台，当给客人上过两道菜以后，或客人骨碟剩余的食品好久不食用时，可以为客人更换骨碟，“对不起，请问您还用吗?”“对不起，可以给您更换吗?”(“Excuse me，sir. madam. May I change you plate?”)经客人允许后，轻拿起银托上用过的骨碟，放在托盘中，再将干净、无破损的骨碟放在银托上，按顺时针方向，从客人右侧为其更换骨碟 B. 收取空盘：客人台面上的菜已食用完毕，应及时将空盘收起，“对不起，可以撤下这只空盘吗?”将空盘放在托盘内，放置有序送管事部清洗；台面上菜品摆放不开时，可以换小盘或两个菜(相同类别的)合并，“请问可以把这个菜换一个小盘吗?”操作时要轻稳；随时清理转盘及台面，务求清洁美观；若撤完餐具后，台面有菜汁等污渍，应在上面铺一块干净口布 C. 上汤、面食、米饭：根据客人订餐要求，为客人提供汤、面食及米饭服务，在服务车上分餐，量要均匀，并且询问客人是否需要再添加
7. 服务中特殊情况的处理	(1)为有急事客人服务 A. 公关员了解客人之急需，确认客人可接受的用餐时间并准确转告部长，把客人安排在靠门口的位置 B. 客人就座后，为其订饮料并上饮料；同时为客人订食品，向其推荐制作和服务较快的菜品和食品；若客人要订需等较长时间的菜品和食品时，要向客人说明所用时间，并询问是否可以等待 C. 订单写好后，立即送厨房，通知厨房和传菜员客人赶时间的情况和制作服务时限；在客人要求的时间内，迅速准确完成服务，且服务达到标准 D. 为客人提前准备账单，迅速准确结账，并对服务中的匆忙表示歉意 (2)为左手用餐的客人服务 A. 了解到客人用左手用餐时，应关照客人就座位置，若是方桌，请客人坐在左边没有客人的位置，若是圆桌，尽量使客人左侧半米内无客人落座

（续）

程 序	标 准
7. 服务中特殊情况的处理	B. 侍应生先用托盘站立在客人右侧将客人骨碟右侧的银筷架、银勺、筷子摆放在客人骨碟的左侧 C. 为客人服务饮料时，将饮料放在客人左手易取的位置，用右手托托盘，左手拿饮料，站在客人左侧服务 D. 为客人提供小吃和食品服务时，同样将食品从客人的左侧用左手放在餐盘上，将小吃放在客人的左侧 （3）为儿童服务 A. 客人带儿童到餐厅用餐时，应主动问询客人是否需要特制的儿童椅，确认后立即准备好；请客人将儿童抱到儿童椅上，放低儿童椅上的小桌，侍应生为儿童系上椅子上的安全带；侍应生主动为客人提供儿童用餐服务，以减少客人麻烦 B. 按儿童年龄摆放餐具，5岁以下儿童可摆放一个骨碟，一个鱼翅碗和一个勺；向客人推荐适合儿童口味的软饮料，并准备吸管；向客人推荐适合儿童品味的菜品和小点心；为客人分汤时，另准备一小汤碗，放在儿童母亲的右侧 C. 当儿童用餐完毕，客人在交谈而未照顾儿童时，可征得客人同意，由女侍应生照管儿童，逗其玩耍，但要注意安全或者准备小食品、小礼品、纸和笔，送给儿童，稳定其情绪 D. 当客人用餐完毕离开餐厅时，侍应生征得客人同意，将儿童从椅上抱下交给其母亲 （4）为生病客人服务 A. 当了解到客人生病需要特殊食品服务时，应热心地询问客人的病情，需要何种特殊服务，需要何种食品；若发现客人身体不适，但未告诉服务人员时，也应礼貌地问询，以便尽量满足客人的要求 B. 将客人安排在靠近餐厅门口的位置，以便离开餐厅或去洗手间，或为头痛、心脏不适的客人安排在远离乐队位置就座 C. 为客人推荐可口食品，并与厨房配合提供粥、面条一类的软食品或清淡的蔬菜；为客人提供白开水，便于服药 D. 若客人需要就医，可向其介绍附近的医院；由经理同客房部联系，告诉客人房间号、姓名，建议送上花篮、果盘，以示慰问 E. 若遇突发病客人，侍应生要保持冷静，经理立即通知酒店医务室和客房部总监，照顾客人在沙发上休息，若客人休克，则不宜搬动客人，同时安慰其他客人，等候医生到来，协助医生将客人送去医院 （5）听不懂客人问题的处理 A. 当客人第一次向侍应生提问没听懂时，必须礼貌地请客人再重复一遍，“Excuse me，sir/madam，May I beg your pardon?” B. 客人重复后，若仍未听懂，必须马上向客人道歉，并告诉客人马上请主管或经理帮助解决，“I am very sorry，sir/madam. I don’t understand. Please wait a moment. I’ll ask our restaurant manager to help you.” C. 不要轻易回答“是”或“不是”，以免发生不必要的误解，不可对客人的问题置之不理，以免引起更多的麻烦 D. 在问题解决后，再一次向客人道歉，并请教经理刚才客人提出的问题，从中学习新知识 （6）对挑剔客人的服务 A. 对挑剔客人服务时要礼貌、耐心，不打断客人讲话 B. 不准怀疑客人争论任何事物的正确与否，不准将自己的意志强加于客人 C. 不可因为客人挑剔而影响自己的情绪，应保持服务的热情、主动、礼貌 D. 对客人所挑剔的问题，在酒店不受损失的情况下，尽量给予解决 E. 记录受挑剔客人的姓名和饮食习惯，并提供给其他侍应生，以便在服务中关注 F. 全体服务人员在服务时，对待客人要一视同仁，保证一致性 （7）对老年人和残疾人的服务 A. 对老年人和残疾人要充满爱心，要尊重，尽量将他们安排在餐厅靠近门口或舒适的位置 B. 客人就座时须主动协助拉椅，移动餐台

（续）

<table>
<tr><th>程　序</th><th>标　准</th></tr>
<tr><td>7. 服务中特殊情况的处理</td><td>C. 对行动不便的客人要及时给予帮助，并随时关注他们，随时了解他们的特殊需求
D. 服务中要耐心、周到，不允许催促客人，不允许对客人指指点点
E. 如有必要特别是客人提出后，可帮助客人将食品切开
(8)对独立就餐客人的服务
A. 独立就餐的客人应安排就座于边角或靠窗的座位
B. 侍应生多与客人接触，服务过程中延长在客人桌旁的停留时间
C. 对经常光顾餐厅独自一人的客人，要记住客人的饮食习惯，有意安排一个固定位置
D. 服务速度应适中或尊重客人习惯
E. 主动提供报纸或杂志给客人
(9)接待穿戴不整齐的客人
A. 穿戴不整齐的客人出现在餐厅门口时，公关员首先应热情、礼貌地表示问候，并用诚恳、礼貌的态度提醒客人，餐厅用餐时的衣着要求，婉转地告诉客人衣着不合规定之处，礼貌而有效地阻止客人步入餐厅
B. 客人是住房者，建议其回房间更换衣服，并表示将为他保留用餐的座位；若客人不住在本酒店，建议客人换上酒店为其准备的长袖衫和长裤，并请客人等候，请制服室的员工为其提供较合身的衣服；若客人前来参加宴会，又不愿穿酒店制服，可以征得宴会主人同意，请客人坐在较靠里边，尽量减少走动的座位
C. 若遇到态度较强硬的客人，需耐心向其解释酒店的规定，请客人理解
(10)餐厅客满情况的处理
A. 餐厅客满后，对来进餐的客人首先表示问候，礼貌地告诉客满并表示歉意，“Good evening, sir/madam. Welcome to our restaurant. But I'm sorry, the restaurant is full, Please wait a moment, I will check and get a table for you!”
B. 确认餐厅内客人用餐情况，预计客人大约等候时间，向客人提出建议，请其在餐厅外休息室等候，并告诉客人，在餐厅有客座时，会尽快请客人进餐，“Excuse me, sir/madam. Would you like to have some drink at bar. When we have a table, I will inform you as soon as possible.”
C. 若客人同意等候，首先提供酒水服务，同时请客人看菜单，确保客人能按时就餐；若客人不同意接受等候的建议，立刻介绍客人到本酒店的其他餐厅主餐，并介绍其他餐厅的风味特点，若客人同意去其他餐厅就餐，就立即用电话帮助客人做订餐预订，告诉客人其他餐厅的位置并再一次为客人不能在本餐厅就餐表示歉意
(11)食品包装服务
A. 客人提出将剩余食品包装带走时，侍应生应把食品撤下，并告诉客人厨房为其包装食品所用的时间
B. 把食品分类用保鲜纸包装，确保汤汁不外溢
C. 包装好的食品放入食品盒内，用托盘送至客人面前，打开盒盖请客人认可
D. 将食品盒封好，装入印有酒店标志的塑料袋品，请客人过目并双手递给客人
(12)客人投诉的处理
A. 接受客人投诉：礼貌、耐心地接待客人，表示出对其投诉的关注，使客人平静下来，倾听客人投诉的原因，诚恳地向客人道歉，正面回答客人的问题，不推卸责任；不允许与客人发生争执
B. 处理客人投诉：了解客人的需要；找有关人员查询，落实情况；积极寻求解决办法，尽量满足客人要求；与客人协商解决办法，不强迫客人接受；按协商后双方认可的办法解决客人问题，向客人再次表示歉意
C. 食品质量的保证：传菜员确认每一道菜与客人订单相符，并检查色、香、味、形上都符合标准后，可将菜品传入餐厅；侍应生再次检查菜品、食品的质量，确保菜品的种类分量与订单一致后，可将菜品送上餐台；凡不合质量者，送回厨房，请厨师长解决</td></tr>
<tr><td>8. 甜品服务</td><td>(1)菜上齐并征询意见
A. 观察食用菜品的情况，再次向客人推销
B. 认真清点核对客人菜单与实际上菜情况后，认定客人菜品上齐，站在请客主人右侧，礼貌地</td></tr>
</table>

（续）

程 序	标 准
8. 甜品服务	说明，“您的菜已经全部上齐，请问您还添些什么菜品吗？” （2）清理台面，上牙签和热毛巾 A. 当客人享用完毕，可问询客人，“对不起，现在可以清理台面吗？”客人应允后，站在适当位置，左手托着托盘右手收拾台面，从大到小将菜盘收到托盘内，将豉油碟放入鱼翅碗内一起收，将分羹、筷架、筷子放在骨碟上一起收到托盘内，动作轻、稳、敏捷，清理台面不可站在主宾、主人、女士旁的位置 B. 将牙签放在转盘靠边处，并提示客人“请用牙签” C. 按上述的“小毛巾服务”标准，并提示客人“请用热毛巾” （3）饭后热茶服务 清理台面后，更换新茶杯及碟，斟上新茶水，提供热茶服务 （4）甜品服务 A. 客人用完正餐后，部长应主动推销餐后甜品（甜品也可以在客人点菜时订），“先生/女士，现在是××季，我们为您备有××、××……水果很新鲜，是×××地产的，请问您用哪种水果？”“我们备有××、××甜品，请问您用哪一种？” B. 填写订单并送至厨房、传菜员、收款处，为客人制作 C. 根据客人点甜品的种类上餐具，用托盘将骨碟和叉送至餐台，并按礼宾次序为客人摆放甜品餐具；骨碟放在中间，叉放在骨碟右侧；若餐桌上有菜汁时，应铺一块干净的口布，并清洁圆台面上的玻璃转盘 D. 将制作好的甜品按规定送至客人面前享用 E. 客人吃完甜品后，马上撤走空餐具
9. 结账	（1）征求客人意见 A. 当客人用餐完毕后，部长站在适当位置，面带笑容，身体微向前倾，眼睛注视客人，用礼貌的语音，诚恳地征求客人对菜品和服务的意见，“先生/女士，您对今天的菜品感到满意吗？”“希望您提出宝贵意见，使我们改进工作”“对不起，我们一定注意改进”“谢谢您的鼓励” B. 对客人提出的意见和建议认真记录，并对客人表示感谢 （2）餐厅停止营业前为客人订食品 A. 餐厅在停止营业前10分钟，部长轻声礼貌地提示客人，餐厅将要停止营业是否需要再添加食品、甜品和水果 B. 若客人需要添加，可给客人订食品并按标准服务；若客人不需添加，礼貌地向客人道歉 （3）结账服务 A. 结账前，再次询问客人，“请问您还需要添些什么吗？” B. 在客人要求结账时，部长请客人稍等，立即去收款台为客人取账单；告诉收款员所结账单的台号，并检查账单台号人数、食品及饮品消费额是否正确 C. 账单放在收单夹内，走到主人右侧，把面前的茶杯移开，将账单夹打开，右手持夹的上部，左手托夹的下部，递到主人面前（或放在主人面前的台面上），请主人检查核对（一般注意不让其他客人看到账单）“这是您的账单，请过目”“Excuse me，sir/madam，Here is your bill”。可以把金额指示给客人，当客人提出疑义时，可耐心、有礼貌地向其解释 D. 当客人签单结账时，在送上账单的同时递上笔，并礼貌地提请客人写清房间号、正楷姓名及签字；核对住房卡，诚恳地感谢客人，把账单送回收款处。当客人使用信用卡结账时，请客人稍等，将信用卡和账单送回收款处；收款员做好信用卡收据，部长检查无误后把收据、账单和及信用卡夹在账单夹内，再拿到餐厅递给客人并递上笔，请其分别在账单和信用卡收据上签字，核对签字与信用卡上签字是否一致，将需给客人的存根页递给客人；再一次诚恳地表示感谢；把账单及信用卡的有关部分交收款处 E. 当客人以现金结账时，应在客人面前清点金额，轻声与客人确认后，把现金、账单送回收款处，请客人稍候；收款员收银完毕，部长将交给客人的存根及找的零钱夹在账单夹内，送回至主人处，并轻声确认，“谢谢，这里收了您×××元，找回您×××元，请清点一下” F. 当客人以支票结账时，请其出示身份证及联系电话，并将账单和支票、证件同时送给收款处，收款员结账完毕并记录下证件号码、联系电话后，部长把账单存根、支票存根核对后送交客人；

（续）

程　序	标　准
9. 结账	若客人使用密码支票时，请客人说出密码号，记录在一张纸上，在结账后，当着客人面销毁密码号；真诚地向客人表示感谢 G. 当客人需要开发票时，应询问发票上写明的单位名称等信息；结账时，请收款员按单位名称等信息开具发票，部长核对是否正确，确认无误后送交给客人
10. 送客服务	（1）结账后的服务 若客人结账完毕后，并不立刻离开餐厅，而继续交谈时，侍应生应继续服务，为客人添加茶水、更换烟缸 （2）送客服务 A. 客人结账后有意离开餐厅时，侍应生迅速到客人身后，协助客人拉开座椅，帮助穿上衣服 B. 部长和侍应生要向离座位的客人致谢意，“×××先生/女士，您吃好了，谢谢您的光临，欢迎您再来”；礼貌地提请客人不要忘记物品，“×××先生/女士，这是您的××，请不要忘记”；与客人道别时，要目送客人走出餐厅并微笑致意，客人确实离开餐厅，侍应生方可拿托盘到餐台前清理餐具 C. 主管或经理要将客人，尤其是带来用餐的客人送至餐厅门口，并表示谢意 D. 公关员双手接过客人取衣牌号，迅速取下客衣并核准，协助客人穿上衣服；将客人送至餐厅门口并表示感谢，欢迎再次光临；公关员应协助客人进入电梯
11. 结束工作	（1）客人离开后撤台 A. 撤台时必须使用托盘，将椅子搬回原位，左手持托盘，右手将台面上使用过的餐具分类，整齐地放入托盘撤下，放到指定位置 B. 更换圆台布，撤完餐具后，侍应生清理台面，右手用两把银勺，将餐桌上的牙签套、牙签及食物残渣夹到托盘上，倒入垃圾桶内；把客人用过的口布放在托盘上，送到服务台边柜上，将玻璃转盘清洁干净后，从台面上取下，放置在稳定的地方；取出干净、无破损，熨烫平整的台布，放在椅背上，再把用过的台布放里折好，取下放在座椅上，将新台布铺好；检查新铺台布符合标准后，将玻璃转盘轻轻放在圆桌正中间并检查其工作情况；将用过的台布、口布放在布巾车内，到布巾室按手续更换 C. 更换方台布，标准同上，铺台布标准参阅摆台布 （2）结束工作 A. 整理餐厅：洗涤擦干所有用过的银器，连同未使用的餐具一起清点数目，进行登记并分类锁放；将餐厅的贵重用品锁放；将用过的布巾清点数目，登记后送布巾室；将剩留的食品和配料送交厨房或处理掉；从洗碗间取回清洗干净的各种瓷器和玻璃器皿并分类锁放；关闭电器开关和电灯 B. 主管和经理检查整理情况和安全情况 C. 上锁后将钥匙送交客房送餐办公室并登记

案例

一天，上海某饭店的宴会厅内正在举办一个大型婚宴。席间气氛热烈，参与者不停地走动、敬酒、说笑，向新人祝贺，整个大厅充满了喜庆的气氛。

宴会在热烈进行，一位服务员手托一盆刚出锅的热汤向主桌走去。刚到桌旁停住，新郎突然从座位上站起准备向别人敬酒，一下子撞到了服务员的身上。服务员出于职业本能和潜意识的支配，将汤盆向自己身上拉来，高温的热汤泼到了他的胳膊上。顿时，他感到剧痛钻心，但他却强忍疼痛，不哼一声，脸上仍带着微笑，并向新郎道歉。

婚宴还在进行，这位服务员继续忙着为客人们上酒上菜，直到大家一一离席为止。当新人向接待婚宴的服务员道谢时才发现，这位服务员的手臂上烫起了几十个水泡。大家问他为什么被烫的时候不说？服务员回答，如果被烫时表现出反常神情，便会影响婚宴喜庆的气氛。新郎和新娘听后，异常感动，半天都说不出话来。

评析：

本例中的服务员体现了很高的职业素养。为了迎合婚宴的喜庆气氛，达到了客人满意的服务效果，他能够克服难以忍受的肉体痛苦，仍然面带微笑，不动声色地继续为客人服务，实在难能可贵。服务员在为客人服务时，有时会遇到一些意想不到的事情，并给他们带来精神甚至肉体上的痛苦，能不能忍受这些痛苦，继续坚守岗位，是需要有一种精神的。从这个案例中，我们可以发现：

（1）忍耐是一种职业素养的体现。当服务员遇到使自己身心蒙受痛苦和委屈的情况时，应考虑到饭店的利益，忍让为先，将事故的责任揽到自己身上来，把“正确”让给客人。本案例中，服务员由于客人突然站起碰洒了汤而被烫伤，但他却忍住痛苦，反向客人道歉。这种做法既保全了客人的面子，又保持了宴会的气氛，使婚宴得以圆满进行。如果没有很高的职业素养，这位服务员是做不出这种行动来的。

（2）防范事故应永不松懈。本例中的服务员因客人的突然行为而被烫伤，来不及防范，这说明我们应增强一定的预防和防范能力。如看到场面热闹、客人常起身敬酒时，要马上考虑到汤是不是会被碰洒，要让客人意识到你来上菜或上汤，这样就能最大限度地避免一些可能出现的事故。

（3）饭店应提倡和表彰服务员在服务中的忍让精神，对他们因忍让和奉献所受的委屈、痛苦、损失，应尽可能地让其释放出来，并给他们以更多的温暖和关心，必要时，应找人替下伤员。这样能让服务人员感受到饭店的关怀，使他们真心实意地甘愿为企业和客人的利益奉献。

习 题

1. 中式菜肴类别有哪些？
2. 简述中餐零点午、晚餐服务程序。
3. 简述团体餐服务的准备工作及开餐服务步骤。
4. 简述宴会服务的基本步骤。

模块 7　西餐服务

项目 23　西餐概述

☞ **知识目标**　了解西餐的基本常识和概况。

☞ **技能目标**　掌握西餐常见的菜品。

基本理论

随着生活方式的更新和社会交往的活跃，我国吃西餐的人越来越多。在各类机构的涉外活动中，为适应国外客人的饮食习惯，有时要用西餐来招待客人。西餐厅一般比较宽敞，环境幽雅。因此，在公共关系宴请中，西餐是一种比较受欢迎的招待形式。西餐源远流长，又十分注重礼仪，讲究规矩，所以，掌握一些西餐方面的知识是十分必要的。

23.1　西餐的主要特点

23.1.1　味香醇、浓郁

①西餐多用奶制品，如鲜奶油、黄油、干酪等。

②西餐的调料、香料品种繁多。烹制一份菜肴往往要使用多种香料，如桂皮、丁香、肉桂、胡椒、芥末、大蒜、生姜、香草、薄荷、荷兰芹、蛇麻草、驴蹄草、洋葱等。

③西餐常用葡萄酒作为调料，烹调时讲究以菜配酒，做什么菜用什么酒。

23.1.2　独具匠心的烹调方法

常用的西餐烹调方法有煎、煽、炸、烤、烩、烘、蒸、熏、炖、煮、扒、铁扒、铁板煎等。其中，铁扒、烤、焗在烹调中更具特色。

23.1.3　调味沙司与主料分开单独烹制

①沙司也称为调味汁，在西餐中占有很重要的地位，厨房中设有专门的厨师制作，不

同的菜肴制作不同的沙司，在使用时严格区分。

②西餐菜肴在形态上以大块为主，很少把主料切成丝、片、丁等细小形状，如大块的牛排、羊排、鸡、烤肉等。大块原料在烹制时不易入味，所以大多要在菜肴成熟后拌以或浇上沙司。

23.1.4 注重肉类菜肴的老嫩程度

①欧美人特别讲究肉类菜肴(特别是牛肉、羊肉)的老嫩程度。一般有5种不同的成熟度，即全熟(well-done)、七成熟(medium well)、五成熟(medium)、三成熟(medium rare)，一成熟(rare)。

②值台员在客人点菜时，必须问清宾客的需求，厨师应按宾客的口味进行烹制。

23.2 西餐服务的主要特点

西餐是讲究礼仪、规格、格调高雅的一种餐饮文化。西餐服务更是一种优雅、规范、体贴入微的服务方式。

23.2.1 就餐服务之前征求客人的选择

在西餐服务中，上任何东西，都要征求客人的选择。例如：

①客人点了牛排，服务员必须问清楚客人需要几成熟？问完之后，还要询问客人需要何种调味汁？

"How would you like your steak done, sir?"

"Well done, medium well, medium, medium rare or rare?"

②如果客人点色拉，你要问清客人需要何种色拉汁？

"What kind of salad dressing would you like to have oil and vinegar, French dressing, thousand island dressing, or roquefort dressing?"

③在客人前烹制凯撒色拉时，要将装有各种调料的盆子端给客人看，询问客人是否要放全每种调料？

④客人点煎蛋，要问清是双面煎还是单面煎。

服务员让客人的"选择"越多，客人得到热情服务的机会就越多，满意度就越高。但对服务员来说，要求就更高，劳动强度就更大，动作也就要更麻利。

23.2.2 服务员具备较高的知识和技能

①首先作为西餐服务员必须熟练掌握英语，至少能与客人进行简单的交流和对话，要掌握常用的专业词汇，否则无法工作。酒店工作的含金量就体现在语言上。

②要全面了解西餐菜肴、酒水等方面的知识。例如酒，目前市场上流行的酒的品种有3000多种，什么菜配什么酒都有讲究，从开瓶、掀瓶、用杯到斟酒的姿势、深浅都有讲究，各不相同。白葡萄酒要冰镇后，当场开；红葡萄酒要常温下，提前30分钟开，让酒中的微生物与空气接触，产生第二次化合反应味道最醇。喝白兰地要用白兰地杯，而且姿势要用手掌紧贴杯底，让手上的温度传递给酒液，这样不但味醇而且香味扑鼻。

③作为高级西餐厅的西餐服务员，还相当于半个厨师，有些菜肴要当着客人的面切、煎牛排、做沙拉、制作甜品。客人可以边吃边欣赏服务员的表演，这就要求服务员具有较高的服务技能。

23. 2. 3 服务标准化、规范化程度高

西餐的制作是非常讲究标准和规范的。例如做甜点，面粉、糖、黄油等各种成分都明确标明了几克、几勺、几杯，甚至用到鸡蛋时，连鸡蛋的大小都会说明。勺的尺寸也有明确标准，小一点的勺是茶匙，大一点的勺是桌匙。烤的温度和时间也明确规定好了多少度多少分钟。

同样，服务也是如此。4 位客人就是 4 人台，8 位客人就是 8 人台，无论客人多少，每位客人占有桌面的宽度是一样的，西餐若 8 人减到 4 人，服务员就会安排 4 人就餐桌。

又如沏茶，西方人喜欢喝红茶，沏红茶，用多少茶叶、用漏格、勺子量出或用袋泡茶。一壶一沏，倒光了再新来一壶。英国立顿袋泡红茶就是典型的标准化例子，一袋一泡，喝完再来一袋。

23. 2. 4 注重服务礼仪，体现高雅气质

西方人是非常注重西餐礼仪的。西餐服务员更注重服务礼仪、仪表仪容、形象气质。例如，西餐服务员的白天服装与晚上服装有严格区别，这势必造成服务员每开一顿饭，就要换一次衣服。这样，多样性、整洁性就出来了。服务员养成了换衣洗衣的好习惯。其次，西餐服务是淑女服务、绅士服务。它要求服务优雅，不卑不亢，始终保持微笑。世界著名的里兹-卡尔顿酒店的服务口号是：We are ladies and gentlemen serving ladies and gentlemen!（我们是为女士、先生服务的女士和先生），这个口号对传统的服务形式作了质的更改，酒店服务员不应该是唯唯诺诺、没有礼貌、缺乏修养的服务员，而是训练有素、落落大方、举止优雅的服务形象，客人一进饭店，看到的不是“仆人”，而是“亲人”，与自己同层次的人士。

23. 3 西餐的主要菜式和特点

23. 3. 1 法式菜

法式菜的特点：

①选料广、精、鲜　一般来讲，西餐在选料上有一定的局限性，但法式菜选料却比较广泛，如各种海鲜、海味、蜗牛、野生的黑蘑菇等均用来入菜。法式菜对原料的要求也比较严格，讲究精而新鲜，不合要求的原料绝不使用，或降级使用。

②讲究原汁原味　法式菜非常讲究少司(汤汁)，一般要由专门的厨师制作。有些基础汤汁要煮制 8 小时以上，而且根据不同的菜肴选择汤汁。

③追求鲜嫩特点　法式菜追求鲜嫩，要求菜肴水分充足、质地嫩，如制作牛肉扒一般只要求三、四成熟，有些海鲜可生食。

④喜欢用酒调味　法国盛产酒类，所以烹调中也喜欢用酒调味。他们会根据不同的菜

肴选择不同的酒类，使用量也很大，以致许多法国菜都带有酒香。如清汤用葡萄酒，海味品用白兰地酒，甜品用各式甜酒或白兰地等。

法式菜肴的名菜有：马赛鱼羹、鹅肝排、巴黎龙虾、红酒山鸡、沙福罗鸡、鸡肝牛排等。

23.3.2 英式菜

英国的饮食烹饪，有家庭美肴之称。

英式菜肴的特点是：

①油少、清淡，调味时较少用酒，调味品大多放在餐台上由客人自己选用。

②烹调讲究鲜嫩，口味清淡，选料注重海鲜及各式蔬菜，菜量要求少而精。

③英式菜肴的烹调方法多以蒸、煮、烧、熏见长。

英式菜肴的名菜有：鸡丁沙拉、烤大虾苏夫力、薯烩羊肉、烤羊马鞍、冬至布丁、明治排等。

23.3.3 美式菜

美式菜是在英式菜的基础上发展起来的。

美式菜的特点：

①简单、清淡，口味咸中带甜。

②常用水果作为配料与菜肴一起烹制，如菠萝焗火腿、菜果烤鸭。喜欢吃各种新鲜蔬菜和各式水果。

美式菜肴的名菜有：烤火鸡、橘子烧野鸭、美式牛扒、苹果沙拉、糖酱煎饼等。

23.3.4 俄式菜

沙皇俄国时代的上层人士非常崇拜法国，贵族不仅以讲法语为荣，而且饮食和烹饪技术也主要学习法国，但经过多年的演变，特别是俄国地带，食物讲究热量高的品种，逐渐形成了自己的烹调特色。现在俄罗斯人喜食热食，爱吃鱼肉、肉沫、鸡蛋和蔬菜制成的小包子和肉饼等，各式小吃颇有盛名。

俄式菜的特点：

①俄式菜肴口味较重，喜欢用油，制作方法较为简单。

②口味以酸、甜、辣、咸为主，酸黄瓜、酸白菜往往是饭店或家庭餐桌上的必备食品。

③烹调方法以烤、熏、腌为特色。俄式菜肴在西餐中影响较大，一些地处寒带的北欧和中欧部分国家的人们日常生活习惯与俄罗斯人相似，大多喜欢腌制的各种鱼肉、熏肉、香肠、火腿以及酸菜、酸黄瓜等。

俄式菜肴的名菜有：什锦冷盘、鱼子酱、酸黄瓜汤、冷苹果汤、鱼肉包子、黄油鸡卷等。

23.3.5 意式菜

在罗马帝国时代，意大利曾是欧洲的政治、经济、文化中心，虽然后来意大利没落了，但就西餐烹饪来讲，意大利却是始祖，可以与法国、英国媲美。

意式菜的特点是：

①原汁原味，以味浓著称。

②烹调注重炸、熏等，以炒、煎、炸、烩等方法见长。

③擅长做各种各样的面食。

意大利人喜爱面食，做法吃法甚多。其制作面条有独到之处，各种形状、颜色、味道的面条至少有几十种，如字母形、贝壳形、实心面条、通心面条等。意大利人还喜食意式馄饨、意式饺子等。

意式菜肴的名菜有：通心粉素菜汤、焗馄饨、奶酪焗通心粉、肉末通心粉、比萨饼等。

23.4 西餐的构成

西餐的午、晚餐不论是宴会还是便餐，大致由头盆、汤类、副盆、主菜、甜点组成。

23.4.1 头盆(appetizers)

头盆就是开餐的第一道菜，旨在开胃，所以又称开胃品或开胃菜，一般数量较少。头盆又分为冷头盆和热头盆。头盆常用中、小型盘子或鸡尾酒杯盛装。色彩鲜艳，装饰美观，以达到增进宾客食欲的目的。

冷头盆：顾名思义，由冷制食品制成，如烟熏三文鱼、黑鱼子酱、生蚝、法式鹅肝、鲜虾鸡尾杯。

热头盆：由热制食品制成，如法式焗田螺(escargot)、串烧海虾、奶油鸡酥和 vegetable terrine。

23.4.2 汤类(soups)

西餐中的汤类花色品种很多，大致可分为冷汤类和热汤类，也可分为浓汤和清汤。要求原汤，原色、原味。热汤中有清汤和浓汤，如牛尾清汤、鸡清汤、奶油汤、法式洋葱汤等。冷汤较少，比较有名的有西班牙冻汤、德式杏冷汤、格瓦斯冷汤(cold cucumber soup)。

23.4.3 色拉(salad)

色拉意为凉拌，具有开胃、帮助消化和增进食欲的作用。色拉可分为水果色拉、素菜色拉和荤菜色拉三大类。前两种味淡、爽口，适用于中、晚餐伴随主菜一起食用。后一种多用于冷盘，可单独作为一道菜食用。常见的色拉有什锦色拉(mixed salad)、厨师色拉(chef's salad)、海鲜色拉(seafood salad)、水果色拉(fruit salad)。

23.4.4 主菜(main courses)

主菜又名主盘，通常是甜品前的一道菜，是全套菜的灵魂，制作时相当考究，既考虑色、香、味、形，又考虑菜肴的营养价值。主菜多用海鲜、禽畜做主要原料，采用炸、焗、烘、烤、煮、蒸、烧等方法制作而成，如吉列大虾、法式烧鸡、古巴式煎猪肉、法式烤羊腿等。

23.4.5 奶酪(cheese)、甜点(dessert)

主菜用完后即为甜点。零点餐厅还需问清宾客是否要奶酪，先吃奶酪，后吃甜点。

吃奶酪要跟配黄油、面包、克力架、芹菜条、小萝卜等，调味用胡椒、盐。奶酪常配喝葡萄酒(port)。

甜点有冷热之分，是宾客的最后一道餐食。常有冰淇淋、布丁、梳乎厘(souffle)、派(pie)、啫喱冻(telly)、蛋糕、水果等。

23.5 西餐与酒水的搭配

23.5.1 西餐与酒水搭配的总原则

在西餐中，酒水与菜式的搭配有一定的规律。总的来说，红酒配红肉、白酒配白肉，是指色、香、味淡雅的酒品应与色调冷、香气雅、口味纯、较清淡的菜肴搭配，如头盘、鱼、海鲜类应配白葡萄酒(需冰冻)。香味浓郁的酒应与色调暖、香气浓、口味杂、较难消化的菜肴搭配，如肉类、禽类配红葡萄酒。另外，咸食选用干、酸型酒类，甜食选用甜型酒类。在难以确定时，则选用中性酒类。

23.5.2 流行菜肴与酒水的几种搭配方法

了解西餐菜肴与酒水的搭配知识，可以帮助我们在服务时向宾客推销恰当的酒品，使之与宾客所点用的菜肴相得益彰。当然，最终还是要取决于宾客本人的意见，不得硬性推销。

①餐前酒可选用具有开胃功能的酒品，如鸡尾酒(cocktails)和软饮料(soft drinks)等。

②汤类一般不用酒。如需要可配较深色的雪利葡萄酒(sherry)或白葡萄酒(white wine)。

③头盆大多是些较清淡、易消化的食品。可选用低度、干型的白葡萄酒(dry)，如德国 mesel 白葡萄酒、法国 bursundy white wine 白葡萄酒。

④海鲜选用干白葡萄酒、玫瑰露酒，在喝前一般需冷冻，如德国 rhin white wine 白葡萄酒、法国 bordeaux white wine 白葡萄酒等。一般来说，红葡萄酒不与鱼类、海鲜类菜肴相配饮。

⑤肉、禽、野味选用酒精度为 12°~16°的干红葡萄酒。其中，牛肉、猪肉、鸡肉等肉类最好用酒精度不太高的干红葡萄酒，如法国 beaujolais、bordeaux 红葡萄酒。

⑥奶酪类食用奶酪时一般配较甜的葡萄酒，也可继续使用配主菜的酒品，有时也选用 porte wine，配 blue cheese、goat cheese。

⑦甜食类选用甜葡萄酒或葡萄汽酒，如德国的 rhin red wine、法国 graves red wine 香槟酒和德国的 henkel。

⑧餐后酒可选用甜食酒、蒸馏酒和利乔酒等酒品，也可选用白兰地、爱尔兰咖啡等。

香槟酒则在任何时候都可配任何菜肴饮用。

习 题

1. 西餐的主要特点有哪些？
2. 英式菜和美式菜的特点分别是什么？
3. 西餐与酒水搭配的原则是什么？

项目24　西餐早餐服务

☞ **知识目标**　掌握西餐早餐服务的流程及注意事项。

☞ **技能目标**　掌握西餐早餐服务的技能。

24.1　西餐早餐的组成

西餐早餐大致由果汁及水果类、五谷类、鸡蛋类、肉类、热饮类、面包类组成。

24.1.1　果汁及水果类

果汁类一般有番茄汁、橙汁、西柚汁等。果汁一般用新鲜水果，通过榨汁机榨制而成，也可用听装、罐装或瓶装果汁。水果可用新鲜水果除去皮和核后切成丁或片，再用糖水煮熟后冷却，或用水果罐头。

24.1.2　五谷类

谷类食品一般有燕麦片、玉米片等品种，通常加牛奶、水煮成粥类食物，吃麦片粥时要用砂糖和热牛奶，吃全麸、玉米面饼时要用冷牛奶。

24.1.3　鸡蛋类

①煎蛋　可分单面煎和双面煎，蛋的老嫩以蛋黄是否凝固为界，煎蛋要用热盘送上。

②煮蛋　注意煮蛋时间，一般3分钟，蛋黄呈流汁状；5分钟，蛋黄开始凝固；10分钟，蛋黄发硬。煮蛋应放在蛋盅内奉送，同时送上茶匙。

③水波蛋　先将鸡蛋打入碗中，轻轻倒入加了少量盐和白醋的沸水锅内煮制2~3分钟后捞出沥干水分，放在烤面包上装盘，服务时应配上糖浆或蜂蜜。

④溜蛋糊　要求鸡蛋熟但无凝结的硬块。通常放在烤面包上提供给客人，也可直接装盘。

⑤蛋卷　又称安列蛋，将蛋液倒入放了少许油但油温较高的煎锅内摊成饼形，再加入不同原料后卷成梭子形，因加入原料不同而有不同名称，如洋葱蛋卷、番茄蛋卷、火腿蛋卷等。

24.1.4　肉类

肉类一般有火腿(ham)、香肠(sausage)、熏肉(bacon)三种，服务前应在油锅中略煎，通常与蛋类一起装盘。

24.1.5 热饮类

热饮类主要有咖啡、茶、可可和牛奶等。咖啡要在吃玉米面饼或喝麦片粥时上，最迟要与煎鸡蛋和烤面包同时上。

24.1.6 面包类

面包一般有烤面包(又称吐司)、牛角包、面包卷等种类供客人选择。

24.2 西餐早餐的形式、内容及特点

24.2.1 大陆式早餐

内容：果汁或水果、牛角包或丹麦甜饼、各种面包配黄油、咖啡或茶。

特点：无蛋无肉。

24.2.2 英式早餐

内容：果汁或水果、冷或热的谷物食品、各式鸡蛋或煎希墨鱼、吐司配黄油或各式果酱、咖啡或茶。

特点：有蛋无肉。

24.2.3 美式早餐

内容：果汁或水果、冷或热的谷物食品、糖胶煎饼或各式蛋类配以肉食、吐司配黄油、咖啡或茶。

特点：有蛋有肉。

24.3 西式早餐餐前准备

24.3.1 准备用具

准备摆台用具；准备早餐配料，包括面包、黄油、果酱、果汁、热咖啡、鲜奶、水果等。

24.3.2 早餐摆台

按要求进行西餐早餐摆台。

24.3.3 整理检查

①整理并检查餐厅设备和环境卫生。

②检查桌椅布局是否整齐有序。

③检查、清洗桌面用品，如盐、椒盅定期清洗，每日加满原料并擦净盅身等。

④整理并检查个人仪表仪容等。

24.4　西餐早餐餐中服务

24.4.1　迎宾服务

①客人进入餐厅时，迎宾员要微笑问候："早上好，先生/女士，请问几位?"

②迎宾员以手示意引领客人进入餐厅，为客人安排其喜欢的餐位并拉椅让座。

③拉椅时按照女士优先的原则进行。

24.4.2　点菜服务

①递上餐牌并介绍当日新鲜水果。

②记录菜点。当客人点蛋类时，要问清客人的口味要求，如煎蛋，要问清煎单面还是煎双面，煮蛋要几分钟，蛋类是配火腿、香肠还是熏肉。当客人点饮料时，问清宾客需要何种果汁饮料，如果不需要则替宾客倒冰水，问清宾客是否需要咖啡或茶。

③复述点菜内容，确保点菜正确。

④点菜单迅速传送至厨房和账台，传递至厨房的点菜单应由收银员签章。

24.4.3　餐前服务

①站在客人右侧送餐巾。

②根据客人所点菜肴补充相应的餐具。

24.4.4　开餐服务

①根据客人的需要给客人斟咖啡或茶，咖啡和茶一定要热，斟好咖啡或茶后即跟上鲜奶盅和糖盅(已摆好的不用跟)。

②从客人右侧上果汁。在给客人果汁时要先放杯垫，然后放果汁杯，果汁杯应放在刀尖上方约1cm处。

③从客人左侧上面包。给客人上烤面包时，烤面包应放在用餐巾或花纸装饰好的藤篮里，根据客人的需要用不锈钢夹夹到客人的面包碟里，然后给客人小包装的黄油和果酱。

④依次从客人右侧送上谷物类食品、鸡蛋和肉类。

⑤给客人送水果或杂果杯。杂果杯的服务方式同果汁杯，送杯前将客人吃完的空杯碟收走，保持餐桌整洁。

⑥随时撤走用过的脏盘。

⑦按要求撤换烟灰缸。

⑧随时补充饮料。如按杯出售，则应征询客人同意。

⑨客人用餐完毕时，应征询客人意见是否需要添加食品。

⑩巡视服务区域，随时满足客人要求，搞好本区域的卫生。

24.5 西餐早餐结账送客

24.5.1 准备账单

提前检查账单，保证准确无误，准备好笔和账单夹。

24.5.2 准确结账

等客人示意结账后，按照结账的规范为客人结账，如遇数位宾客同时进餐，应问清宾客的结账是分单还是合单，以适应西方宾客的消费习惯。

24.5.3 送客服务

客人离座时，主动为客人拉椅，及时检查是否有遗留物品，同时致谢并欢迎客人下次光临。

24.5.4 清理台面

①客人离开后，值台员用托盘分类收拾餐布、餐具，再用清洁的抹布擦净台面，同时检查有无客人的遗留物品。

②按摆台要求重新布置台面，准备迎接下批客人的到来。

习 题

1. 西餐早餐有哪些组成部分？
2. 西餐早餐的服务流程有哪些？

项目25 西餐正餐服务

☞ **知识目标** 掌握西餐正餐服务的流程及注意事项。

☞ **技能目标** 掌握西餐正餐服务的技能。

西餐正餐包括午餐和晚餐。其特点是用餐内容复杂、服务技术要求高。按照传统习惯，英国人较重视晚餐，而欧洲大陆国家较重视午餐。但随着工作、生活节奏的加快，午餐时间较短而晚餐时间较为充裕，所以现在欧美国家普遍将晚餐作为正餐。

25.1 西餐正餐的构成

正餐主要由头盆、汤、色拉、主菜、甜点等构成。

25.1.1 头盆

头盆(appetizers)又称开胃菜，是指开餐的第一道菜。通常由水果、蔬菜、肉类、禽类或海鲜等制成，一般数量较少，装入中小平盘，配以色彩艳丽的装饰以诱人食欲。头盆有冷、热之分，以冷头盆较为多见。

25.1.2 汤

西餐的汤(soups)富含鲜香物质和有机酸等，能刺激胃液的分泌，从而增加食欲，所以汤在西餐中占有重要地位。汤可分为以下几类：

①清汤 清汤通常用动物性原料(肉及骨等)煮制后，加入简单配料(洋葱、胡萝卜、芹菜等)后继续熬煮而成，如牛清汤、鸡清汤、鱼清汤等。

②奶油汤(浓汤) 奶油汤一般是用油炒面粉加牛奶、奶油、调料和清汤调制而成，如奶油蘑菇汤、奶油芦笋汤等。

③茸汤 茸汤通常由各种蔬菜茸加入清汤或奶汤调制而成，是西餐中的传统汤类，如胡萝卜茸汤、青豆茸汤、菠菜茸汤等。客人在就餐时，一般在头盆和汤中二选一。

25.1.3 色拉

色拉(salads)又称沙拉、沙律，也即凉拌菜，是将各种凉透了的熟原料或是可直接食用的生原料加工成较小的形状，加入调味品，浇上各种冷沙司或冷调味汁拌制而成。它可分为以下几种：

①水果色拉　水果色拉用各种新鲜水果制成，一般在主菜前上桌，如苹果色拉等。

②蔬菜色拉　蔬菜色拉用各种蔬菜制成，一般作为配菜与主菜同上一起食用，如包菜丝色拉、土豆色拉等。

③荤菜色拉　荤菜色拉由各种冷熟肉、禽、海鲜等制成，可用作头盆或自助餐、冷餐酒会的单独一道冷菜，如火腿色拉、金枪鱼色拉、意式肉色拉等。

25.1.4　主菜

主菜(main courses)是西餐正餐的精华部分，它可分为以下两类：

①鱼类菜肴　鱼类菜肴是指由各种水产品制成的菜肴，如用淡水鱼、海水鱼、贝壳类、蜗牛、蛙腿等制成的菜肴。

②肉类菜肴　肉类菜肴泛指用一切畜肉、家禽和各种野味制成的菜肴，如用牛肉、羊肉、猪肉、鸡肉、鸭肉、鸽子、火鸡、松鸡、野兔等制成的菜肴。

25.1.5　甜点

甜点(desserts)是正餐结束前的最后一道食物。它通常可分为以下两种：

①奶酪(cheese)　奶酪是用牛奶加入酵母菌、乳酸菌后经发酵自然凝固而成的奶制品，既是西餐烹调的配料，又可佐餐，还可单独食用。其用途广泛、营养丰富、风味独特，因而在西餐中占有重要地位。奶酪以法国产的为最佳。上奶酪时，应随上苏打饼干等。

②甜品(sweets)　甜品范围较广，包括各式蛋糕(cake)、布丁(pudding)、比萨(pizza)、煎饼(pancake)、冰淇淋(ice-cream)等甜味食物。

另外，西餐正餐在上菜前应送上面包和黄油，在餐后应提供咖啡、茶等饮料和餐后酒，如白兰地、利口酒等。

25.2　餐前准备工作

西餐正餐的餐前准备工作与中餐的类似，其不同之处在于以下几点。

25.2.1　准备物品

①不锈钢餐具　不锈钢餐具应根据餐厅提供的菜点品种来配备，主要有餐刀、餐叉、鱼刀、鱼叉、肉排刀、黄油刀、糕饼叉、甜点刀、甜点叉、甜点匙、咖啡匙、汤匙等。另外还应配有龙虾叉、龙虾签、蜗牛夹、蜗牛叉等专用餐具。

②瓷器类餐具　瓷器类餐具包括各种规格的餐盘、汤盆、咖啡杯、茶杯、垫碟、淡奶壶、茶壶等。

③玻璃杯　玻璃杯包括水杯、啤酒杯、红葡萄酒杯、白葡萄酒杯、香槟杯、白兰地酒杯、烈酒杯、鸡尾酒杯等。

④服务用具　西餐厅服务用具包括托盘、菜单、酒篮、冰桶、冰桶支架、花瓶、烛台、烟灰缸、盐盅、胡椒盅、牙签筒、糖夹、冰块夹、蛋糕刀、切肉刀、切肉叉、台刷、开瓶器、开塞钻和服务叉匙等。

⑤酒水　按酒单备足各种酒类饮料、香烟、雪茄、开水、冰水等。另外，客前烹制车等设备用品也需准备妥帖。

25. 2. 2　摆台

按标准要求摆台。

25. 2. 3　餐前检查

①检查西餐厅电器设备是否正常运行、完好无损。

②检查餐厅环境卫生、温度等是否符合规定要求。

③检查本服务区域内的餐桌、座椅、工作台等是否完好无损、清洁卫生。

④检查摆台是否符合规格，有无缺漏。盐椒盅和牙签筒有无加满，外观是否清洁等。

⑤检查菜单、笔、托盘、开瓶器、开塞钻、备用餐具等是否齐全、充足。

⑥检查面包、黄油等是否已经备足。

⑦检查衣帽间的衣架、存衣牌等是否齐全、充足。

⑧检查个人仪表仪容是否符合饭店规定要求。

25. 3　正餐服务规程

25. 3. 1　迎领服务

①礼貌问候　迎领员看到客人前来，应主动上前表示欢迎，并致以热情的问候。如有必要，应提供衣帽寄存服务。

②询问预订　如有预订，则询问客人预订的单位、姓名等，然后核对预订表，并询问人数有无增减。如无预订，则问清客人就餐人数。

③引入餐厅　迎领员应以手示意，走在客人前方 1 m 处，将预订客人引领至预先安排的餐桌，为没有预订的客人安排适宜的餐桌，并征询客人对餐桌的意见。

④拉椅让座　为客人安排餐桌时，向值台员介绍客人情况，并一起为客人拉椅让座。拉椅让座的具体做法是：双手将座椅拉出，拉出的距离以客人能进入为宜，当客人欲入座时，顺势用右脚轻轻将座椅推向前方。如有多位客人，则为年长者及女士拉椅。如一对情侣中的男宾为女宾拉椅让座，则应向男宾道谢，并为男宾拉椅。

⑤复位记录　迎领员待客人入座后应迅速返回餐厅门口迎领区域，记录客人人数及桌号，继续迎送客人。

25. 3. 2　餐前服务

①呈递菜单　待客人入座后，值台员应在微笑问好后向每位客人呈递一份菜单，菜单应打开第一页并正面递送给客人。如是晚餐，应点燃蜡烛以示欢迎。

②铺餐巾　按先客后主、女士优先的原则依次从客人右侧为其铺餐巾。

③开胃酒服务　首先询问客人喝什么开胃酒，应做相应介绍和推荐，并依次填写酒水订单。应记住每位客人所点酒水，以免送错。开胃酒一般是各式鸡尾酒、啤酒等。然后去

吧台凭订单领取酒水，并将订单的另一联送交账台。用托盘将客人所点开胃酒依次送上，送上时应遵循先宾后主、女士优先的原则，并报酒名，同时应特别注意不要混淆每位客人所点的酒水。如客人不用开胃酒，则为客人倒上冰水。开胃酒应从客人右侧送上，可放在餐具(汤勺)右边，也可放在装饰盘内，如无装饰盘，则可放在客人面前。

④面包、黄油服务　在提供开胃酒服务的同时，值台员(或另一位)应依次从客人左边送上面包和黄油(应用服务叉、匙夹送)。如有多种面包，则应先请客人选择后再送上。

25.3.3　点菜服务

①询问　当开胃酒服务结束后，客人也已充分浏览过菜单，这时值台员可询问客人是否可以点菜。

②介绍　如客人示意可以点菜，则应主动向客人介绍、推荐菜肴，并耐心、如实地回答客人的有关提问，同时应给予一定的时间让客人选菜，避免强行推销。

③记录　因西餐习惯是客人各自点菜各自食用，所以一般应从主人右手第一位客人开始，按逆时针方向依次接受点菜，认真记录每位客人所点菜肴及其附加要求，如生熟程度、口味要求、配菜调料、上菜时间等，书写端正，并加以编号，以免上菜时再询问客人。

④传送　点菜完毕应复述一遍客人所点菜肴的名称、数量，以获确认，复述时应吐字清晰、语速适中。点菜单应迅速传送至厨房和账台。传送至厨房的点菜单应先送收款员签字。

特别值得注意的是：西餐点菜完毕时，需询问客人是分单还是合单结账，即由某位客人统一结账还是客人分单结账；如果客人分单结账，还需询问是各付所点的食品还是总账平均分摊。

西餐其他的一些点菜服务要求与中餐的服务要求相同。

25.3.4　点酒服务

酒单应在点菜以后及时送上。酒单无须每人一份，但应向全桌客人展示后呈递给准备点酒的客人。与点菜相同，值台员也应及时向客人介绍、推荐与所点菜肴相匹配的各种酒类。因西餐中菜肴与酒水的搭配有一定的规律，所以要求值台员熟悉酒菜搭配知识，以便需要时给客人建议，但应尊重客人的选择。西式菜肴与酒水的搭配规律一般为：

①食用头盆时一般选用干白葡萄酒，如食用鱼子酱，则应配饮伏特加。

②喝汤时一般不喝酒，如需要喝酒，则可配白葡萄酒或雪莉酒。

③鱼类菜肴一般配饮干白葡萄酒或玫瑰葡萄酒。

④肉类菜肴一般与干红葡萄酒相配。

⑤食用奶酪时，一般配以甜葡萄酒，也可以继续饮用配主菜的酒类。

⑥甜品一般可与甜葡萄酒或有汽葡萄酒相配。香槟可与任何菜肴相配。

⑦接受点酒时应按要求填写酒水订单，并询问客人上酒时间。

25.3.5　酒水服务

①领取酒水　接受点酒后，应将酒水订单迅速送至账台和吧台，凭订单向吧台领用酒

水，并准备相应的服务用具，如红葡萄酒的酒篮、白葡萄酒（玫瑰葡萄酒、香槟酒）的冰桶及支架、开塞钻等。

②准备酒杯　根据客人所点酒水准备相应的酒杯，并按要求依次摆好，一般摆在餐刀、汤勺上方2 cm处。

③葡萄酒服务。

25.3.6　菜肴服务

①补充、调整餐具　因西餐习惯是不同菜肴使用不同餐具，所以，应根据各位客人所点菜肴内容，在上菜前为客人摆上与菜肴相适应的刀、叉、勺等餐具，撤去多余的餐具。补充调整后的餐具应按客人进餐顺序由外向里依次排列。

②菜肴服务。

25.3.7　餐中服务

(1)斟酒服务

在客人用餐过程中，值台员应根据客人的酒水饮用情况随时斟酒。在客人食用不同菜肴需更换酒类时更应及时进行斟酒服务。在这种情况下还应注意：先撤走用过的酒杯，摆上相应的干净酒杯，再斟酒。如客人已喝完一瓶，则应询问客人是否需要再添加一瓶。

(2)整理餐桌

在客人用餐过程中，应随时保持客人餐桌的整洁。特别是在上主菜前，应用台刷或餐巾将桌面的面包屑等杂物扫入一餐碟，撤走装饰盘（如有的话）后再上主菜，主菜的主料部分应靠近客人，配料靠近餐桌中心。而在上甜点前则应撤走除酒杯外的所有餐用具，摆上甜点叉、勺，再上甜点。

(3)补充面包、黄油

在客人用餐过程中，值台员应视客人食用情况及时添加面包和黄油。

(4)客前烹制服务

在高级西餐厅中，餐厅值台员须在客人面前烹制一些菜肴，如为客人切肉排，或在燃焰车（客前烹制车）上制作一些燃焰点心等。此项服务要求值台员具有娴熟的服务技能技巧，认真做好服务前的各项准备工作，注意操作安全和卫生，以便给客人以较好的感官享受，并烘托餐厅的气氛、提高客人的用餐兴趣。

(5)其他服务工作

包括以下几个方面：

①撤换烟灰缸　西餐就餐过程中客人一般不吸烟，要待餐后喝咖啡等饮料时才能在征得女宾许可下吸烟。此时，值台员应主动为客人点烟，并随时撤换超过两个烟蒂的烟灰缸。撤换烟灰缸的方法与中餐的相同。

②餐后饮料服务　待客人用毕甜点，值台员应推销并服务餐后饮料。餐后饮料一般为咖啡和红茶，配饮白兰地等助消化的餐后酒。提供餐后饮料时，应先撤走台面所有餐酒用品（仅保留花瓶、烛台和烟灰缸），摆上咖啡具或茶具（杯柄朝右），从客人右侧斟倒咖啡或茶。注意不要将咖啡或茶水溅出杯外，以免烫伤客人或污染台布，同时按要求提供白兰地等餐后酒服务。

③征询客人意见　在客人享用餐后饮料时，值台员或领班(有时是餐厅经理)应征询客人对餐饮服务的意见。对客人提出的意见或建议应认真记录，及时处理或反馈给上级。

25.3.8　收款送客服务

西餐正餐的收款和送客服务与中餐的大致相同，不同的是应事先征询宾客是否需要分单结账。有的西餐厅在结账后还向每位客人赠送一块餐厅自制的花式巧克力以示感谢。在送别客人时，应拉椅协助，并礼貌道别。如有衣帽寄存，应主动取递衣帽，并协助穿戴。

25.3.9　收台整理

西餐的收台整理工作与中餐的相同。客人离开后，值台员应立即检查有无客人的遗留物品，并按正确的次序(与中餐同)收台，换上干净台布，重新摆台后，准备迎接下一批客人的到来或继续为其他客人服务。

值得注意的是，收台、摆台等操作应尽量轻声，以免影响其他客人就餐，破坏西餐的宁静气氛。

25.4　营业结束工作

25.4.1　迎领员的工作

迎领员在礼貌送别最后一位就餐客人后，应准确统计出当餐或当日的就餐客人人数，做好记录，并搞好迎领区域的卫生。

25.4.2　值台员的工作

值台员应与传菜员一道将所有用过的餐酒用品撤至洗碗间清洗、消毒，并及时补充餐酒用品，按规定进行下餐或次日的摆台，并按要求搞好餐厅的清洁卫生工作。

25.4.3　传菜员的工作

传菜员除与值台员一起将用过的餐酒用品撤至洗碗间外，还应整理好备餐间，将多余调料及调味汁送至厨房，将消毒后的干净餐酒用品存入相应的橱柜，同时搞好备餐间的卫生。

25.4.4　酒水员(调酒师)的工作

吧台酒水员或调酒师应及时统计出当餐或当日销售各种酒水、香烟的数量，与收款员核对无误后填写酒水消耗日报表，并整理好库存酒水，搞好吧台内外的卫生。

25.4.5　收银员的工作

收银员应认真计算当餐或当日的营业收入，按要求填写营业报表，并将现金收入和各种票据按正规渠道上交，办好有关手续。

总之，西餐厅的营业结束工作需各岗位服务员密切配合，通力合作，才能快速、有效、优质地完成。所有上述工作结束后，要等领班检查合格后，方能关闭除冰箱外的所有电器开关，关好门窗，然后更衣下班。

习　题

1. 西餐的正餐包含哪些部分？
2. 西餐的正餐有哪些服务环节？
3. 在西餐正餐服务中有哪些注意事项？

项目 26 西餐宴会服务

☞ **知识目标** 掌握西餐宴会服务的流程及注意事项。

☞ **技能目标** 掌握西餐宴会服务的技能。

26.1 西餐宴会服务程序

26.1.1 引宾入席

①开宴前5分钟左右，餐厅服务负责人应主动询问主人是否可以开席。

②经主人同意后即通知厨房准备上菜，同时请宾客入座。

③值台服务员应精神饱满地站在餐台旁。

④当来宾走近座位时，服务员应面带微笑容拉开座椅，按宾主次序引领来宾入座。

26.1.2 服务程序

①在宴会开始前几分钟摆上黄油，分派面包　面包作为佐餐食品可以在任何时候与任何菜肴搭配进行，所以要保证客人面包盘总是有面包，一旦盘子空了，应随时给客人续添。

②按上菜顺序上菜　顺序是：冷开胃品、汤、鱼类、主菜、甜食、水果、咖啡或茶。

③按菜单顺序撤盘上菜　每上一道菜之前，应先将用过的前一道菜的餐具撤下。根据客人的刀叉摆法决定是否撤盘。西餐宴会要求等所有宾客都吃完一道菜后才一起撤盘。

④上肉菜的方法　肉的最佳部位对着客人放，而配菜自左向右按白、绿、红的顺序摆好。主菜后的色拉要立即跟汁，色拉盘应放在客人的左侧。

⑤上甜点水果的方法　先撤下桌上酒杯以外的餐具(主菜餐具、面包盘、黄油盘、胡椒盅、盐盅)。换上干净的烟灰缸，摆好甜品叉匙，水果要摆在水果盘里，跟上水果刀叉和洗手盅。

⑥上咖啡或茶前放好糖缸、淡奶壶　在每位宾客右手边放咖啡或茶具，然后拿咖啡壶或茶壶依次斟上。有些高档宴会需推酒水车，应问询客人是否送餐后酒和雪茄。

26.1.3 席间服务注意事项

①经常需增添的小餐具　上点心要跟上饼叉；上水果前要摆水果碟、水果刀。

②递洗手盅和香巾　宴会中在客人吃完剥蟹、剥虾、剥蚧后或在吃水果之前和餐毕时

递洗手盅与香巾。

26.2　法式宴会服务程序

法式服务不同于其他服务方式。它要求将食品菜肴置于手推车上，在客人面前加热或烹调后服务给客人。手推车高度与餐桌相同，并放在靠近客人餐桌处，车上放有火炉以保持食品的温度。

26.2.1　上菜

①助理服务员在厨房将菜肴置于精美、漂亮的大银盘上，端进餐厅并放在火炉上保持温度。然后由首席服务员加工，除去骨刺，加调味料及必要的装饰。

②首席服务员把客人挑选的菜肴从大银盘盛往客人的餐盘时，助理服务员应端着客人的餐盘，其高度应低于大银盘。

③首席服务员盛菜时，应注意客人的需要量，供应太多的菜肴会降低客人的食欲。

④盘碟盛好菜，助理服务员用右手端盘，从客人的右侧送上。

⑤在法式服务中，除了面包盘、黄油盘、色拉盘及其他特殊的盘碟必须从客人的左侧供应外，其余的饮食均应从客人的右侧送上，但习惯于用左手的服务员，也可用左手从客人的左侧送上。

26.2.2　上汤

①汤是由首席服务员从银盆盛到汤盘里，然后由助理服务员或首席服务员用右手从客人的右侧送上。

②助理服务员端热汤给客人时，汤盘应放在客人的垫盘之上，其间放一块叠好的餐巾，这块餐巾有双重用途，服务员端热汤时不致烫手，而且防止服务员把手指压在汤盘上面。

26.2.3　清理餐桌

①在供应点心之前，应先清理餐桌并摆好烟灰缸，不能在客人正在用餐时收拾餐具。

②不能在客人面前堆叠盘子，主菜后要把盐瓶和胡椒瓶撤走。

26.2.4　上洗手盅

①洗手盅是和用手拿着食用的食品一起服务给客人的。

②洗手盅里仅倒1/3体积的温水，水中通常放一小片柠檬或花瓣做装饰。

③洗手盅通常放在银质的底碟之上，用托盘送至客位右上方，即酒杯上方。

④端上洗手盅的同时提供干净餐巾。在法式服务中每上一道菜后，必须为客人送上洗手盅，同时送上干净的餐巾。

26.2.5　特殊菜肴上菜时的配套餐具

①龙虾应视其温度摆放冷或热的盘碟。冷龙虾用冷盘，热龙虾用热盘，并上鱼刀、鱼

叉、果核剥取器、奶油碟及奶油刀、洗手盅。

②鱼子酱应放冷却的开胃品碟、小刀叉、茶匙、奶油碟及奶油刀。

③牡蛎和蛤通常用银盘供应。银盘上面铺有小冰盘，牡蛎或蛤放在冰块上面。有时也把牡蛎置于餐桌中央，而客人面前放有盘碟。这时应为客人提供牡蛎叉，并上黄油盘、奶油及洗手盅。

④蜗牛用热盘碟盛放。将装满带壳蜗牛的银盘置于餐桌中央，银盘上铺有加热的食盐。提供蜗牛叉、蜗牛夹、黄油盘及黄油刀、洗手盅。客人可用蜗牛夹夹蜗牛并用特别的蜗牛叉子吃肉。午餐食用蜗牛时，应与烤面包一块供应。

⑤鲜水果提供水果盘、水果叉、水果刀及洗手盅等。

⑥鲜葡萄时需要提供特别的服务。餐具包括：水果盘、盛有冰水的玻璃碗、剪刀和水果刀叉、洗手盅。其食用方法：整串葡萄放于玻璃盘上并摆在餐桌中央，客人用剪刀剪下一部分葡萄，放进玻璃碗中用冰水洗净后摆在自己的盘碟中。接着可以用手或水果刀、叉剥皮取核后食用。

习 题

1. 西餐宴会服务的流程有哪些？
2. 西餐宴会服务有哪些注意事项？
3. 特殊菜肴上菜时有哪些注意事项？

项目27 团体包餐服务

☞ **知识目标** 掌握西餐团体包餐服务的流程及注意事项。

☞ **技能目标** 掌握西餐团体包餐服务的技能。

27.1 团体包餐服务的特点

团体包餐的就餐形式多样，有圆桌聚餐式、分饭包餐式等。不同的团体包餐，其标准不同，档次不同，人数不等，就餐方式不同。因此，形成了菜肴数量的丰俭不同，菜肴品种的档次不同，从而为其提供的服务方式也不同。

团体包餐与零餐相比，除了有着以上区别外，就服务而言，又有着较为突出的特点：每一个团体包餐的用餐人数固定；用餐标准固定；开餐桌数固定；开餐时间统一；菜肴统一、用餐速度较快；就餐顾客易形成统一意见，容易配合服务。

27.2 团体包餐的服务程序

根据不同的团体包餐的就餐形式，餐厅服务工作应采取不同的方式。如接待使用圆桌、选用聚会式就餐方式的团体包餐，餐厅服务应提供具有一定面积的就餐场地、设备及相应数量的服务人员；另一种是份饭式的团体包餐如盒餐或盘餐。这种包餐一般是凭券领取，一人一份，标准统一，食品统一，比较简单。

团体包餐的服务工作应做到六掌握。

27.2.1 确定包餐标准

无论是20人、50人、100人还是更多人的团体包餐，一般都是标准统一。因此，在开餐前首先要了解团体包餐的标准，按标准为客人准备菜单。菜单的内容要严格执行标准规定，并适合于包餐人的饮食习惯；了解货源情况，使菜肴安排得合理，做到既要保证荤素搭配，又要注意营养丰富；无论是每日两餐或三餐的菜肴品种，应尽量做到不重复，如果是一连几天的包餐，更应将菜单调剂安排好，做到餐餐有新意，使客人进餐后感到舒适味美。拟订菜单时，要与包餐主办单位负责人取得联系，经商定后通知各个生产部门并取得配合，查看品种、档次及数量从而来确定包餐标准。

27.2.2 掌握就餐人数

团体包餐的人数较为固定，服务员应按其包餐人数提供大小适当的就餐环境，同时安排好就餐所需桌椅及各种餐饮用具。

①集体聚餐式的包餐　可根据其包餐人数安排桌数，每桌可坐 8 人、10 人或 12 人，按每桌就餐人数摆放好餐具，如餐碟、餐勺、筷子及公用菜碟、菜勺、筷子、牙签等，同时要备足更换用的餐具。

②份饭式的包餐　可根据其包餐标准、人数准备好盛装器皿及各种食品，按规格、数量的要求均分装好，以保证准时迅速开饭。这种包餐的盛装器皿大致有两种，一种是套餐盘，另一种是快餐盒。无论是哪一种，所装食品的种类及数量都应是相同相等的。

27.2.3 掌握就餐方位

每一包餐团体的用餐方位在开餐前一定要落实，服务人员一定要做到心中有数。餐厅有大有小，团体包餐人数有多有少，如果一个餐厅同时接待几个包餐团体时，一定要注意按事先安排好的方位将每一团体引领到其座位上，以避免出现错位现象。

27.2.4 掌握包餐时间

掌握包餐时间，关键有三点：一是掌握包餐的开餐时间，以便准时开餐；二是掌握包餐团体的用餐时间要求，以便服务人员在规定的时间内完成好各项服务，上齐各种菜肴食品；三是掌握好开餐、用餐时间要求，合理安排服务，提高劳动效率。

27.2.5 掌握包餐性质

团体包餐有会议包餐，会议又分学术会、研究会、商业洽谈会等。团体包餐又包括旅游团包餐、访问团包餐、考察团包餐等。包餐人员又有国内外之分。由于包餐性质的不同，前来就餐的人员构成也不相同，所以服务人员要做到了解包餐顾客的国籍、身份、民族及宗教信仰，使餐间服务准确无误；了解包餐顾客的特殊需求及饮食禁忌，把服务工作做到细微之处。

27.2.6 掌握包餐顾客的特殊需要

团体包餐一般人数较多，而且有些包餐团体包餐的时间也比较长，在包餐过程中，难免会有一些顾客需要特殊照顾，餐厅服务人员就应灵活服务。如对身体不舒服的顾客，应及时让厨房另做病号饭；对因故不能准时来餐厅就餐的顾客，应留餐。

27.3 早餐服务程序

团体包餐的早餐服务程序与午、晚餐不同，它在摆台及食品种类方面都比午、晚餐简单，因而服务程序也较为简单，主要应掌握以下环节。

①服务员根据包餐人数整理布置好餐厅，配备好相应的就餐桌椅，并在餐台上摆放台签，备齐各种物品，了解当天包餐供应的食品品种，配制好所需的各种佐料，整理好个人

仪容。

②客人用餐前，摆齐早餐所需的各种餐饮用具和佐料，早餐用具有：碟、碗、勺、筷子、茶具、餐巾(纸巾)、小毛巾(一般的早餐不配酒杯)；佐料是指各种小菜。

③恭迎宾客，引客入座。恭迎宾客，做到客人一到立即有人提供引导服务，及时、准确地将客人引导到为其指定的坐席上，便于顺利开餐。

④及时开餐，送餐上桌，合理摆放，按量供应。早餐包餐，往往人齐一桌开餐一桌，服务员按开餐人数，及时将准备好的早餐送至餐台上，并按食品内容的不同合理摆放。按人定量的食品，要保证供应数量。

⑤递送茶水、毛巾。一般的早餐用餐时间较短，因此当各种食品上齐后，应将茶水及毛巾送至客人面前。

⑥以礼相送，收拾餐台。早餐客人用餐后往往是分散离台，这时服务员应随时送客，说相送语，以示服务热情。待客人全部离开餐台后，方可撤台。

⑦核对就餐人数。早餐结束后，汇总就餐人数，为结账做好准备工作。

27.4 午、晚餐服务程序

餐饮行业通常将午、晚餐叫作正餐。团体午、晚餐的包餐与早餐相比，无论是菜肴食品的种类还是数量，都更为丰富多彩，因此服务程序也复杂得多。

(1)核对菜单

团体包餐的菜单一般都是提前拟定好。每次开餐前，服务员都要将本餐的菜单与台号、包餐单位、桌数、人数进行核对，做到准确无误。同时，将菜单上所安排的菜和食品与有关部门进行核对，如有错误及时更正，并告诉包餐单位，说明更改原因。

(2)布置好餐厅

根据包餐团体的数量，分配布置好每一团体的就餐位置，并配好必要的标志及装饰(桌号牌、团队牌)等。同时大餐厅可写出告示牌，放在客人进口处，以便客人辨认自己就餐方位。

(3)摆好餐台

由于包餐标准不同，包餐菜肴的档次、品种等也都不同，因此，摆放的餐饮用具就要有所区别。

①便餐包餐　便餐包餐的档次较低，菜肴安排一般是4道或6道热菜，1道汤菜，不设冷荤，同时主食供应量较大而丰富。便餐包餐的餐具应配餐碟、汤碗、汤勺、筷子、牙签、调味碟、烟灰缸、2套公用餐具。不摆酒水杯。餐后，为每位宾客送一杯热茶及一条毛巾。中档标准包餐：中档标准包餐的菜肴档次要高些，菜肴品种也较为丰富。这种包餐菜肴的内容一般是大冷盆1个或4个独拼冷菜、6~8道热菜；1道汤菜。中档标准包餐餐具配用除了与便餐的相同外，应加摆水杯1道，因午餐应配有各种饮料，晚餐可同时提供啤酒。同时，根据菜肴内容，准备好餐间更换所需的餐碟。

②宴会型包餐　宴会型包餐属高档次包餐，摆台时应视同宴会摆台的规格，餐具的配用应视包餐时间而定(见宴会摆台)。一般是，午餐摆水杯、红酒杯，晚餐加摆白酒杯。但是，无论午餐或晚餐，所用酒具类别应以客人需要为准。

(4)备好食品、酒水、饮料

中档标准包餐，食品、饮料准备的内容是：首先将包餐所配用的酒水、饮料的瓶罐擦净备好待用；冷盘可在开餐前5分钟摆放于摆好餐具的餐台上；热菜则在客人就餐后依次上桌；酒水饮料的开启应在客人陆续就位时进行，不可过早启封，以免影响其质量、效果。主食可自取，用盘装好上桌。汤上桌后，由客人用汤碗自盛。酒水饮料则由服务员征询顾客同意后为顾客斟上。餐前、餐后应备有茶水及毛巾。

宴会包餐食品饮料的准备内容是：将酒水饮料瓶罐擦净备好待用；冷盘需等客人到齐后方可摆放，同时，将客人选用的白酒、红酒开启并斟入杯中，饮料也要在客人到齐后开启。热菜在客人开餐后，按就餐速度掌握上热菜的速度。

午、晚餐所需的各种随菜调料、佐料，应在客人到来之前准备完毕，并分装待用。

(5)恭候宾客

待客入座一切准备工作，应在预定开餐时间前5分钟内做完。然后，服务员应按各自的工作岗位站立就位，恭候宾客到来。当客人来到餐厅后，服务员要主动上前询问并准确迅速地将客人引到准备好的座位上，为顺利开餐做好准备，避免出现客人坐错位的尴尬局面。

(6)清点人数，准时开餐

负责团体包餐的服务员，在开餐前做好核对就座人数，做到心中有数。客人到齐后应迅速通知厨房准备起菜。在此同时，组织好前台及时开餐。如规定的开餐时间已到，而个别顾客未到，服务员应主动征求主办单位的意见，在得到主办单位许可后方可开餐。

(7)看台、上菜专人负责

午、晚餐包餐服务，应设有专门看台的服务员，以保证及时为顾客提供有关方面的服务，如斟酒、更换餐用具、递送菜肴食品、及时整理餐台，并做到随时掌握客人的需要及进餐速度，以使服务工作更加完善。

(8)清点酒水饮料，结清账目

当各种菜肴食品上齐后，应告知包餐主办单位的负责人，使之心中有数，同时将所用的各种酒水、饮料进行整理清点，并一一上账。

团体包餐的结账方式与其他形式就餐的结账方式不同。一般会议包餐，餐毕将其用餐账单整理好后请会议秘书处的负责人签字并交至收银台；如使用餐券用餐的，则应将餐券整理、清点、汇总登记、封包后交收银台。旅游团队包餐，餐毕将其用餐账单整理好后请订餐单位的陪同人员或随团的地方负责人签字并交至收银台，收银台核对无误后转入该旅行社在饭店所设的总账中，以备定期的统一结账。总之，无论是以出哪种签单方式，看台服务员在结账时应注意：物品上账清楚，数量准确，结账及时，不留单，不压单，以便及时汇总结账，防止出现错单、丢单。

(9)礼貌送客

客人用餐完毕，服务员要站立恭候，随时送客。顾客离席后，要及时整理餐台，检查是否有遗留物或丢失物品，一经发现上述问题，做到及时、妥善处理。

(10)清理餐台

顾客离开餐台后，应及时将餐台上的餐具清理干净。撤台顺序应是：先撤餐巾、毛巾，而后撤酒杯、小件餐具等；台面撤净后，换铺台布；整理清扫餐厅卫生，为下一餐工作打下一个良好的基础。

午、晚餐包餐服务程序应区别于散客服务。团体包餐整体性强，因此，服务工作也应突出整体性。这可通过导餐服务来实现。负责导餐服务的服务员应做到了解餐厅的整体结构及装饰概况、列布局，了解餐厅的历史及名人光顾史；了解餐厅坐落的地理位置及交通概况；了解餐厅经营的菜肴风味及历史典故；了解餐厅技术力量的分布情况及名厨、名师的特长；了解餐厅经营的特点、特色；熟悉上菜点的顺序；熟悉特殊菜肴的进餐方法；熟悉典型代表菜肴的制作方法(能讲出制作过程及营养成分)。由于对以上情况的了解，服务员可根据不同性质的包餐团体采用有针对性的开餐形式及选用适当的方法引导进餐，使团体包餐的客人通过这些服务既享受了美味佳肴，又丰富了有关知识，从而使团体包餐服务顺利进行并有利于提高本餐厅的声誉。

习　题

1. 西餐团体包餐服务有哪些特点?
2. 西餐团体包餐服务的流程有哪些?
3. 西餐团体包餐有哪些注意事项?
4. 团体服务结账时有哪些注意事项?

项目 28　自助餐服务

☞ **知识目标**　掌握西餐自助餐服务的流程及注意事项。

☞ **技能目标**　掌握西餐自助餐服务的技能。

28.1　自助餐的定义和特点

自助餐是指客人支付规定数量的钱款(或签单)后，从餐厅预先布置好的餐台上自己动手任意选择喜爱的菜点，然后在餐桌上享用菜点的一种用餐形式。自助餐有如下特点：

①菜点丰富，价格低廉　客人支付规定数量的钱后即可品尝到品种繁多的菜肴、点心，且不限取食次数，所以客人用餐较为自由。

②进餐速度较快　客人付钱进入餐厅后，无须点菜并等候即可取食菜点，较为适合现代社会快节奏的生活方式，同时也提高了餐厅的座位利用率。

③人力费用较低　因为客人是自取菜点，服务员仅需提供简单的服务，如酒水服务、整理餐桌、补充菜点和餐具等，这样可使餐饮企业节省人力资源，降低费用。

28.2　自助餐的餐前准备工作

28.2.1　餐台设计

自助餐台，又称菜点陈列台，通常设在餐厅靠墙的一侧，也可放在餐厅的中央或一角。其台形与冷餐酒会的台形相似，一般以“一”字形长台居多，也可是方形或圆形台。

如果餐厅的客流量较大，可由一个主台和几个小台组成；若仅有一个主台，也应进行分区设计，如自助早餐可分为饮料区、菜区、热点区、甜点水果区等，自助正餐可分为饮料区、冷菜(头盆)区、热菜区、汤类点心区等。自助餐台应铺上台布，围上桌裙，热菜区还应备有保温炉。

28.2.2　餐桌摆台

首先应准备摆台的相应餐用具，主要是台布、汤匙、餐刀、餐叉、筷子、餐巾及餐巾纸和酱醋壶、盐椒盅、牙签筒、花瓶、烟灰缸等。

自助餐摆台通常采用西餐零点摆台方式，但可不放菜单(早餐)和展示盘(正餐)。餐巾花(盘花)放在餐位正中。餐巾纸叠成三角形插入水杯摆放在餐桌中央。如饭店客源以内宾为主，也可采用中餐零点摆台方式，但应备好西餐餐具以满足客人需要。花瓶、酱醋壶、盐椒盅、牙签筒和烟灰缸等按中(或西)餐摆台要求摆放。

28.2.3 餐台陈列

①餐台服务员应用鲜花、黄油雕等装饰餐台。

②开餐前应将所有菜点、饮料及餐盘等餐具陈列在餐台上。

③餐盘等餐具应整齐地陈列在距餐厅门口最近的餐台一侧，以便客人取用。

④饮料区应备好果汁、咖啡、茶等，并注意供应温度，该冰的应冰、该热的应热，将备好杯具整齐地排列在餐台上。

⑤热菜点上台后，应点燃固体酒精，使保温炉内的水处于沸腾状态，始终保持热菜点的恒温。

⑥取食菜点的服务叉、匙或点心夹应统一放在菜点盘中或放在菜点盘旁边的餐碟中。

⑦自助早餐的煎煮台(区)应备足原料，餐碟等应整齐地放在餐台上备用，同时备好所需调料。

28.2.4 检查

餐前准备工作做好后，服务员应仔细检查有无疏漏或不妥之处，如发现有应及时纠正。整理自己的仪表仪容，在规定位置上站立恭迎客人的到来。

28.3 自助餐服务规程

28.3.1 迎领服务

①当客人前来自助餐厅时，应说："您好，欢迎光临!"

②如住店客人可享用免费自助早餐，则应礼貌地请客人出示饭店欢迎卡(应在卡上作记录)或收取免费早餐券。

③如对住店客人不提供免费早餐，或是非住店客人，或是自助正餐，当客人前来用餐时，则应问清人数后礼貌地请客人去账台付款(或签单)。

④如是团队客人，则应与旅行团的导游(或领队)或会议主办单位的联络人一起统计客人人数。

⑤礼貌示意客人进入餐厅。

⑥统计客人人数并作记录，如有早餐券则交账台。

⑦当客人就餐完毕离开餐厅时，应礼貌向其道别。

⑧视需要接挂客人衣帽。

28.3.2 餐台服务

①主动为客人斟倒饮料、递送餐盘等餐具，并热情地为客人介绍菜点。

②注意整理菜点，使之保持丰盛、整洁、美观，必要时帮助客人取用菜点。

③及时更换或清洁服务叉、匙和点心夹，并随时补充餐盘等餐具。

④如果某些菜点消费速度较快，应通过传菜员及时通知厨房补充菜点。

⑤随时做好热菜点的保温工作，并及时回答客人提出的有关菜点的问题。

⑥如有火鸡或大块烤肉等菜肴，餐台服务员或值台厨师应为客人切割并分派至客人的餐盘中，并根据需要分派沙司。

28.3.3 传菜服务

①及时补充菜点、餐具。

②做好餐厅与厨房的联络、协调工作。

③及时撤走客人用过的脏餐具，并送至洗碗间。

28.3.4 餐桌服务

①及时为客人拉椅让座。待客人坐下后，按餐厅服务要求推销、服务酒水。

②当客人离座取菜时，及时撤走客人用过的脏餐具，并叠好餐巾放在其餐位右侧。

③及时补充餐巾纸、调料等，按要求撤换超过两个烟头的烟灰缸。

④根据客人需要，迅速为客人取送煎煮食品或其他菜点。

⑤及时为不习惯或不方便自取食物的客人取送菜点、饮料。

⑥巡视餐厅各处，随时保持餐厅卫生，并随时准备为客人提供服务。

⑦客人用餐结束后，向客人告别，并迅速清理台面，重新摆台，以便后来的客人用餐。

28.4 自助餐营业结束工作

自助餐的餐后结束工作与中、西餐零点服务的餐后结束工作基本相同，其不同之处在于：将多余的菜点撤至厨房处理；搞好自助餐台、保温设备等的卫生；如台布有污渍或破损，应及时更换。

1. 简述自助餐的概念及特点。
2. 自助餐的服务流程有哪些？
3. 自助餐服务有哪些注意事项？

项目 29　冷餐会服务

☞ **知识目标**　掌握西餐冷餐会服务的流程及注意事项。

☞ **技能目标**　掌握西餐冷餐会服务的技能。

基本理论

冷餐会又称自助餐会，是西方国家较为流行的一种宴会形式，目前我国也正在兴起。冷餐会适合于会议用餐、团队用餐和各种大型活动，一般举行 1.5～2 小时。冷餐会一般有设座式和立式两种就餐形式。不设座的立式就餐可以在有限的空间里容纳更多的客人，客人采取自助形式就餐，其原则是客人自我服务、气氛活跃、不必拘泥，这种形式一般适用于庆祝会等活动；设座式冷餐会的规格较立式高，可以得到的个人照顾多，这种形式一般适用于招待会、欢迎会。

29.1　冷餐会的准备工作

冷餐会的环境设计近似于自助餐的设计，但其规模一般要比自助餐的大，因此布置要华丽，场面要壮观，气氛要热烈，环境要典雅，给人以舒适、高贵的感觉。

①冷餐会的摆台要根据宴会厅的形状和实际情况，根据参加冷餐会的人数来决定主食品台、副食品台或甜品台的布置和食物分量。

②食品台可以是圆形、长方形、S 形、T 形或 Y 形。

③食品的摆放形式多种多样，除了设置完整的自助餐台外，也可将一些特色菜分立出来，如色拉台、甜品台、切割烧烤肉类的肉类台等。

④吧台要根据参加冷餐会人数的多少来决定。50 人以上最好设 2 个吧台，50 人以下设 1 个吧台，但不可没有。吧台前部分只陈列少量的酒，以陈列酒杯为主；后部分以陈列酒、饮品为主。饮品的大部分放于冰箱冷藏，宾客饮用时才拿出来分斟给客人。

⑤餐台是供宾客放用过的餐具的，服务员要注意及时收走用过的餐具。

⑥吧台设在靠墙一边的中间，使主人能关注到宴会厅的每一个角落，能调动冷餐会的气氛。

⑦设座式的冷餐会要摆好宾客用的餐桌，桌上的餐具有餐叉、餐刀、汤勺、甜品叉、面包盘、黄油刀、餐巾、胡椒盅、盐盅。

⑧在立式冷餐会上，有的主人和主办单位要求在贵宾厅为贵宾、重要领导、年纪大的宾客设立贵宾席，为此要按西餐宴会摆台方式摆台。

29.2 迎宾服务

①在入口处留出主办单位列队欢迎的空间，摆华丽屏风，铺红地毯，必要时，给欢迎队列进行聚光照明。

②客人入场，男女服务员一般在场内，排列在入口附近欢迎客人，同时不断地引领客人进入场内。

③餐厅主管在入口处掌握来客人数，并将总数和冷餐会进行情况随时通知厨房，使上菜的速度与冷餐会进行的速度相一致。

④冷餐会开始前半小时，一般在宴会厅外大厅或走廊为先到的客人提供鸡尾酒、饮料和简单的小吃，直到冷餐会开始，才请宾客进入宴会厅。

⑤入座就餐。宴会开始时，由宾客自主选择入座，服务人员为每位宾客斟冰水，询问是否需要饮料。

29.3 就餐服务

①调酒员要迅速调好鸡尾酒，当客人到酒吧取酒或饮料时要礼貌地询问客人的需要。

②主人致词、祝酒时，事先安排一位服务员为主人送酒，其他服务员要保证每位客人都有一杯酒或饮料在手，供祝酒仪式使用。

③巡视服务。客人取食时，服务人员要协助客人拿取食物和分送食品。服务人员要及时收取脏杯、脏盘，并撤换烟灰缸与餐具，以保持食品台、收餐台及其他台面的卫生。

29.4 结束收尾工作

①结账　由餐厅主管或经理负责，检查所有账目，及时为客人结账。

②送客　冷餐会结束时，客人纷纷相互道别，宴会秩序相对较乱，此时服务人员应检查会场所有角落，查看有无宾客遗留的物品，并有礼貌地向客人道别，列队送客。

③结束收尾工作　服务人员及时清理现场，由宴会负责人写出“冷餐会服务报告”备案，进行服务小结，以利于不断提高服务质量。

习　题

1. 简述冷餐会的概念。
2. 冷餐会服务的流程有哪些？
3. 冷餐会有哪些注意事项？

项目30　鸡尾酒会服务

☞ 知识目标　掌握西餐鸡尾酒会服务的流程及注意事项。

☞ 技能目标　掌握西餐鸡尾酒会服务的技能。

30.1　鸡尾酒会的准备工作

①根据方案的具体细节要求摆放台形、桌椅，准备所需各种设备，如麦克风、横幅等。

②吧台　鸡尾酒会临时设的酒吧由酒吧服务员负责在酒会前准备好。根据方案上的"酒水需要"栏准备各种规定的酒水、冰块、调酒用具和足够数量的玻璃杯具等。

③食品台　将足够数量(一般是到席人数的3倍数量)的甜品盘、小叉、小勺放在食品台的一端或两端，中间陈列小吃、菜肴。高级鸡尾酒会还准备肉车为宾客切割牛柳、火腿等。鸡尾酒会中的各种小吃，一般为长6cm、宽3cm的薄自烘面包，抹上黄油作底，上面铺着各种肉类，如鸡肉、火腿、鸡蛋、蛋肠、鱼子酱等。

④小桌、椅子　小桌摆在餐厅四周，桌上放置花瓶、餐巾纸、烟灰缸、牙签盅等物品，少量椅子靠墙放置。

30.2　鸡尾酒会的组织工作

主持人根据酒会规模配备服务人员，一般以1人服务10~15位宾客的比例配员，专人负责托送酒水，照管和托送菜点及调配鸡尾酒，提供各种饮料。

30.3　鸡尾酒会的服务工作

鸡尾酒会开始后，每个岗位的服务人员都应尽自己所能为宾客提供尽善尽美的服务。

①在入口处设主办单位列队欢迎客人的地方，服务人员一半列队迎宾，在主办代表欢迎客人后，引宾入场。

②负责服务酒水的服务员，用托盘托好斟满的酒杯在厅内来回向宾客敬让，自始至终不应间断，托盘内应置一口纸杯，每杯饮料均用口纸杯递给客人。

③要及时收回客人手中、台面上已用过的酒杯，保持台面的整洁和酒杯的更替使用。

最好是分设专人负责上酒水和收杯两项工作，不要在一个托盘中既有斟好的酒杯，又有回收的脏杯。

④负责菜点的服务员要在酒会开始前半小时左右摆好干果、点心和菜肴，酒会开始后注意帮助老年人取用，随时准备加干果、点心，保证有足够的盘碟餐具，撤回桌上和客人手中的脏盘，收拾桌面上用过的牙签、纸巾等。

⑤吧台的服务员要负责在酒会开始前准备好各种需要用的酒水、冰块、果汁、水果片和兑量工具等物品。酒会开始后负责斟酒、兑酒和领取后台洗涮好的酒杯，整理好吧台台面，对带气的酒和贵重酒类应随用随开，减少浪费，各种鸡尾酒的调制要严格遵循规定的比例和标准操作。

⑥虽然大多数客人是站着边谈边吃，但在餐厅四周仍应设有少数座位，这是专供客人中的老年人和病弱者坐的，服务员要给予照顾。

⑦酒会中不允许服务员三三两两相聚一起。每个服务员都应勤巡视，递送餐纸、酒水和食品。

⑧在服务过程中，要注意不要与同事发生冲撞，尤其不要碰着客人和客人手中的酒杯。

30.4　鸡尾酒会的结束工作

①鸡尾酒会一般进行 1.5 小时左右。

②酒会结束，服务员列队送客出门。

③宾客结账离去后，服务员负责撤掉所有的物品。余下的酒品收回酒吧存放，脏餐具送洗涤间，干净餐具送工作间，撤下台布，收起桌裙，为下一餐做好准备。

30.5　鸡尾酒会的服务特点

①可在任何宴会厅举行　由于是站立式，且周转率高，可在一定程度上超容量接待。

②餐桌布置　不设座位，只设菜台和吧台。

③所需设备　讲台、立式麦克风、沿墙长椅、公司旗帜、标记、标题横幅等。

④花卉　根据方案的要求和宴会厅的情况选用，有时作为一般收费项目。

⑤菜单　可按确定的鸡尾酒菜单准备，价格主要根据质量确定，高标准的鸡尾酒可用切割手推车为客人提供牛排、牛腿、猪排等。也可选用特定的菜单，如某地的特色菜等。

⑥酒水饮料　由各种酒吧供应，如果报价中含饮料酒水，则根据标准选用酒水品种。

⑦音乐　一般采用轻音乐、背景音乐，可备有主办国的国歌磁带、古典音乐磁带等。

⑧其他　冰雕是鸡尾酒会的常见装饰品，最好有专人根据主办单位徽标雕刻其产品或公司标记，起装饰作用。

读一读

西餐厅服务标准

(1)西餐厅开餐前准备工作程序与标准

程 序	标 准
1. 卫生工作及餐具准备	(1)台面上清洁工作：玻璃转盘正反面干净无污迹，且居于圆桌正中；转动底盘转动自如 (2)沙发及座椅清洁工作：沙发、座椅洁净、无杂物及油迹；沙发坐垫无破损 (3)服务工具的清洁 A. 冰箱架干净、无灰尘、无污迹；冰箱内外干净、无异味、无污迹 B. 酒车干净无灰尘，金属扶手光亮无污迹，更换干净的铺垫口布 C. 茶车干净无灰尘，茶叶罐干净无破损，更换干净铺垫口布，茶壶干净光亮，加热器清洁无污迹 D. 领位台干净，无污迹；各类物品摆放整齐，菜单、酒水单干净、整齐，无污迹，无破损；衣帽间清洁，整齐，无杂物 (4)检查公共区域的卫生工作：地毯、展示柜、屏风、玻璃镜、玻璃窗、乐池、花木摆设要清洁，摆放有序；若发现问题，及时通知公共区域主管 餐具的准备与清点 A. 餐具的清洁工作基本同中餐厅，如边柜的清洁工作，玻璃杯的擦拭、银器的擦拭打磨等 B. 由于西餐厅使用许多高档餐具，因此要清点保管好；早班当班员工在摆台前将所有的银器和餐具清点出准确数目，登记后部长签字；中班、晚班也应与早班一样，清点数目并签字，确保交接班数目准确一致；餐具确保清洁，分类整齐地码放在餐具盒内；清点出损坏的餐具、丢失的餐具必须报损，要求数目准确、说明损坏原因，领班签字并报告经理 C. 咖啡具及咖啡机的准备、冰桶的清洁与准备同酒水部的程序与标准 D. 糖盅、奶罐的准备同酒水部的程序与标准 西餐厅各项设施的检查同中餐厅的程序与标准，并根据本餐厅的设施情况，按中餐厅作业前检查表设计本餐厅的表格
2. 开餐前的其他准备	盐椒瓶的清洁和补充 A. 每周彻底清洗一次，检查并保证使用正常，确保全部干燥后再补充盐椒 B. 瓶内盐椒不足1/3时要补充，确保装入的盐粒无异物，无结块，胡椒中无异物，颗粒饱满；各部件轻拆轻放，避免损坏 C. 摆放前要检查瓶表面无尘迹、油渍和指印，确保瓶内盐椒数量符合标准且无异物 D. 开餐完毕，清点数目、登记、保存在安全、干燥、室温正常的柜中，避免在使用、运送过程中摔落和碰撞 芥末的调制 A. 清洁芥末盅，确保盅内外无污迹，无破损，无异物 B. 根据用量准备芥末粉及冷水；将芥末粉倒入汤盘中，缓缓倒入冷水同时用咖啡勺搅拌，调成糊状，确保无结块；将调制好的芥末盛入芥末盅内 C. 用保鲜纸封住芥末盅口，放在边柜上备用；每日开餐前调制，确保新鲜 分肉刀板的准备 A. 准备各种用具：刀叉、切板、服务叉勺、长银托盘、口布和口布牛角花；切刀要锋利，各种用具要清洁，无污迹，无破损 B. 布置切板：银托盘内铺上干净的口布，将切板置于托盘上，口布牛角花压放于切板的左上角作为装饰；叉在左、刀在右，交叉放在切板上，服务及勺放于托盘内的右侧，将布置好的切板存放在边柜上或服务车上 甜酒咖啡的准备 A. 制作工具的准备：餐前在一辆服务车第一层铺垫布，第二层铺垫口布；清洁酒精炉并加入固体酒精；清洁专用玻璃杯，准备清洁的面包盘和花纸、咖啡勺；准备制作时需用的甜酒，确保

（续）

程　序	标　准
2. 开餐前的其他准备	瓶干净、商标完整；准备白糖、黄糖，确保新鲜，奶油造型美观，无溶化痕迹 B. 布置制作车：将酒精炉放在面包盘上，置于车的第一层中间位置；把白糖、黄糖、奶油盅放在面包盘上，摆放在第一层前侧偏左的位置；再把玻璃杯、甜酒放在面包盘上，摆放在第一层的前侧偏右位置，酒商标朝向客人；最后把剩余的面包盘、花纸、咖啡勺、玻璃杯整齐地放在第二层，并将车停放在明显位置
3. 摆台	口布的折叠 A. 取出口布，确保干净、平整、无污迹、无破损，银质口布环打磨光亮，不变形 B. 将口布边对边折叠两次，卷成扁筒状，套上口布杯环；要求不出现死摺，所有口布对折的边角方向一致；放在边柜中，摆放整齐备用 西餐厅午餐多为零点和套餐，以商务型客人为主，要求在 1.5 小时内用餐完毕；晚餐以零点为主，要求舒适、安宁，度过一个美好的夜晚。由于用餐要求不同，所以摆台的标准也有差异 A. 根据餐厅正门的位置确定主位，摆台时要按规定摆放 B. 台布走向：圆台台布的中心线要正好在中央，台布的凸线均置于中心线的左侧，整个餐厅圆台中心线应保持平行；方台布的中心线要正好放在台子中央，所有方台均匀围绕在圆台的外围，台布的凸线要求朝向内部的圆台 C. 座椅摆放，圆台旋转置 4 把座椅，每把座椅对正下垂的台布的每个角；方台放置 2 把座椅，座椅要对正台子 D. 台面餐具、用具的摆放：银器(刀叉)距台边 2.5～3 cm，纵向要与和它相对的刀叉对齐，横向要求刀与叉之间可放下一个装饰盘；瓷器(装饰盘、面包盘)距台边 2.5～3 cm，烟缸、盐椒盅依次摆在台子的同心线上，它们之间不留空隙；玻璃器皿中红酒杯摆放在对正刀尖处，距其 2 cm，白酒杯摆放在红酒杯右侧下斜 45°，距离 1 cm；火柴摆放在烟缸内，使其斜放在烟缸，酒店标志朝向客人，不准使有磷面朝向客人，蜡烛台摆放在花瓶旁 E. 摆放顺序：把要摆放的餐具、酒具先置于托盘内；然后依次摆入烟缸、盐椒盅、花瓶、装饰盘、面包盘、刀叉、酒具、口布、整理台面 F. 午餐摆台：银器放大刀叉、黄油刀；瓷器摆放装饰盘、面包盘(烟缸、盐椒盅、花瓶摆放定位)；玻璃器皿摆放红酒杯；口布摆放好，火柴放入烟缸内 G. 晚餐摆台：银器摆放大刀叉、黄油刀、蜡烛台；瓷器摆放装饰盘、面包盘(烟缸、盐椒盅、花瓶摆放定位)；玻璃器皿摆放红酒杯；口布摆放好，火柴放入烟缸内 H. 沙拉台摆放：根据摆放位置确定台形，铺台布，围台裙，摆上装饰物；确保清洁卫生，摆放美观有层次感，将沙拉盘放在台面上，开餐前 15 分钟从厨房取回各种沙拉和调味汁；按颜色和式样进行搭配，将沙拉和汁摆在台上，配上服务叉勺；必要时将口布花垫在沙拉盘下
4. 餐前会的召开	每日召开餐前会，由经理主持，全体当班员工必须参加；与会者着工服，会议气氛要严肃；检查每位员工的仪表仪容；通告当日特别推荐菜肴以及客人预订情况，总结工作并指出问题(餐前会提示参阅“中餐厅”部分)

(2)西餐服务程序与标准

程　序	标　准
1. 接受预订	直接或电话接受客人预订，程序与标准基本同中餐预订部分
2. 引领客人入座	按规定的标准引领客人入座(参考“中餐厅”部分) 根据不同情况，安排客人在等候区就座(参考“中餐厅”部分)
3. 西餐服务	(1)就座后的服务 A. 将客人的大衣及携带较大体积的行李放到衣帽间保存 B. 点燃台上的蜡烛 C. 将口布从装饰盘上拿起，退下口布环，用双手的拇指和食指捏住口布的两个角，将口布轻轻展开；按礼宾次序，将口布从客人右侧铺在其腿上，同时向客人说，“Please”；台面上有空出的餐位，可将一套餐具撤下

（续）

程　序	标　准
3. 西餐服务	(2)冰水服务 A. 服务用的水扎、冰桶、冰夹要干净、光洁，冰桶放在叠好的口布花内，托盘垫放干净口布；开餐前15分钟准备好冰和冰水，放在服务边柜上 B. 冰桶放在托盘左侧，冰夹卡冰桶边缘，水扎摆在托盘右侧，握把朝向侍应生一侧；按礼宾次序，用右手从客人右侧顺时针服务；动作轻、稳，勿使水溅出杯外；倒入的水面至离杯口约2cm处；客人需要时，随时添加 (3)开胃酒服务 A. 在托盘左侧放置酒杯，右侧放置盛有配酒的玻璃扎；根据客人订单准备吸管和搅棒 B. 服务时，按礼宾次序，从客人右手顺时针进行；倒配酒时要询问客人的用量；给客人倒完配酒，须用搅棒调和均匀，示意客人开胃酒已经调好，请饮用，再次为客人服务开胃酒时，须准备新的酒杯和配酒 (4)饮料的配制及服务基本与酒水部的服务相同 (5)单杯葡萄酒服务 A. 酒车的准备，清洁服务车，铺台布并配台裙；将一大号银盆放在车的一侧，开餐前15分钟放入冰块至盆容量的2/3；把铺好的口布的红酒篮放在车上的另一侧；折叠一条口布挂在服务车一角；将几种白葡萄酒放入酒篮内，要求酒瓶朝向一致，商标向上，酒瓶擦拭干净，检查以后将车停在明显位置 B. 服务：将酒车推至客人台前，酒瓶的商标朝向客人，向客人展示酒，请其选用；根据客人选用的酒提供服务 (6)上菜单、酒单并推销、订单 A. 准备清洁、整齐的菜单和酒单，为每个台准备一本酒单；按规定向客人递送菜单和酒单 B. 推销：推销一般是部长或经理负责；要熟悉菜单和酒单，包括特别推荐项目，菜单和酒单的变化，各种食品和酒水的价格，各种食品的准备时间、原料和基本制作方法，酒水品质的判断；要注重推销技巧，为有急事的客人推荐时间短的项目；为公司付款的客人，推荐价格高的项目；为重要人物、美食家，推荐品质最佳的项目；为独自一人的客人，推荐和服务时保持必要的接触和友善；在特别的场合，推荐香槟酒和葡萄酒；为经济型的客人，推荐食品充足、价格适中的项目；对于家宴，请孩子们选择；对于情侣，请女士选择；对于素食者，推荐低热量的食品和饮料 C. 当客人接受建议和推销时，要礼貌地致谢 D. 请客人订单时，部长侍立在客人左侧0.5 m，女士优先；可以为客人提出菜式搭配的建议，询问客人所订食品的制作方法和酒水的搭配；同时讲话时身体稍前倾，声音轻柔；重复客人订单内容以确认；在订单上注明台位，收回菜单和酒单，并向客人表示致谢；把客人面前的装饰盘撤下 E. 订单填写与分送(参阅“中餐厅”部分) (7)更换餐具和酒杯服务 A. 对照客人订单准备所需餐具，确保干净，无污迹，无水印，并整齐地码放在铺有干净口布的托盘上 B. 更换餐具时礼貌地向客人示意，并按礼宾次序，从客人右侧按顺时针方向进行 C. 先将客人进餐时不使用的餐具和酒杯撤下，再将客人所需餐具摆放好；撤换时一次只允许手拿来2件，酒杯只许拿1只；持餐具时须用食指和拇指捏握餐具的柄，不准直接用手握住餐具接触食品的部位；拿酒杯用手捏握杯脚或杯底，不准用手接触杯口部位；根据客人所订菜肴的服务先后次序，从客人两侧由外向里码放，尽量减少更换餐具而打扰客人的次数 (8)黄油服务 A. 按客人数目准备清洁、光亮的黄油碟；开餐前从厨房取出黄油球；用冰块保持黄油冰冻，不溶化，确保黄油符合卫生标准 B. 用干净的服务叉将两个黄油球放入碟中，按礼宾次序，从客人右侧按顺时针服务，将碟放在面包正前方，碟距刀尖1.5 cm；请客人食用；若添加黄油时，要更换新黄油碟 C. 客人用完主菜后，黄油碟和面包盘一起撤下

（续）

程　序	标　准
3. 西餐服务	D. 开餐完毕，将未用完的黄油球迅速送至厨房；放入冰箱保存 (9)面包服务 A. 开餐前准备服务车，铺上台布配裙围；面包篮内铺好口布；切板摆放在车的一侧；将一把大面包刀放在面包篮右侧，刀把朝向切板；再准备一副服务叉勺，放在面包篮左侧，叉勺握把朝向切板；最后把一块干净口布对角折叠呈三角形，放在切板上，长边朝向侍应生右侧 B. 面包新鲜，充足；将可直接给客人服务的面包放在离客人较近的面包篮内，分类码放整齐；将须切开服务的面包置于切板一侧的面包篮中，分类码放整齐；直接服务和切开服务的面包须各备3个种类以上 C. 按礼宾次序，从客人左侧以顺时针方向服务，询问客人选用何种面包；用服务叉勺将客人点的直接服务面包夹起放在面包盘内，请客人食用；客人点切开服务面包后，须用口布包住面包，放在切板上，先切去头部，再切割成片(法国面包除外)，每片厚度不超过1.5cm，每次服务不超过2片；法国面包按斜角45°方向切割成菱形，每块宽度不超过4 cm；切割和取面包均须用口布包裹面包，不准用手直接接触 D. 随时添加面包：随时清理切板上的面包屑；开餐完毕将剩余的面包及时送还面点厨房 (10)白葡萄酒和玫瑰酒、红葡萄酒服务(参阅“中餐服务”部分) 红葡萄酒的过滤： A. 客人订贮存年份较长的红葡萄酒，则须先过滤后再服务；把烛台、过滤瓶和需要过滤的红酒整齐的放在铺上台布的服务车上 B. 调酒员将服务车推至客人台旁，点燃蜡烛；把需过滤的红酒轻轻开启，避免瓶底的沉淀物浮起；左手拿住过滤瓶，右手拿住红酒瓶，借烛光将红酒缓慢地倒入过滤瓶内，若观察到红酒瓶中的沉淀物浮起，须将酒瓶静置一段时间再继续过滤 C. 将过滤后的红酒静置一段时间，利用空气与酒充分接触；用过滤瓶直接为客人进行红酒服务 (11)香槟酒服务 A. 准备冰桶，将从酒吧取回的香槟酒擦拭干净，放置冰桶内冰冻；将酒、冰桶和冰桶架一起放到客人台旁 B. 开启香槟酒：将酒从冰桶内取出，向主人展示并请其确认后放回冰桶；瓶口向无客人区域用酒刀将瓶口处的锡纸割开除去，左手握住瓶颈，同时用拇指压住瓶塞，右手将捆扎瓶塞的铁丝拧开取下；用干净口布包住瓶塞顶部，左手握住瓶塞，右手握住瓶体，双手同时反方向转动并缓缓上提瓶塞，直至瓶内气体将瓶塞完全顶出；开瓶动作不可过猛，以免发生过大声音而影响旁人 C. 品酒：用口布将瓶口和瓶身上的水迹擦干净，再用口布将瓶包住；用右手拇指抠住瓶底，其余四指分开，托住瓶身，向主人杯中倒入1/5体积的酒，请其品尝，主人认可后，调酒员征询意见，是否可以立即斟酒 D. 斟酒：按礼宾次序，从客人右侧，按顺时针方向为客人斟酒；斟酒至酒杯2/3体积，每斟一杯酒时，最好分两次完成，以免杯中泛起的泡沫溢出，斟完一杯时，须将瓶身按顺时针轻转一下，防止酒滴在落台上，酒的商标始终朝向客人；斟完一轮酒后，将酒瓶放回冰桶内冰冻；瓶中只剩下一杯酒量时须及时征求主人意见，是否需要准备另外一瓶 (12)小头盘服务 A. 根据客人所订头盘制作所需时间，确定小头盘服务的时机；准备小盘并了解其名称 B. 为客人服务并报小头盘名称 C. 当同台的客人全部食用完毕或不再食用盘中食品时，可以询问客人“Excuse me，sir/madam，may I take it away?”得到客人应允后，按礼宾次序，从客人右侧按顺时针方向撤下客人的盘子和餐具，放在托盘内 (13)沙拉服务 A. 准备沙拉：清洁服务车并铺好干净台布；将胡椒磨、油醋架、李派林汁、辣椒酱和盐磨依次摆放在服务车左侧，确保各种料汁瓶干净，商标完整并朝向客人；把准备好的各种配料整齐摆放在服务车右侧；在车右侧放置干净的沙拉盆、一套服务叉勺、一块口布。准备沙拉盘和服务叉勺放在服务车第二层

（续）

程　序	标　准
3. 西餐服务	B. 沙拉制作：用口布将生菜叶包住，放在车上的沙拉盘上；将服务车推至客人台前，礼貌地问询是否在汁中加蒜茸和银鱼柳，以及口味的浓淡；先将蒜茸、银鱼柳放入沙拉盘中，用服务叉勺磨碎，再依次放入蛋黄、芥末和盐调均匀；缓慢倒入橄榄油，并用服务叉勺将油与调料调匀；向调好的汁中加入柠檬汁、胡椒粉、咸肉末、计司粉并调匀；双手握住包有生菜叶的口布两头，轻轻拌动菜叶的水珠，然后将菜叶放入有沙拉叶的盆中拌匀；将拌好的沙拉分装到沙拉盘中，注意美观且不把汁滴在盘边；再把少许咸肉末粉和面包末撒在沙拉上即可 C. 服务：侍应生用右手从客人右侧顺时针按礼宾次序上菜；询问客人是否再加一点鲜胡椒粉并祝其胃口好，“Hope you enjoy it.” (14) 三文鱼服务 A. 准备三文鱼车：把放在鱼板上的新鲜三文鱼从厨房取回；将配料水果、洋葱碎、蛋黄、蛋白、芥末酱、柠檬角和烤面包片装入银盅放在服务车前侧；鱼板放在车中央，鱼刀和服务叉勺放好并将干净大盘放在二层 B. 切配：侍应生左手持服务叉，右手拿刀，刀刃朝自身的右侧；从鱼的右部向右分切，每片鱼厚度为0.2cm，每份3片，将三文鱼片和配料装盘 C. 服务：把配好盘的鱼从客人右侧按顺时针方向，依礼宾次序给客人送上；为客人准备鲜胡椒粉；将三文鱼车从台前推开 (15) 食品服务的基本标准 A. 取菜：依客人用餐的进度，在服务某菜品前5~10分钟到厨房，通知厨房准备的将要服务的菜品，并明确菜品所属客人的台号；制作完成后，核对菜品的数量、火候、特殊要求和所配的调味汁；把菜品摆放在服务车上，热菜须加盖保温，盛放调味汁的银盅放在垫有花纸的盘上；同一台上客人的菜品必须同时取回上菜，服务车要平稳推回餐厅，确保汤汁不溅出 B. 上菜服务：服务车推至客人台旁，礼貌地提示客人；上菜时用右手拇指根部卡住盘边，从客人右侧顺时针方向服务；向客人报菜品名称并取下保温盖，若盘子很热时要提醒客人注意，要祝客人胃口好，“Enjoy your lunch/dinner.” C. 调味汁和配料服务：从客人左侧服务，说明汁和配料的名称并询问调料放在盘中的位置；用左手拿住放有调料的盘子，右手用勺将调料取出放在客人盘内，避免调料洒落 D. 鲜胡椒服务：从客人右侧服务，询问客人是否用胡椒；左手握住胡椒磨，右手转动磨的顶部，停止服务时，轻敲胡椒磨的顶部，防止胡椒散落到盘外 E. 客人暂时离开时要对台面进行整理服务：客人暂时离座位后，侍应生将桌椅调整成摆台时的位置，将客人的口布重新折叠，放在餐具右侧；撤下台面上的空盘、空杯和使用过的餐具；更换烟缸；不可移动台面上客人的私人物品并负责看管；客人再次就座时，应为其提供就座、铺口布服务 (16) 现场牛、羊扒服务 A. 准备：从厨房取回烹制好的牛、羊扒和配菜；清洁铺有布巾的服务车上，放置切板、刀叉和已加热的主盘 B. 现场服务：两名侍应生同时操作，一侍应生用服务勺将配菜装在主盘头一侧；另一侍应生把肉取出放在切板上，左手用叉轻压住肉的一侧，然后右手用刀将肉分成6份，分切要均匀；分切时动作要轻，避免血水流出影响肉质；把肉3片分成一份摆放主盘内，装配好后加上银盖；端至台面上，立即服务各种汁、配料及鲜胡椒，请客人享用 C. 牙签服务：牙签套袋无破损，牙签完整无损，将其整齐地码放在铺有花纸的面包盘上，数量为每位客人4份；当客人用完主菜或肉类食品时，侍应生主动向客人提供牙签服务；右手持盘从客人右侧，依礼宾次序按顺时针方向服务，并说“Please” (17) 奶酪服务 A. 准备：开餐前准备好奶酪展示盘；准备主盘、主刀叉、饼干和法国面包；准备客用餐具，小刀叉、面包盘、黄油碟和盐瓶 B. 服务：向客人展示奶酪，说明各种奶酪名称，请客人选用，将客人适用的奶酪切成三角形；每盘配3~4块奶酪，另配水果，蔬菜条和饼干；从客人右侧用右手按标准服务；服务中，及时询问客人是否需要法国面包、酒后餐；离开时预祝客人“Hope you enjoy it”

（续）

程　序	标　准
3. 西餐服务	(18)甜食服务 A. 甜食车服务：准备甜食车，甜食车要清洁、各层铺口布；准备一定数量的甜食盘，放在车最下层，将甜食叉勺放在银托盘上；开餐前15分钟从厨房取回甜食，按颜色、式样搭配好，放置在车的隔舱内；将厨房准备好的各种果仁水果配料放在银托盘内，置于车上指定层 B. 甜食服务：将车推至客人台前，车正面朝向客人，缓慢打开隔舱，向客人展示甜食并主动介绍；为客人订单；记录客人的选择和特殊要求并询问是否同时需要咖啡或菜；轻稳地取出客人选用的甜食，放入甜食盘，避免渣屑和汁液散落；从客人右侧用右手按礼宾次序服务，甜食放在台面上，糕点尖部朝向客人；同桌客人的甜食须同时服务；服务完毕整理甜食车 C. 现场制作甜食服务 准备烧车：准备清洁干净的烧车，补充固体酒精，从厨房取出各种配料，码放在银托盘上，放在第一层；从酒吧准备甜食放在烧车上酒瓶隔段内，把干净甜食盘和餐具放置第二层；干净的烧锅放在第三层；现场制作；将烧车轻推至客人台前，根据客人订单点燃酒精炉烧热烧锅；把白糖炒成焦糖，再用黄油把焦糖化开，依次放入柠檬皮、水果和甜酒；让甜酒燃烧，以火焰加强视觉感受；不得将所煮的水果碰碎，掌握一定的火候 甜食服务：将火熄灭，把制作好的甜食均匀地分派到甜食盘中，从客人右侧用右手按礼宾次序服务；服务完毕将烧车推出餐厅，整理清洁 (19)咖啡、茶服务(参阅“酒水部服务”部分) (20)香烟、雪茄烟服务 A. 香烟服务标准参阅“酒水部服务”部分 B. 雪茄烟服务 准备：调酒员负责雪茄烟服务，定期向雪茄烟盒内的恒温器加水，保持一定温度；备有一定数量的雪茄烟 销售：客人用餐完毕，向其销售雪茄烟；将烟盒送至客人台旁打开，展示并介绍各种烟的品牌和质量；协助客人挑选喜爱的品种 服务：在服务车上准备一盒火柴、一个烛台、一把雪茄烟剪刀、一杯白兰地酒；取下烟的包装，用剪刀将烟嘴部剪开一个小口；点燃蜡烛；手持烟，但不可触及烟嘴部分，将烟在烛焰上方3～4cm外焰处不断地转动烘烤，并不时在空中晃动以助燃；点燃雪茄后，将烟嘴部位轻轻沾上白兰地酒，烟嘴朝向客人，递给客人享用 (21)餐后酒服务 A. 准备酒车：调酒员在开餐前15分钟将酒车从酒吧推出，确保酒车的清洁，确保酒瓶、酒杯的清洁；酒瓶有序地摆放在第一层，商标朝向一致，酒杯放置第二层，加热白兰地酒用酒精炉放在第三层 B. 餐后酒服务：侍应生服务完咖啡或茶后，调酒员将酒车推至客人台前，酒标朝向客人，礼貌地建议客人品尝甜酒；推销时，对不了解甜酒的客人可详细介绍，向男士推荐较烈的酒类，向女士建议柔和的酒类，要根据客人的国籍不同提出建议；斟酒服务时，用右手从客人右侧按礼宾次序规定服务 (22)特殊情况的服务，参阅中餐厅部分中“服务中特殊情况的处理”
4. 结账	参阅中餐厅“结账”部分
5. 送客人离开餐厅	参阅中餐厅“送客服务”部分
6. 结束工作	参阅中餐厅“结束工作”部分
7. 建立客人档案	(1)通过日常服务建立客人档案 A. 根据餐厅的每日预订本，建立常客和重要客人档案；收集日常就餐客人的名片；通过常客结识新客人；观察记录客人饮食习惯 B. 客人档案一般包括姓名、联系电话、身份、饮食习惯、生日和重要纪念日 (2)通过重要活动建立客人档案 A. 与举办各种活动的客人建立档案 B. 通过重要活动，如生日宴请、结婚纪念、重要宴请等与客人建立联系

1. 鸡尾酒会的准备工作有哪些？
2. 鸡尾酒会的工作流程有哪些？
3. 开展鸡尾酒会有哪些注意事项？

模块8　软件操作实务

项目31　餐饮部软件操作

☞ **知识目标**　掌握餐饮部软件操作的注意事项及流程。

☞ **技能目标**　掌握餐饮部软件操作。

基本理论

进入酒店餐饮部，在酒店餐饮部营业前，需要进行场所、菜单等设置。

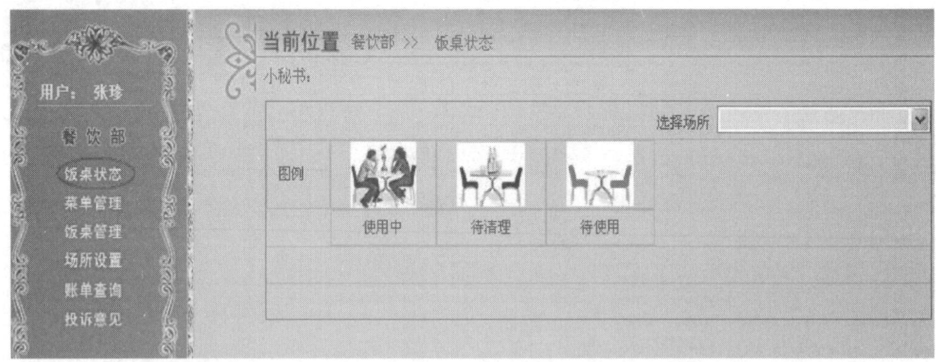

在酒店主页面内选择“餐饮部”，进入上图所示页面。默认进入饭桌状态页面。若还未进行场所和饭桌等设置，将无餐桌显示，只显示图例。进行场所添加——饭桌添加后，可再次打开“饭桌状态”，查看页面的变化。

31.1　菜单管理

酒店餐饮部—菜单管理—菜类—菜式

菜式只分菜类，不分场所。添加的菜式，客户在该酒店内的所有场所都可点到菜式。

在页面左侧选择“菜单管理”，打开酒店菜单管理页面。如下图：

显示已添加的菜式列表：代码、中/英文名、成本价、销售价、照片。操作：添加、修改、删除。

31.1.1 添加菜式前需进行菜类管理

在菜式列表上方的菜类添加输入框内，输入要添加的菜类名称，并单击“保存”按钮。保存成功后，该菜类进入在菜类下拉框中供菜式添加或管理。

鼠标单击菜类下拉框，选择一个菜类，在菜式列表中，将显示该菜类的菜式。并可进行相应操作。

31.1.2 菜式添加

单击菜式列表下方的“添加”按钮，进入菜式信息输入页面，如下图：

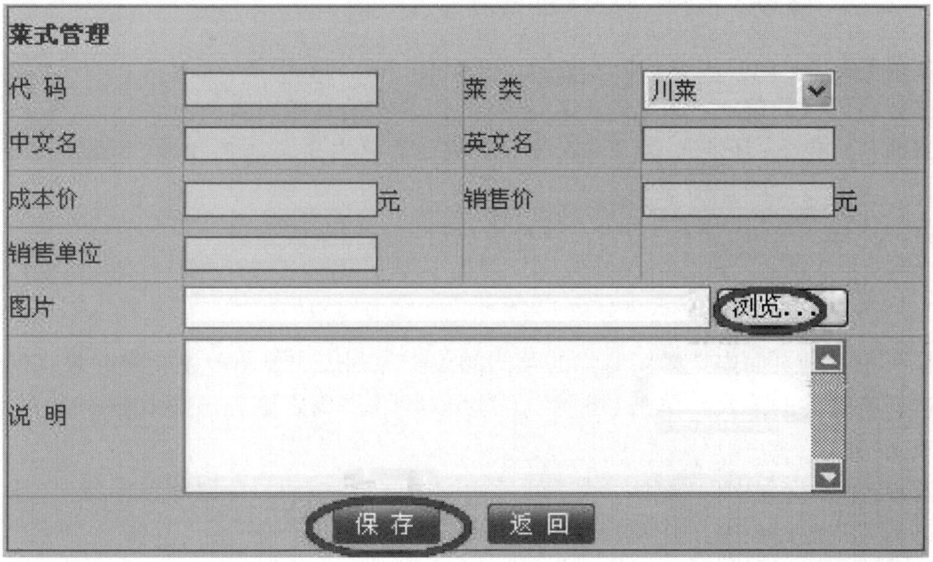

菜式管理			
代 码		菜 类	川菜
中文名		英文名	
成本价	元	销售价	元
销售单位			
图片	浏览...		
说 明			
	保 存　返 回		

输入规则：

代码：必填(10位以内的数字)，与所选菜类中的已存在菜式代码不能重复	菜类，必填，单击菜类下拉框，从已存在的菜类中，选择一个菜类作为所添加菜式的菜类
中文名：必填(25个字以内)，不要所选菜类中与已存在的菜式名称相同	英文名：非必填(输入该菜式的英文)
成本价：必填(数字)	销售价：必填(数字)
销售单位：必填	图片：非必填，单击“浏览”按钮，打开图片选择框，选中图片所在位置
说明：非必填	

输入完毕后，单击“保存”按钮，保存成功，提示“添加成功”，单击提示框内的“确定”，返回菜式列表。

31.1.3 菜式修改

①在菜单管理页面内选择要修改的菜式对应的菜类，列表中显示该菜类中的菜式列表中。

②选择将修改的菜式，单击“修改”，打开该菜式信息编辑页面。

③修改菜式信息(所有信息都可修改。但修改菜式时，需再次单击“浏览”按钮，加载菜式图片，否则菜式图片为空)。

④修改完毕，单击“保存”按钮，保存成功后，返回菜式列表。

31.1.4 菜式删除

①在菜单管理页面内选择要删除的菜式的菜类，列表中显示该菜类中的菜式列表中。

②选择将删除的菜式，单击“删除”，弹出对话框“确定删除该菜式吗?”，可选操作：“确定”/“取消”。

③若单击“确定”按钮，删除该场所；若单击“取消”按钮，不删除该场所。

注：若菜式已经被客户就餐时使用过，则不能删除。

31.2 场所设置

添加餐桌前，应先添加该餐桌的场所。在菜单区内选择“场所设置”，进入场所设置页面。显示已经添加的场所列表、名称。操作：添加、修改、删除。

31.2.1 场所添加

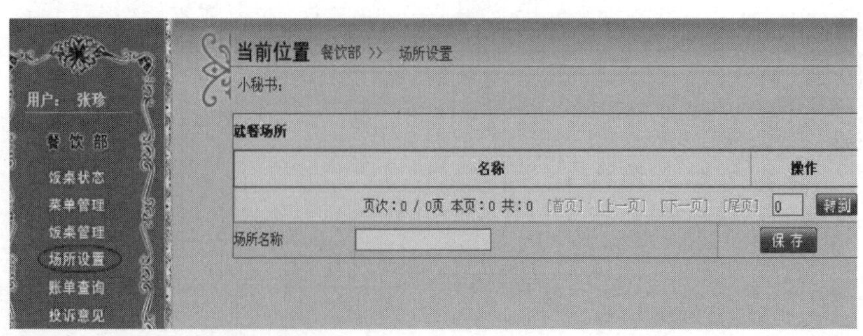

上图所示，在场所名称输入框内，输入将添加的场所名称(10个字以内，若已添加过其他场所，注意不要与已存在的场所名相同)。

单击保存按钮，系统提示“添加成功”。

场所添加后，可向该场所内添加饭桌，在菜单“饭桌管理”下进行操作。

31.2.2 场所修改

向场所列表中添加场所后，在列表中单击要修改的场所对应的操作“修改”，如下图：

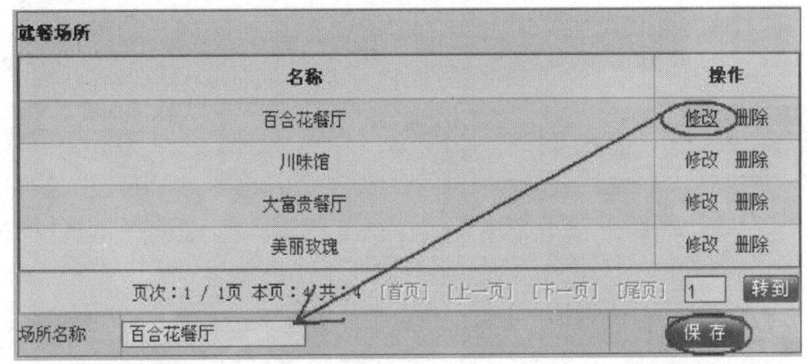
就餐场所

名称	操作
百合花餐厅	修改 删除
川味馆	修改 删除
大富贵餐厅	修改 删除
美丽玫瑰	修改 删除

页次：1 / 1页 本页：4 共：4 [首页] [上一页] [下一页] [尾页] 1 转到

场所名称 百合花餐厅 保存

在列表下方的场所名称输入框内，自动导用该场所名称，在输入框内对该名称进行修改，修改后，单击“保存”按钮，系统弹出提示框“修改成功”。

31.2.3 场所删除

场所的添加是为饭桌提供位置场地。场所添加后，便不向该场所添加饭桌。饭桌状态也将显示在“饭桌状态”中。

在未向场所中添加饭桌的情况下，可将该场所删除。场所内有饭桌，不能删除。

在场所列表中单击要删除的场所对应的操作“删除”，弹出对话框“确定删除该场所吗?”，可选操作：“确定”/“取消”。

若单击“确定”按钮，删除该场所；

若单击“取消”按钮，不删除该场所。

31.3 饭桌管理

酒店餐饮部—场所管理—饭桌管理

饭桌作为客户餐饮预定的一个必须元素，在酒店餐饮部添加管理。添加饭桌前请确认该饭桌所在场所是否添加。

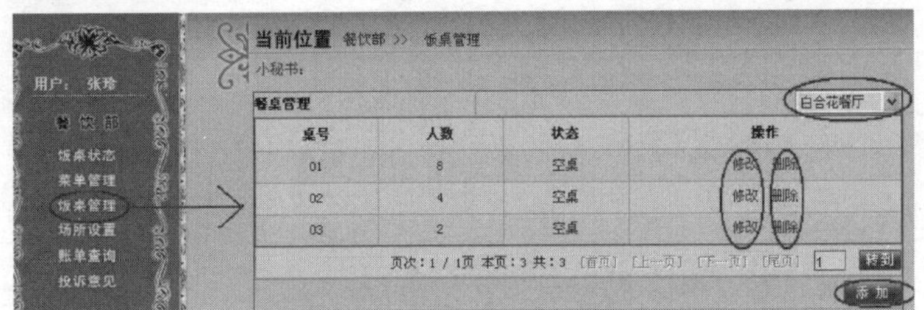

选择菜单区内的“饭桌管理”，打开饭桌列表。

31.3.1 饭桌查看

在饭桌列表上方，选择场所，在列表中将显示所选场所的饭桌列表：桌号、人数、状态。操作：修改、删除。

饭桌查看可在菜单“饭桌状态”中查看详细饭桌及图示。

31.3.2 添加饭桌

单击饭桌列表“添加”按钮，在饭桌列表下方显示饭桌的添加框，如下图：

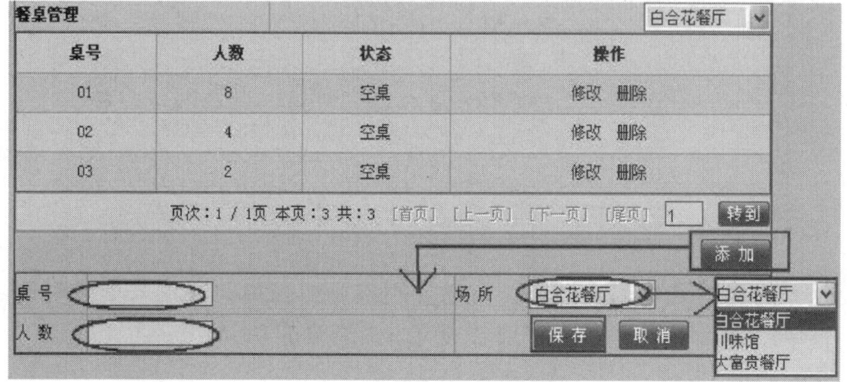

输入规则：

场所：单击下拉框，从现有的场所中选择一个场所作为添加饭桌的场所	桌号：可输入10位以内的数字。请不要与所选场所中已存在的饭桌号重复
人数：即该饭桌为几人桌。数字格式	

正确输入后，单击“保存”按钮，提示“添加成功”，单击提示框内的“确定”。关闭添加框。

31.3.3 饭桌修改

①在饭桌列表上方选择场所，进入该场所的饭桌列表。

②选择将修改的饭桌，单击“修改”，打开该饭桌的修改框，如下图：

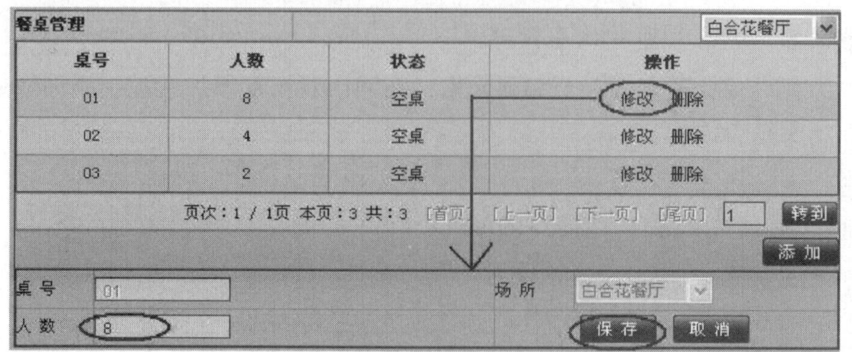

③修改饭桌的人数(桌号与场所不能修改)。

④修改后单击“保存”按钮，“修改成功”。

31.3.4　饭桌删除

①选择要删除的饭桌场所，进入该场所的饭桌列表。

②单击将删除的饭桌对应操作“删除”，系统弹出对话框“确定删除该桌子吗”？可选操作按钮“确定”/“取消”。

③若单击“确定”按钮，删除该饭桌；若单击“取消”按钮，不删除该饭桌。

注：若饭桌处于使用状态或已有使用记录，则不能删除。如下图：

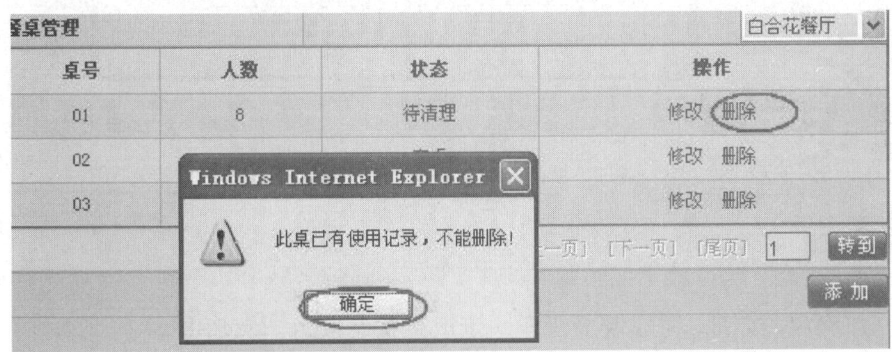

31.3.5　饭桌状态

酒店餐饮部—场所管理—饭桌管理—(客户就餐)—饭桌状态

设置好饭桌后，单击页面左侧的“饭桌状态”，进入下图所示页面。

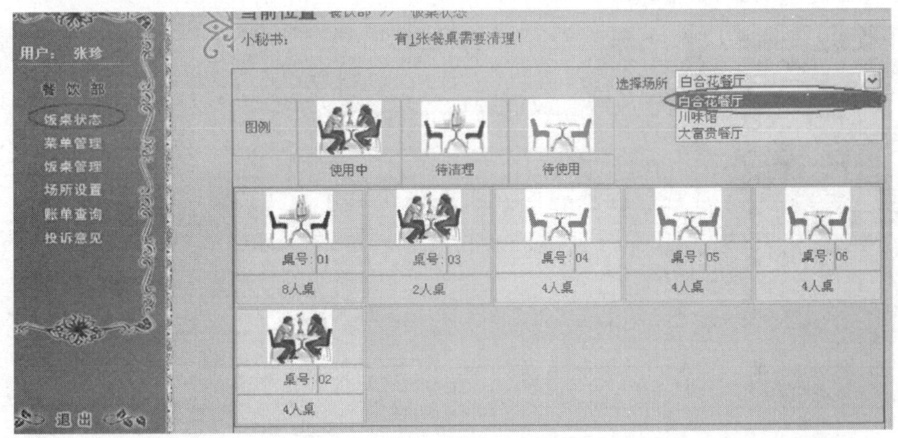

选择场所：单击下拉框，显示该场所的所有饭桌，及各饭桌的使用状态。

根据图例，饭桌可能所处三种状态：

使用中	客户在餐厅就餐时，选择了该桌，且正在就餐
待清理	客户就餐结束，结账后状态为“待清理”。待清理的饭桌在执行清理操作后，为“待使用”状态
待使用	未被使用或清理结束的饭桌

31.3.6 饭桌清理操作

①进入“饭桌状态”页面—选择场所—选择状态为“待清理”的饭桌。

②单击“待清理”的饭桌图标，系统弹出对话框：你要清理该餐桌吗？如下图：

③单击“确定”按钮，完成饭桌清理，该饭桌状态改为“待使用”。

31.4 账单查询

账单查询功能使酒店餐饮部可以及时了解到客户的就餐结账情况。

客户就餐结账后，将提交给酒店餐饮部进行处理。

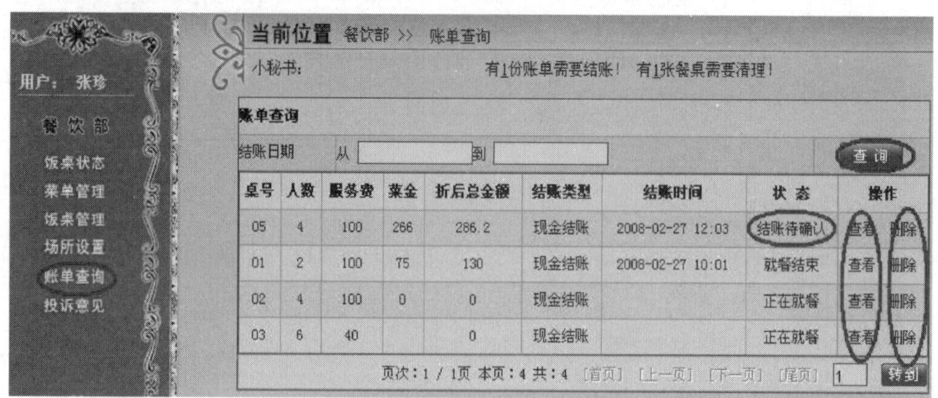

上图所示，在菜单区内选择“账单查询”，打开该酒店的客户就餐记录列表：

桌号、人数、服务费、菜金、折后总金额、结账类型、结账时间、状态及操作“查看”“删除”。

31.4.1 账单查看(结账确认)

在账单列表中，单击账单的操作“查看”，进入账单操作页面。如下图。账单操作页面显示客户本次餐厅消费详细记录，包括餐桌信息、折扣、金额、点菜信息等。

账单操作

就餐场所	白合花餐厅	饭桌号	05
人 数	4	结账类型	现金结账
服务费	100	折 扣	70 %
合同单位		会 员	
总金额(折后)	286.2		
备 注			

返 回　确定结账

已点菜品：　菜 金 266

菜 式	价 格	数 量
冬菜扣肉	40	2
麻婆豆腐	35	2
鸡丝凉面	40	2
玻璃烧麦	18	2

1

若该账单为正在就餐(客户还未结账)或就餐结束(结账处理完成)，在账单操作中，酒店餐饮部在此账单页面内，只能进行查看，查看后，单击“返回”按钮，返回账单列表。

账单状态为“结账待确认”，在账单页面内，酒店可进行结账确认操作，如上图。

在页面内单击“确定结账”，完成该账单确认，账单状态变为“就餐结束”。

31.4.2 账单查询

账单查询提供给账单操作便利。

将鼠标放在账单列表上方的结账日期输入框内，单击输入框，弹出日期选择框，如下图，分别选择查询的开始日期和结束日期，并单击“查询”按钮。

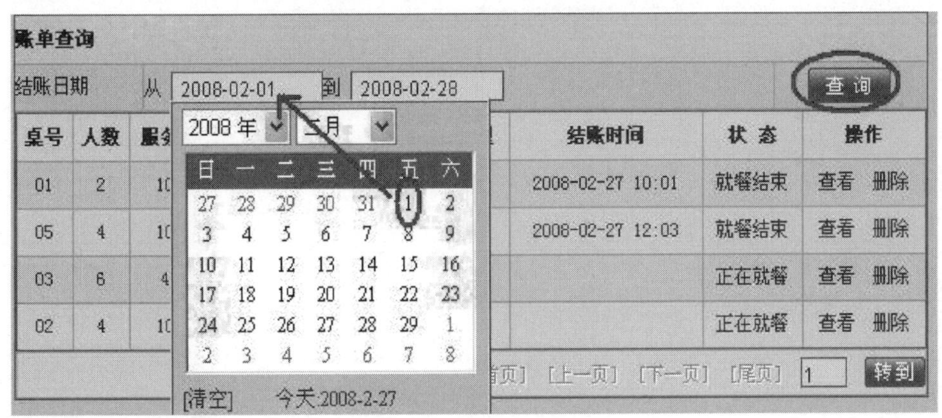

在账单列表中，将显示所选日期内的结账记录。

31.4.3 删除账单

账单删除只针对结账完成(就餐结束状态)的结账记录，正在就餐和等待结账确认的账单不能删除。

在账单列表中，选择符合删除要求的账单，单击对应操作“删除”，系统弹出对话框“确定删除该账单吗?”，可选操作“确定/取消”。

若确定删除账单，单击“确定”按钮；若不删除单击“取消”按钮。

31.5 投诉意见

客人在“投诉处理”中提交的对“餐饮部”的投诉意见，由餐饮部进行处理。

单击菜单区内的“投诉意见”，打开该部门的投诉列表：投诉人、投诉问题、处理结果、状态。

操作：处理、删除、查看。

详细处理和删除操作请参考前厅部投诉处理。

第三篇

客房服务与管理

模块 9　客房部认知

项目 32　客房部的作用、功能任务及业务特点

☞ **知识目标**　掌握客房部的作用、功能任务及业务特点。

☞ **技能目标**　能够熟悉客房部的基本情况。

基本理论

客房部又称房务部、管家部，是酒店向宾客提供住宿服务的重要职能部门。客房商品是指人们外出商务、旅行中的投宿之所，是通过出租和提供劳务获得经济收益的特殊商品，而客房部是组织生产客房产品的部门。

32.1　客房部的地位与作用

酒店主要由客房、餐饮、康体娱乐和商品经营等服务项目组成，而客房是酒店的基本设施和商务、旅游投宿的物质承担者，因此客房部在整个酒店部门中有着重要的作用和不可替代的地位。

32.1.1　客房是酒店的基本设施和主体部分

人们外出旅行和商务活动，首先必须有地方住宿、休息，以消除旅途的疲劳，保持身体的健康，这是旅游和商务活动能够持续进行的基本条件。客房就是人们旅游投宿的物质承担者，是酒店的最基本设施。

从建筑面积来看，客房面积一般占酒店总面积的60%左右。如果加上客房产品营销活动所必需的前厅、洗衣房、库房等部门，总面积可达80%左右。从酒店经营活动所必需的各种设备、物料用品来看，客房设施、设备及低值易耗品的价值量要占酒店各种物资设备总价值的绝大部分。

判断一家酒店的规模，是以客房的数量作为标准的。拥有 300 间以下客房的酒店为小型酒店；拥有 300～600 间客房的酒店为中型酒店；拥有 600 间以上客房的酒店为大型酒店。酒店从业人员的分配也是以客房数量为标准的，一般每间客房配备 1.2~1.5 个人，并且客房管理系统需要的管理人员和服务人员要占整个酒店从业人员的30%左右。酒店综合服务设施的数量一般也由客房数量决定，盲目配置将导致闲置浪费。

32.1.2 客房服务质量是酒店服务质量和声誉的重要标志

作为宾客的家外之“家”，客房是宾客在酒店中逗留时间最长的地方，因而成为酒店服务质量和声誉的重要标志。客房设施、设备能否正常运转，客房的清洁卫生程度，客房的装饰布置及服务员的服务态度与效率等因素对宾客的心理及价值判断都有直接影响，进而影响到他们对酒店的选择和忠诚度。

酒店公共区域(如前厅、洗手间、电梯、餐厅、舞厅等)，是酒店重要的组成部分，宾客同样希望这些场所清洁、舒适、优雅，并能得到很好的服务。因此，客房服务质量是宾客和公众评价酒店质量和声誉的重要依据。

32.1.3 客房部是酒店降低物资消耗、节约成本的重要部门

客房商品的生产成本在整个酒店成本中占较大比重，其能源(水、电)的消耗及低值易耗品、各类物料用品等日常消费较大。因此，客房部是否重视开源节流、是否加强成本管理、建立部门经济责任制，对整个酒店能否降低成本消耗，获得良好收益有着至关重要的作用。

32.1.4 客房收入是酒店经济收入和利润的重要来源

酒店的经济收入主要来源于客房收入、餐饮收入和综合服务设施收入这三部分。其中，客房收入是酒店收入的主要来源，一般占酒店总收入的50%左右，而且客房收入较其他部门收入要稳定。并且，因客房经营成本比餐饮部、商场部等都小，所以其利润是酒店利润的主要来源。

32.1.5 客房是带动酒店一切经济活动的枢纽

酒店作为一种现代化的综合设施，是为宾客提供综合服务的场所。只有在客房入住率较高的情况下，酒店的综合设施才能发挥作用，组织机构才能运转，才能带动整个酒店的经营管理。所以，客房是决定酒店经营项目的结构比例的主要依据。

宾客住进客房，要到前台办入住手续，要到餐饮部用餐、宴请，要到商务中心进行商务活动，还要健身、购物、娱乐，因而客房服务带动了酒店的各项综合服务设施的运转。

32.2 客房部的工作任务

客房部作为酒店营运中的一个重要部门，其主要的工作任务是为宾客提供一个舒适、安静、优雅、安全的住宿环境，并针对宾客的习惯和特点做好细致、便捷、周到、热忱的对客服务。根据其特殊的工作环境与工作方式，客房部的工作任务一般有以下几条：

(1)保持客房部管辖区域干净、整洁、舒适

客房是宾客休息的地方，也是宾客在酒店停留时间最长的场所。因此，必须经常保持干净整洁的状态。这就要求客房服务员每天检查、清扫和整理客房，为宾客创造良好的住宿环境。此外，由于客房服务员具有清洁卫生的专业知识和技能，因此，客房部除了保持客房的清洁以外，通常还要负责酒店公共区域的清洁卫生工作。

(2)提供热情、周到而有礼貌的服务

除了保持客房及酒店公共区域的清洁卫生以外，客房部还要为宾客提供洗衣、缝纫、房内送餐、接待来访宾客、为宾客端茶送水等热情周到的服务。在提供这些服务时，客房服务员必须要有礼貌、迅速、心甘情愿、真心实意。

(3)确保客房设施设备时刻处于良好的工作状态

客房服务员必须做好客房设施设备的日常保养工作，一旦设施设备出现故障，应立即通知酒店工程部维修，尽快恢复其使用价值，以便提高客房出租率，同时确保宾客的权益。

(4)负责酒店所有布草及员工制服的保管和洗涤工作

除了负责客房床单、各类毛巾等的洗涤工作以外，客房部通常还要负责客衣及餐厅台布、餐巾的洗涤工作。此外，酒店所有员工制服的保管和洗涤工作也是由客房部统一负责。

(5)保障酒店及宾客生命财产的安全

安全需要是宾客最基本的需求之一，也是宾客投宿酒店的前提条件。酒店的不安全事故大都发生在客房。因此，客房部服务员必须具有强烈的安全意识，平时应保管好客房钥匙，做好钥匙的交接记录。一旦发现走廊或客房有可疑的人或事，或有异样的声音，应立即向上级报告，及时处理，消除安全隐患。

32.3 客房部的业务特点

随着现代旅游业的迅猛发展，酒店业市场竞争日趋激烈，到酒店入住的宾客已不仅仅满足于能有一个栖身之地，他们对住宿环境、客房的设施设备、清洁卫生、服务质量等提出更高的要求。为做好客房部经营、加强客房费用控制，在满足宾客的情况下，体现出以下几个特点：

(1)以时间为单位出售客房使用权

客房商品的销售是以时间为单位出售客房使用权，与其他商品的区别在于只出售使用权，但商品的所有权不发生转移。

(2)随机性强

宾客来自世界各地，风俗和兴趣爱好不一，需要服务员既要主动，也要会善于揣摩宾客的心思，提供规范性和个性化相结合的服务。

(3)私密性与安全性要求高

客房是宾客在酒店的私人领域，客房业务对私密性与安全性的要求很高。服务员未经宾客同意不能随意进入客房，要做到尽量少打扰宾客，而且服务员在客房内不能随意移动、翻看宾客物品，必须绝对尊重宾客的隐私权。

1. 简述客房部的地位与作用？
2. 客房部的工作任务有哪些？
3. 如何理解“客房服务质量是酒店服务质量和声誉的重要标志”？

模块10　客房部技能训练

项目33　中式铺床

☞ **知识目标**　掌握中式铺床的流程及注意事项。

☞ **技能目标**　掌握中式铺床服务的技能。

基本理论

33.1　收拾床铺

①屈膝蹲下，双手握紧床座之尾部(拉出离床头柜10~15cm)。

②卸被套　解开绑带将棉被中取出折好放至贵妃椅上。

③卸枕套　一手拿枕袋，一手轻轻把枕芯从枕袋中抽出，放于贵妃椅上，注意枕袋不可翻转，枕芯不可有污迹或破损。

④卸下床单　床单与枕袋，被套一同收走，放入工作车布草袋(注意卸下床单、枕袋、被套时应抖几下，检查是否有客人的物品)，并一次性带进干净的床单、枕袋、被套放于床头柜上。

33.2　铺床

①整理床褥、床垫及床裙　床垫与床座对齐，床裙应铺正，检查床褥上是否有毛发、污迹(并定期翻转)。

②铺床单　站在床头，将床单打开，手持一头，将另一头抛向床尾，掌心向下双手握紧床单顶部两侧，用力抖开，将床单平整铺于床上，正面向上，中线居中，床单四角90°包紧于床垫上，检查床单上是否有毛发，同时注意床裙是否歪斜。

③套被套　将被套全部打开平铺于床上，将棉被的四个角塞入被套的四角，双手握紧被套开口处将棉被抖平，放于床上，系好绑带(少绑带的应及时缝补)。将被套绑带朝床

尾。站于床头，将棉被拉至距床头 10 cm 处，再往回折 40 cm，并使棉被两边下摆长度一致，床尾多出的棉被塞入床垫，床尾两角折成 90°(此时无须包角)。

④将枕芯装入枕袋，双手将枕袋抖开放于床上，一手拿枕芯 1/3 处，一手拉枕袋，将枕袋 2/3 压住枕袋口轻轻将枕芯塞入，注意四角的饱满，枕袋开口折入，及开口处在上方。单人床枕袋开口与床头柜方向相反，双人床枕袋开口相对朝内。

⑤用手将床尾抬起，将床推回原位，并在床头柜一边把床拉到靠近床头柜，拉起一层被套，轻轻抖动至平整美观。

中式铺床程序及要求见表 33-1。

表 33-1　中式铺床程序及要求

项　目	要求细则	备注
床单	一次抛单定位(两次扣 2 分，三次及以上不得分)	
	不偏离中线(偏 2 cm 以内不扣分，2~3 cm 扣 1 分，3 cm 以上不得分)	
	床单正反面准确(毛边向下，抛反不得分)	
	床单表面平整光滑	
	包角紧密平整，式样统一(90°)	
被套	一次抛开(两次扣 2 分，三次以上不得分)、平整	
	被套正反面准确(抛反不得分)	
	被套开口在床尾(方向错不得分)	
羽绒被	打开羽绒被压入被套内做有序套被操作	
	抓两角抖羽绒棉被并一次抛开定位(整理一次扣 2 分，类推)，被子与床头平齐	
	被套中心不偏离床中心(偏 2 cm 以内不扣分，2~3 cm 扣 1 分，3 cm 以上不得分)	
	羽绒被在被套内四角到位，饱满、平展	
	羽绒被在被套内两侧两头平	
	被套口平整且要收口，羽绒被不外露	
	被套表面平整光滑	
	羽绒被在床头翻折 45 cm(每相差 2 cm 扣 1 分，不足 2 cm 不扣分)	
	尾部自然下垂，尾部两角应标准统一	
枕头(2 个)	四角到位，饱满挺括	
	枕头边与床头平行	
	枕头中线与床中线对齐(每相差 2 cm 扣 1 分，不足 2 cm 不扣分)	
	枕套沿无折皱，表面平整，自然下垂	
综合印象	总体效果：三线对齐，平整美观	
	操作过程中动作娴熟、敏捷，姿态优美，能体现岗位气质	
合　计		

习 题

1. 收拾床铺的程序是什么？
2. 中式铺床中铺床单有哪些注意事项？
3. 套被套有哪些注意事项？

项目 34　开夜床服务

☞ **知识目标**　掌握开夜床的流程及注意事项。

☞ **技能目标**　掌握开夜床服务的技能。

基本理论

①开夜床时间从 17:30~21:30。

②所有请即打扫、有特殊要求和 VIP 房间需要优先开夜床。

③敲三下房门，并报名身份："晚上好！客房服务员，开夜床服务。"

④轻轻地打开房门，并将门卡插入总开关。

⑤确保房间厚帘和纱帘完全关闭。

⑥打开床头灯，落地灯和房间顶灯。

⑦检查水果，如有必要，通知送餐部进行更换。

⑧撤掉床盖，并叠好。把床盖放入行李柜或壁柜内。

⑨将羽绒被按标准叠好角度。如果房间住两位客人，两张床全部开夜床；如果只住一位客人，要将靠近电话的那张开夜床。并认真检查床单及羽绒被罩是否有破损或污迹，如果有，进行更换。

⑩将早餐卡整齐的放在枕头上，将水杯和本地矿泉水放在床头柜上。

⑪将脚巾放在床边，并将拖鞋放在脚巾上。

⑫将所有烟缸和垃圾桶擦干净。

⑬叠好浴袍并整齐的放在床上。

⑭将客人的衣服挂在衣架上放在壁柜内并将领带挂在领带架上。

⑮将客人的鞋摆放好。

⑯将浴室清洁干净。

⑰将脚垫放在浴缸前面。

⑱将浴帘的内帘放在浴缸的内侧。

⑲将所有的脏布草进行更换，并补充所有客用品。

⑳不要将卫生间的门锁住(应开到一手掌距离)。

㉑补充房间的酒水，并给客人补充冰块。

㉒拔出房卡，并确保房门关闭。

开夜床操作程序见表 34-1。

表 34-1 开夜床操作程序

项 目	要求细则	备注
被子折角	被子反折角为45°等腰直角形	
	反折角于床上一侧的直角边与被子中线重合(偏2 cm以内不扣分，2~3 cm扣0.5分，2 cm以上不得分)	
	折角平整，下垂自然	
地巾、拖鞋	地巾摆放于折角一侧，地巾靠床头边与被子反折45 cm边(靠近枕头一侧)齐平，超过不得分	
	地巾靠床体边与被子下垂边沿垂直齐平，超过不得分	
	拖鞋摆放于地巾之上，便于使用	
创意	夜床服务用品新颖、卫生，突出个性化	
	摆放位置安全、方便使用	
	整体美观、具有艺术美感	
	操作过程中动作规范、娴熟、敏捷	

习 题

1. 开夜床的作用和意义是什么？
2. 开夜床有哪些注意事项？
3. 结合实际，想一想在开夜床服务中心可以加入怎样的创意？

模块 11　软件操作实务

项目 35　客房部软件操作

☞ **知识目标**　掌握客房部软件操作的注意事项。

☞ **技能目标**　掌握客房部软件操作。

基本理论

客房部处理房间状态管理、失物管理、计账、洗衣操作，及房态查看、房价查看等操作。客房部门在客房操作流程中，负责：清扫房间、检查退房。

35.1　设置房态

进入酒店客房部，默认进入“设置房态”页面。如下图：

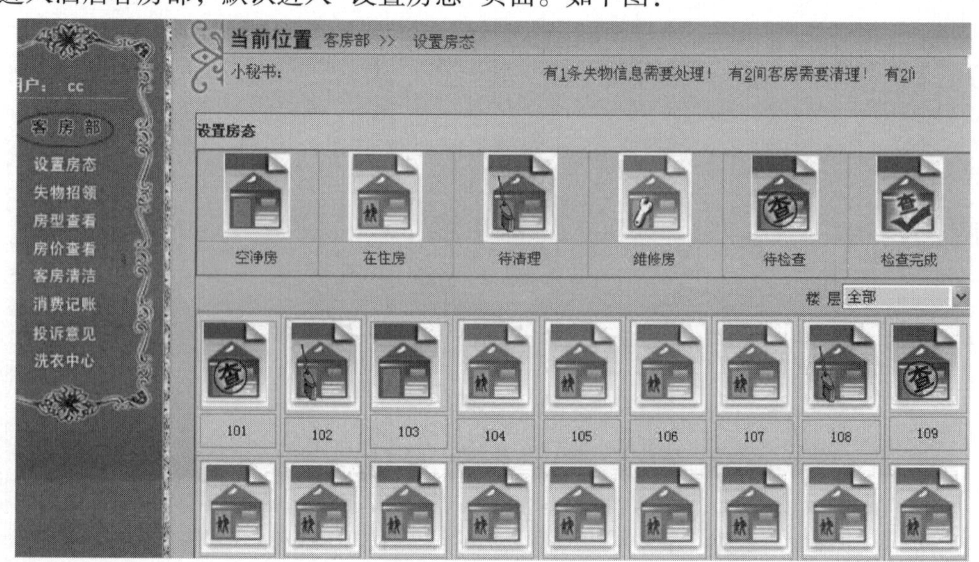

在房态设置页面内，查看每个房间的目前的状态。或在页面楼层下拉框内选择要查看或操作的楼层，显示该楼层的所有房间及状态。

房间状态以图标形式表示。客房部对不同状态的房间可进行相应的操作：

空净房：查看预订信息、添加维修记录

空净房的标志为灰色，选择状态为空净房  的房间，并单击该房间的房态标志，打开该房间信息页面

页面内包含房间信息，若该房间已安排有预定（未入住），在预定列表中显示预定信息

单击预定信息的操作“详细”，进入该查看该预定详细信息：预定日期、抵店日期、保留时间等（客房部对预定信息只能查看，不能进行其他操作，单击预定信息页面内的“返回”按钮，返回房间信息页面）

房间信息

房 号	103	房 型	单人间
楼 层	1/F	状 态	空 房

预订列表

订房人	预订日期	抵店日	入住天数	详细
刘民	2008-3-3	2008-3-3	1	详细

进行维修　退房检查　进行清理　返 回

添加维修：在房间信息页面内单击“进行维修”按钮，进入维修信息添加页面

添加维修记录

房 号	103	房 型	单人间
维修从	2008-03-06	到	2008-03-07
维修原因	窗户玻璃损坏.		
维修费用		维修人	张珍

添 加　返 回

选择维修的开始和结束日期（开始日期不能小于电脑当前日期，结束日期不能小于开始日期）

输入维修原因；

（维修费用由工程部门填写）

单击“添加”按钮，系统提示：维修申请已提交。确定后，返回该房间信息列表

注：一个房间只存在一份维修申请，若已提交的维修申请还工程部未处理，不能再添加另外的维修申请

在住房：在住房的标志为， 选择状态为在住房的房间，并单击该房间的房态标志，打开该房间信息页面

在住房信息页面显示房间信息和在住客人信息。客房部无可执行操作。单击“返回”按钮，返回“设置房态”页面

（续）

待清洁：选择状态为在“待清洁”的房间，并单击该房间的房态标志，打开该房间信息页面

客房部可进行清理操作：

单击房间信息页面内的“进行清理”按钮，系统提示：清理完成，该房间已设置为净房

确定后，返回“设置房态”页面，此时该房间状态改变：“空净房”

维修房间：在页面内选择状态为“维修”的房间，单击该房间图标，进入查看房间信息和维修信息

退房请求：退房请求即“待检查”状态。图标为：

在“设置房态”页面内单击房间图标进入该房间信息页面：显示房间信息、入住客人信息和预订信息

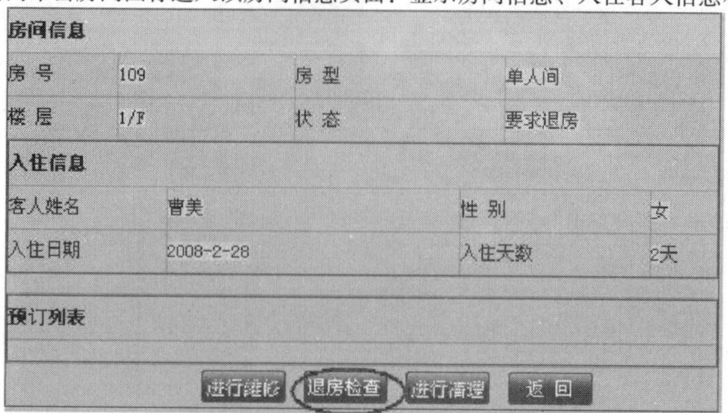

可执行操作：退房检查

单击“退房检查”按钮，系统提示“客房检查添加消费计账？”

单击“确定”按钮，打开该房间的计账列表

可添加账目，或修改其他账目

单击“完成”按钮，提示“客房检查完成”，确定并返回设置房态页面。该房间显示为“检查完成”状态

（若客房账目中还有“未结”账目，在此也能完成客房检查操作。并提交给前厅部进行最终退房，退房前必须将所有账目结清）

检查完成：检查完成的房间标志为

选择该状态的房间，单击其图标进入查看房间信息，无其他可执行操作，单击“返回”按钮，返回“设置房态”页面

35.2 失物招领

失物招领由客户在“我的房间”内提交失物信息，酒店客房部将失物归还给客户，即完

成失物处理流程。如下图：

客房部
设置房态
失物招领
房型查看
房价查看
客房清洁
消费记账
投诉意见
洗衣中心

失物招领

房号	客人	物品名称	拾物者	丢失日期	状态	归还
106	张真	钱包	张珍	2008-2-28	未找到	归还
106	张华	手机	张珍	2008-2-28	已归还	归还
106	张真	钱包	张珍	2008-2-29	已归还	归还

页次：1/1页 本页：3共：3 [首页] [上一页] [下一页] [尾页] 1 转到

在菜单区内选择“失物招领”，进入失物列表页面。失物列表：房号、客人、物品名称、失物者姓名、丢失日期、状态。操作：归还。

对“未找到”状态的失物进行归还处理。

在列表中，单击该失物信息的操作“归还”，进入该失物详细情况页面，如下图：

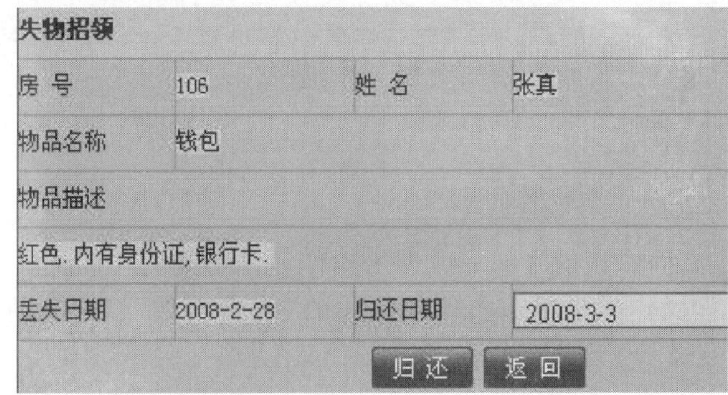

失物招领

房 号	106	姓 名	张真
物品名称	钱包		
物品描述			
红色. 内有身份证, 银行卡.			
丢失日期	2008-2-28	归还日期	2008-3-3

归 还　返 回

归还日期为电脑当前日期，不能修改。

单击“归还”按钮，提示“失物归还”，确定后返回失物列表页面。

35.3　房型查看

房型由“总经理”设置并管理。客房部仅有查看信息的权限。单击菜单区内的“房型查看”，打开本酒店的房型查看页面。如下图：

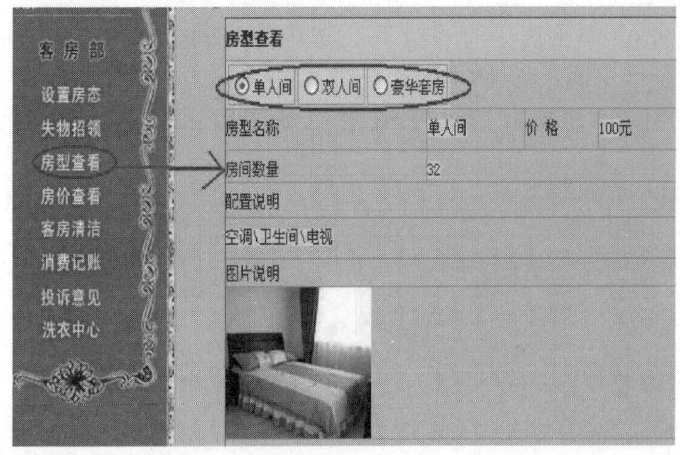

在页面内选择要查看的房型(单击该房型名称前的“○”，“○”变为“⊙”则为选中)；

在房型选择栏下方，将显示所选房型名称、价格、该房型房间数量、配置说明和图片信息。

35.4 房价查看

单击菜单区内“房价查看”，打开本酒店客房类型页面，如下图：

客房部

设置房态

失物招领

房型查看

房价查看

客房清洁

消费记账

投诉意见

洗衣中心

房价查看

房型	价格(元)	房间数量	介绍
单人间	100	32	空调\卫生间\电视
双人间	250	13	卫生间\电视\空调\...
豪华套房	880	18	冰箱\厨房\卫生间\...

页次：1 / 1页 本页：3 共：3 [首页] [上一页] [下一页] [尾页] 1 转到

客房类型列表：房型、价格、房间数量、介绍。

35.5 客房清洁

在客房退房操作流程中，前厅部完成退房操作后，房间为“待清理”状态，可在“设置房态”页面内进行清扫操作。也可单击菜单区内的“客房清洁”，进入待清理的房间列表，如下图：

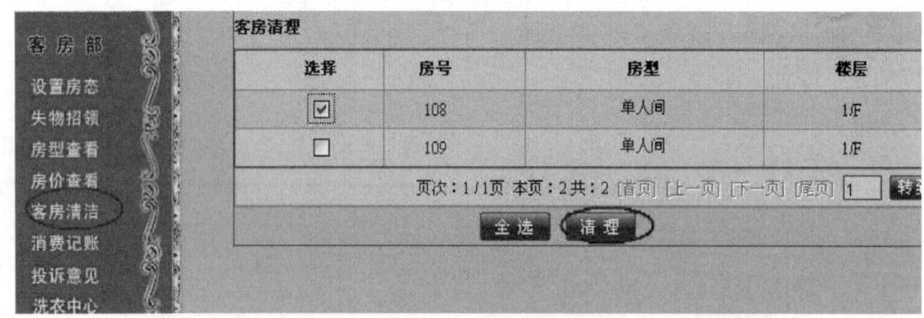

选择要清理的房间(单击房号前的“□”，选中该房间。一次可选择一个或多个房间，若要清理列表中的全部房间，单击“全选”按钮)；

单击“清理”按钮，系统提示“房间已清理”，确定后，返回待清理列表。

35.6 消费计账

进入客房部的“消费计账”页面。显示入住的客房列表：房号、客人姓名、入住时间、客单类型。

客房部
设置房态
失物招领
房型查看
房价查看
客房清洁
消费记账
投诉意见
洗衣中心

客单记账

入住日期　　入住天数

订单类型　请选择　　查询

房号	姓名	入住时间	客单类型	记账
106	张红	2008-2-28	散客	记账
105	张来	2008-2-28	散客	记账
203		2008-2-29	团体	记账
507		2008-2-29	团体	记账
505		2008-2-29	团体	记账

操作：计账。

在酒店中，一个客人具有一个账目。有权限的各部门都可对客人账目进行操作。

选择房号，单击列表中的“计账”操作，进入该房间账目列表。

在账目列表中，可进行的操作为：计账添加、账目修改、计账删除。

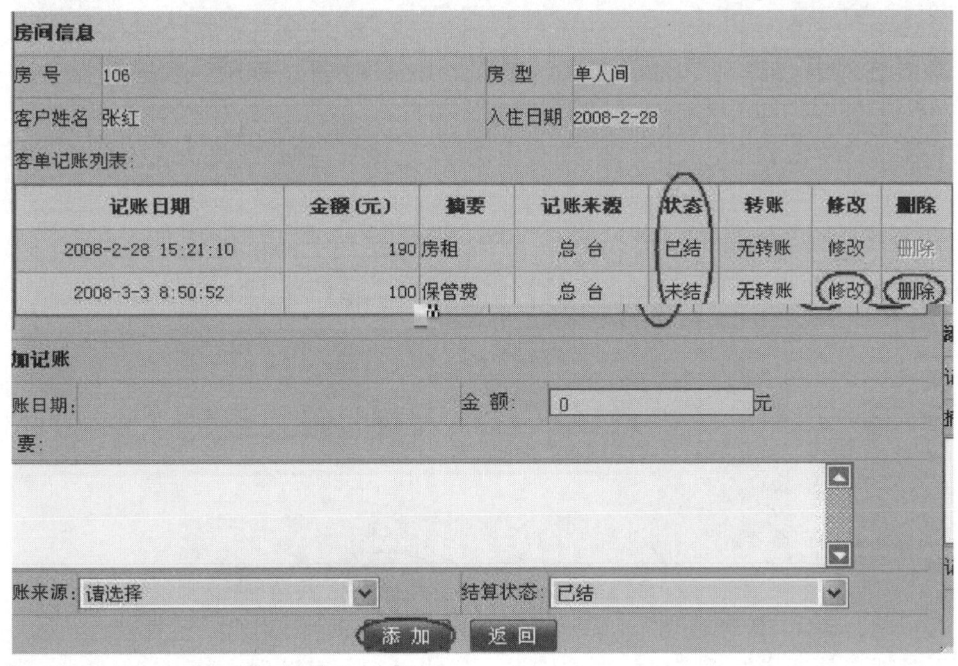

详细计账操作请参考收银计账。

35.7　投诉意见

客人在“投诉处理”中提交的对“客房部”的投诉意见，由客房部进行处理。

单击菜单区内的“投诉意见”，打开该部门的投诉列表：投诉人、投诉问题、处理结果、状态。

操作：处理、删除、查看。

详细处理和删除操作请参考前厅部投诉处理投诉意见。

35.8　洗衣中心

(客户)我的房间—(客户)洗衣操作—(客户)提交洗衣—(酒店客房部门)

洗衣处理：如下图，在客房部页面内选择“洗衣中心”，打开洗衣记录页面。

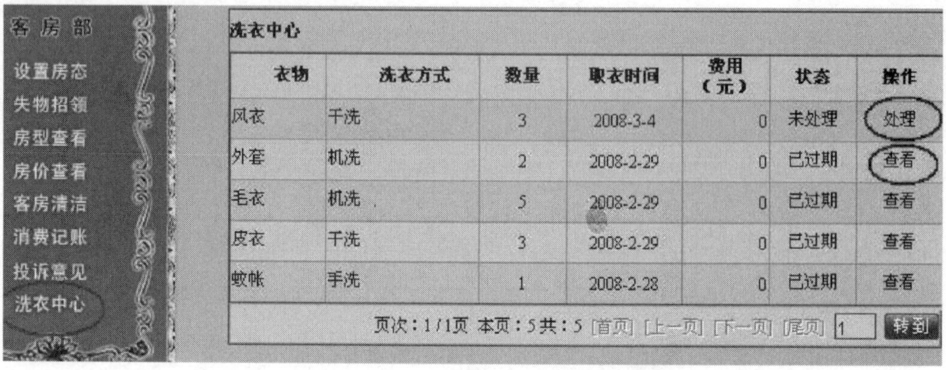

客房部
设置房态
失物招领
房型查看
房价查看
客房清洁
消费记账
投诉意见
洗衣中心

洗衣中心

衣物	洗衣方式	数量	取衣时间	费用（元）	状态	操作
风衣	干洗	3	2008-3-4	0	未处理	处理
外套	机洗	2	2008-2-29	0	已过期	查看
毛衣	机洗	5	2008-2-29	0	已过期	查看
皮衣	干洗	3	2008-2-29	0	已过期	查看
蚊帐	手洗	1	2008-2-28	0	已过期	查看

页次：1/1页 本页：5共：5 [首页] [上一页] [下一页] [尾页] 1 转到

洗衣信息列表：衣物、洗衣方式、数量、取衣时间、费用、状态。操作：处理、查看。

洗衣操作：单击状态为“未处理”的对应操作“处理”，打开该洗衣信息页面，如下图：

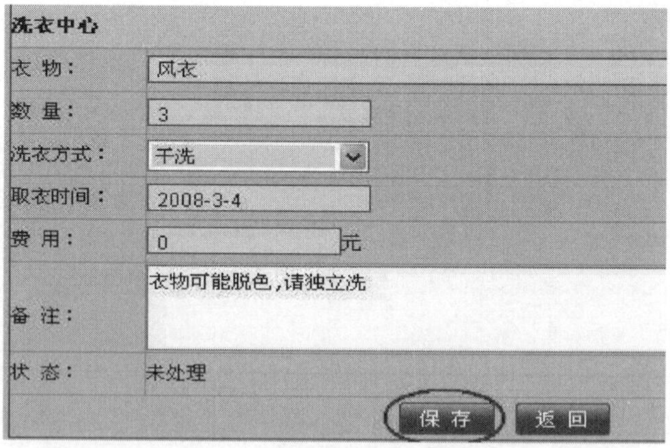

洗衣中心

衣 物：	风衣
数 量：	3
洗衣方式：	干洗
取衣时间：	2008-3-4
费 用：	0 元
备 注：	衣物可能脱色，请独立洗
状 态：	未处理

保 存　返 回

输入费用，提示“处理成功”，确定后返回洗衣列表页面。

对于过期未处理或处理完成的洗衣信息，只能进行查看操作。

单击“查看”，打开所选洗衣信息页面，查看信息。无其他操作。单击“返回”按钮，返回洗衣列表页面。

参考文献

陈静 . 2011. 餐饮服务与管理 [M]. 上海：上海交通大学出版社 .

方伟群 . 2005. 前厅实务与特色服务手册[M]. 北京：中国旅游出版社 .

郭敏文 . 2004. 餐饮服务与管理 [M]. 北京：高等教育出版社 .

李勇平 . 2010. 餐饮服务与管理 [M]. 大连：东北财经大学出版社 .

李贤政 . 2014. 餐饮服务与管理[M]. 北京：高等教育出版社 .

沈忠宏 . 2006. 现代饭店前厅客房服务与管理[M]. 北京：人民邮电出版社 .

王培来 . 2012. 酒店前厅客房运行管理实务[M]. 上海：上海交通大学出版社 .

汪京强 . 2006. 中西餐饮服务实训教程 [M]. 福州：福建人民出版社 .

吴玲 . 2011. 前厅运行与管理[M]. 上海：上海交通大学出版社 .

严伟，葛怀东 . 2011. 旅游饭店市场营销[M]. 上海：上海交通大学出版社 .

叶宏，曲秀梅 . 2014. 餐饮服务与管理 [M]. 长春：东北师范大学出版社 .